Phänomen-Verlag

John Bunzl & Nick Duffell

Nationales Denken, globale Krise

Warum wir ein neues Wahlsystem brauchen

Phänomen-Verlag

Bibliografische Information Der Deutschen Bibliothek:

Die Deutsche Bibliothek verzeichnet diese Publikation in der Deutschen Nationalbibliografie; detaillierte bibliografische Daten sind im Internet über http://dnb.ddb.de abrufbar.

John Bunzl & Nick Duffell
Nationales Denken, globale Krise
EAN 978-84-949856-2-1

Titel der englischen Originalausgabe:
The Simpol Solution - Solving Global Problems Could Be Easier Than We Think

Translated from the English language: THE SIMPOL SOLUTION
First published by: Peter Owen

Übersetzt von Tom Amarque

Phänomen-Verlag
Web: www.phaenomen-verlag.de
E-Mail:kontakt@phaenomen-verlag.de

Satz & Gestaltung: Phänomen-Verlag

John Bunzl & Nick Duffell

Nationales Denken, globale Krise

Warum wir ein neues Wahlsystem brauchen

Inhalt

Stimmen zum Buch

„Es ist ehrgeizig und provozierend. Kann es funktionieren? Es ist sicherlich einen ernsthaften Versuch wert."

Noam Chomsky

„*The Simpol Solution* ist ein ermutigender erster Schritt, der wirklich praktikabel und pragmatisch ist, um zu einer World Governance-Plattform zu gelangen. Von einer voll funktionsfähigen Weltordnungspolitik sind wir wahrscheinlich noch weit entfernt, aber Simpol besteht aus Maßnahmen, die ergriffen werden können – und in vielen Fällen bereits ergriffen wurden –, um beginnende Netzwerke von international indizierten und einheitlichen Regierungsvereinbarungen schaffen. Es ist etwas, hinter das sich wahre Kosmopoliten, die über die unvermeidliche Langsamkeit, eine voll funktionsfähige Weltregierung einzurichten, stellen können, um damit zu beginnen, zumindest einige ihrer Träume und Visionen zu verwirklichen. Das ist das Beste, was wir an einem echten und funktionalen Weltregierungssystem derzeit haben."

Ken Wilber, Bewusstseinstheoretiker und Autor

„Simpol stellt eine sehr starke neue Idee zur Lösung globaler Probleme dar. Doch es erfordert einen Bewusstseinswandel, den der innovative psychologische Ansatz dieses Buches den Lesern auch ermöglicht. Nachdem ich diesen Wandel vollzogen habe, hoffe ich, dass NGOs auf der ganzen Welt an Simpol teilnehmen werden, dass Philanthropen sich für die Finanzierung einer Informationskampagne einsetzen werden und vor allem, dass wir Bürger beginnen, unsere Stimmen so einzusetzen, wie Simpol es vorschlägt. Wenn wir das tun, werden wir Teil der globalen politischen Lösung werden."

Scilla Elworthy, Friedensfördererin und Gründerin der Oxford Research Group, Autorin von *Pioneering the Possible: Awakened Leadership for a World That Works*

„*The Simpol-Solution* kombiniert eine gestochen scharfe Beschreibung des heutigen Wettbewerbsrätsels – einerseits lebenswichtig, während es uns andererseits in selbstzerstörerischen Mustern gefangenhält – mit einer ebenso prägnanten praktischen Lösung. Ich würde gerne sehen, wie Bunzl seinen Plan in die Tat umsetzt."

Dr. Sally Goerner, Autorin von *After the Clockwork Universe* Wissenschaftsberaterin, Capital Institute

„*The Simpol-Solution* wirft einen neuen Blick auf die politisch-ökonomische Realität und erklärt, wie wir Politiker zwingen können, in unserem Namen die Welt zu verändern."

Joris Luyendijk, Autor, Journalist und Talkmaster

„Wir müssen den Wettbewerb auf unserem globalen Markt dringend durch selbstregulierende Steuerung und Zusammenarbeit in gleicher Größenordnung ergänzen, argumentieren die Autoren und legen ihren brillanten Simpol-Ansatz als Blaupause vor, um uns dorthin zu bringen. Alles, was wir tun müssen, ist, uns einzubringen und seine DNA aktiv zu verbreiten!"

Elisabet Sahtouris, Ph.D. Evolutionsbiologin und MBA-Professorin, Chaminade University, Honolulu, Autor von *Gaia's Dance: The Story of Earth and Us*

„Bunzl und Duffell bieten ein ehrgeiziges und zum Nachdenken anregenden Buch darüber, wie destruktiver Wettbewerb zwischen Nationalstaaten in eine global vorteilhafte Zusammenarbeit verwandelt werden kann. Ihr Ziel ist eine ‚Simultanpolitik', bei der mehrere Themen zwischen allen Staaten verhandelt werden, die jedem einzelnen Staat wichtige Vorteile bieten und eine vollständig globale Umsetzung ermöglichen. Sie skizzieren eine geniale Methode, die bereits im Vereinigten Königreich erprobt wurde, um nationale Politiker zu drängen, sich im Voraus für die Verfolgung solcher globalen Lösungen zu engagieren. Sie greifen auf eine beeindruckende Bandbreite von Quellen und Disziplinen zurück – von Politikwissenschaft und Psychologie bis hin zu Wirtschaft und Evolutionsbiologie –, schreiben in einem leicht zugänglichen Stil und bieten eine Reihe von spannenden Anekdoten, um ihre Ansprüche zu untermauern. Dieses Buch wird einen wichtigen Beitrag zum Dialog über Alternativen zur Weltordnungspolitik und die Schäden leisten, die in einem System wettbewerbsfähiger souveräner Staaten unvermeidlich zu sein scheinen."

Professor Luis Cabrera, Convenor, World Government Research Network Griffith Universität, Brisbane

„Ein mutiges und dringend benötigtes Buch. Es verweist auf den Kern des Problems: ‚Wir können die Probleme der Welt nicht mit dem gleichen Denken lösen, das sie hervorgebracht hat.' Einstein hat dies einst gesagt, und Bunzl und Duffell weisen den Weg, um dies umzusetzen. Dieses Buch muss von jedem gelesen werden!"

Ervin Laszlo, Autor, Philosoph und Evolutionssystemtheoretiker Gründer, Club of Budapest

„Angesichts der großen und globalen Herausforderungen, vor denen die Menschheit steht, sind neue Rahmenbedingungen, Philosophien und Ansätze unerlässlich, damit Gesellschaften überleben können. Der Simpol-Ansatz bildet einen Ausgangspunkt auf dem langen Weg zu einem Global Governance-System, das eine integrative und nachhaltige Zukunft schafft."

Steve Killilea, Gründer, der Global Peace Index und dem *Institute for Economics and Peace*

„Die nationale Wettbewerbsfähigkeit ist zu einem der zentralen Mythen geworden, durch den wir regiert werden. Es ist im Wesentlichen ein völlig zersetzender Prozess, der die Fähigkeit des Staates untergräbt, Steuern zu erheben, während er gleichzeitig den meisten von uns mitteilt, dass unsere Arbeit kaum etwas wert ist. Bunzl und Duffell erfüllen die wichtige öffentliche Funktion, diesen Mythos zu entlarven. Aber sie gehen noch viel weiter. Sie bieten eine neue Blaupause, um eine vollkommen andere Welt ins Leben zu rufen. Herausfordernde Bedingungen erfordern ein expansives Denken, und dieses Buch erhört den Ehrgeiz um ein Vielfaches, um uns über die neoliberale Dystopie hinauszubewegen, die durch den nationalen Wettbewerbsdiskurs entsteht. Dieses Buch verdient es, umfassend gelesen zu werden; seine zentralen Ziele müssen umfassend diskutiert werden."

Matthew Watson, Professor für politische Ökonomie, University of Warwick UK Economic and Social Research Council Professorial Fellow

„Ich nickte, bis ich einen Stich in meinen Hals bekam. Ich habe seit Jahren kein Buch mehr gelesen, dem ich so tief und konsequent zugestimmt habe – bei dem ich so leidenschaftlich gefühlt habe, dass dies Botschaften sind, die die Welt hören muss. Die Klarheit, Einfachheit und tiefe Bedeutung dieses Buches stehen außer Frage. Bitte lesen Sie es und ermutigen Sie andere, das Gleiche zu tun."

Professor Simon Anholt, Gründer, Good-Country-Index und Global Vote

„Ich verfolge die Arbeit von John Bunzl schon seit einiger Zeit, und dieses inspirierend neue Buch, unterstützt durch eine psychologische Dimension, die von Nick Duffell bereitgestellt wird, ist das umfassendste Argument für die Kraft einer neuen globalen Denkweise, und die Lösung unserer kollektiven systemischen Herausforderungen. Die weltweite Zusammenarbeit in Bezug auf die simulatane Politik ist eine evolutionäre Notwendigkeit, wenn wir wachsen wollen anstatt zum Zusammenbruch der Zivilisation zu treiben, etwas, deren Beginn wir bereits erleben. Die ist unverzichtbare Lektüre für alle Weltbürger."

David Lorimer, Programmdirektor, *Scientific and Medical Network*

„Phantasievoll, gelehrt und voller Leidenschaft bietet dieses Buch eine elegante Einführung in den Schaden, der durch die Wettbewerbsbedürfnisse des heutigen globalisierten Kapitalismus verursacht wird. Es zeigt die realen Möglichkeiten eines weltzentrierten Paradigmenwechsels, der von einer konkurrierenden zu einer kooperativen Evolution und einem Bewusstseinsmodus übergeht. Ein echtes Lesevergnügen und ein potentieller politischer Wegbereiter."

Ugo Mattei, Mitautor von *Plunder: When the Rule of Law Is Illegal* und *The Ecology of Law: Toward a Legal System in Tune with Nature and Community*

„Die Zeit war noch nie reifer für globale Lösungen für globale Probleme wie Klimawandel, wirtschaftliche Ungleichheit und unendliche Gewalt. Die große Stärke des Ansatzes, den Bunzl und Duffell entwickeln, besteht darin, dass sie die in der heutigen globalen Wettbewerbsfähigkeit gebundenen Energien nutzen, sie aber in Richtung einer globalen Zusammenarbeit umkehren. Hier finden wir einen radikalen und herausfordernden Ansatz für konventionelle politische Orthodoxien. Seine große psychologische Stärke besteht darin, dass es auf vielen Ebenen wirkt, von der Regierung bis hin zum einzelnen Bürger."

Andrew Samuels, Autor von *A New Therapy for Politics?* und Professor für Analytische Psychologie, Universität Essex

„Houston, wir haben ein Problem! Das Kapital ist transnational geworden und hat ein System des globalen Wettbewerbs begründet, das den Wert von Gemeinschaften und Natur schöpft, ohne sie in nachhaltige Infrastrukturen und Lebensgrundlagen zu investieren. Doch der Nationalstaat und seine Bürger haben die Macht auf nationaler Ebene verloren. Was können wir also tun? Während viele eine Rückkehr zur städtischen Ebene vorschlagen, schlägt dieses Buch eine ebenso wichtige Strategie vor: die Transnationalisierung des Wandels. Was getan werden muss, muss von Bürgern und Bewegungen direkt auf transnationaler Ebene durch simultane politische Kampagnen getan werden. Die Herausforderung, diese neue Kapazität aufzubauen und zu erreichen, wird in diesem wichtigen Buch dargelegt, das ein Leitfaden für die notwendige Politik unserer Zeit ist, in der das Lokale immer mit dem Globalen verbunden ist."

Michel Bauwens, Gründer, die Peer-to-Peer (P2P) Stiftung

„Um die vielfältigen Probleme unseres Planeten anzugehen und die enormen wissenschaftlichen und technologischen Möglichkeiten, die wir haben, zu nutzen, brauchen wir zunächst einfallsreiche und weitreichende Vorschläge. John Bunzl und Nick Duffell bieten eine sehr innovative Perspektive. Auch wenn sie provokant ist, wird sie uns sicherlich helfen, zeitgenössische Sackgassen mit neuen Augen zu betrachten."

Daniele Archibugi, Italian National Research Council und die University of London

„Möchten Sie dazu beitragen, eine bessere Welt zu schaffen und fühlen sich aber machtlos, dies zu tun? Dieses außergewöhnliche Buch zeigt den Weg nach vorne."

John Stewart, Autor von *Evolution's Arrow: The Direction of Evolution and the Future of Humanity*

„Die *Simpol-Lösung* zielt auf die Falle, die am Herzen des neoliberalen Wettlaufs zur Katastrophe liegt – den Imperativ des Wettkampfes. Nur durch einen gleichzeitigen Politikwechsel zwischen den Nationen könnten wir hoffen, dem eisernen Griff eines Wettbewerbsregimes zu entkommen, der Regierungen daran hindert, sich um das wahre öffentliche Interesse zu kümmern. Simpols geniale Technik für solche weltweiten Aktionen ist im Gange – und jeder muss davon hören."

Dr. Kerryn Higgs, Historiker und Autor von *Collision Course: Endless Growth on a Finite Planet*

„Ich verfolge Simpol seit Jahren, da es mir von Anfang an als eine der wenigen praktikablen Lösungen für die globalen Herausforderungen, vor denen wir stehen, erschien. Mit diesem Buch legen die Autoren den Fall klar und überzeugend dar und verweigern uns jeder Entschuldigung, die Auswirkungen zu ignorieren."

Peter Merry, Chief Innovation Officer, Ubiquity University, Deutschland

John Bunzl ist Direktor eines internationalen Textilunternehmens, Autor und internationaler Aktivist mit einer einfachen und starken Vision für eine effektivere globale Zusammenarbeit. Seit über einem Jahrzehnt arbeitet er mit Politikern und Politikern, Wissenschaftlern und Nichtregierungsorganisationen, Aktivisten und Bürgern auf der ganzen Welt zusammen, um eine effektivere Zusammenarbeit zu fördern und zu inspirieren. Von der Verhaltens- und Evolutionswissenschaft, die zu erklären suchen, warum wir kooperieren, zu den politischen Implikationen einer Welt, die ohne eine angemessene verbindliche internationale Vereinbarungen agiert, ist John daran interessiert, kooperative Lösungen für unsere schwierigsten Probleme zu finden.

Im Jahr 2000 gründete John die *International Simultaneous Policy Organization* (ISPO) und startete die Kampagne *Simultaneous Policy (Simpol)*. John ist ein regelmäßiger Gastautor der Huffington Post und hat bei verschiedenen TEDx-Veranstaltungen Vorträge gehalten. Er hat auch vor dem World Social Forum, der World Trade Organization, der Schumacher Society und an verschiedenen Universitäten, darunter der London School of Economics, referiert.

Nick Duffell ist Psychotherapeut, Trainer und Psychohistoriker mit großer Erfahrung als Moderator in der Führungskräfteentwicklung. Er hat mehrere Bücher veröffentlicht. Sein Buch *The Making of Them* (2000) wurde von der Kritik hoch gelobt, und sein Buch *Wounded Leaders* aus dem Jahr 2004, das eine herausfordernde psychologische Analyse der britischen politischen Szene liefert, schlägt immer noch Wellen. Nick und seine Frau Helena gründeten 1996 das *Centre for Gender Psychology* und waren Co-Autor des beliebten Buches *Sex, Love and the Dangers of Intimacy*.

Danksagungen

Auszüge aus *Janus: A Summing Up* von Arthur Koestler, Copyright © 1978 Arthur Koestler, mit freundlicher Genehmigung von Random House, einem Imprint und einer Abteilung von Penguin Random House LLC, alle Rechte vorbehalten. Zitate von Michael E. Porter aus S. 16 und S. 45 von *On Competition* von Michael E. Porter, Harvard Business Press Books, Cambridge, Massachusetts, 2008. Zitate aus der *Financial Times* werden unter Lizenz der Financial Times verwendet, alle Rechte vorbehalten. Auszüge aus Robert Wright Nonzero: *History, Evolution and Human Cooperation*, Abacus Random House, New York, 2001, mit freundlicher Genehmigung von Penguin Random House. Auszüge aus George Soros, *The Crisis of Global Capitalism: Open Society Endangered*, 1998, mit freundlicher Genehmigung von Little, Brown and Co. und Perseus Books Group. Auszüge aus William Davies, *The Limits of Neoliberalism: Authority, Sovereignty and the Logic of Competition*, London, 2014, Abdruck mit freundlicher Genehmigung von Sage Publications. Auszüge aus Pauline Vaillancourt Rosenau, *The Competition Paradigm*, Lanham, Maryland, 2003, mit freundlicher Genehmigung von Rowman und Littlefield. Abschrift vom Channel 4 News Bulletin mit freundlicher Genehmigung von ITN Source. Auszüge aus David Sloan Wilson *Does Altruism Exist? Culture, Genes, and the Welfare of Others*, New Haven, Connecticut, 2015, mit freundlicher Genehmigung von Yale University Press. Transkript eines TED Talk von George Papandreou, 2013, mit freundlicher Genehmigung von TEDGlobal. Zitate aus der *Guardian* (Zeitung und Website) mit freundlicher Genehmigung von Guardian News and Media Ltd. Das Zitat von *The Times* stammt von News Syndication. Auszüge aus Don Edward Beck und Christopher C. Cowan, *Spiral Dynamics: Mastering Values, Leadership, and Change*, Oxford: Blackwell Publishing, 1996, mit freundlicher Genehmigung von Wiley. Zitate von William Stafford mit freundlicher Genehmigung der Permissions Company, Inc. verwendet, mit Genehmigung des Herausgebers nachgedruckt. Auszug aus *When Corporations Rule the World*, Copyright © 1995 von David Korten, Berrett-Koehler Publishers, Inc., www.bkconnection.com, mit Genehmigung des Herausgebers. Dank an das National Institute for the Clinical Application of Behavioral Medicine für die Erlaubnis, aus dem Interview von Ruth Buczynski mit Daniel Siegel zitieren zu dürfen: „*How Brain Science Can Lead to More Targeted Interventions for Patients Healing from Trauma*". Auszug aus Seite 2 der Einleitung und Seite 5 aus Kapitel 1, „Freedom's Just Another Word", aus *A Brief History of Neoliberalism*, David Harvey (2005), mit freundlicher Genehmigung der Oxford University Press, Oxford. Auszug aus *The Enigma of Capital*, David Harvey, mit freundlicher Genehmigung von Profile Books, London.

Vielen Dank gebürt allen, die beim Lesen und Kritisieren des Manuskripts für dieses Buch geholfen haben, insbesondere Alexander Lyons, Jacq Burns und Rob Bruce, an Andrew Wallace für seine besondere Hilfe und an all den vielen Simpol-Anhängern, die bereits bei der Umsetzung der Ideen in die Praxis helfen, wie auch an das Team von Peter Owen Publishers für ihre außergewöhnliche Professionalität.

John möchte besonders Ken Wilber für seine unschätzbare Hilfe bei der Verfeinerung von Teilen des Buches danken; ebenso Jenni Camplin, die ihm Nick vorstellte, wie auch Anne und ihren Kindern Alexandra, Tom und Jake für ihre unermüdliche Liebe, Hilfe und Unterstützung.

Nick möchte Helena Løvendal besonders für ihre liebevolle Begeisterung und ihre hilfreichen Beiträge danken und Hilde Bland, Nick Dawson, Anne-Marie Diepeveen und Andrew Mullis für ihren Glauben und ihre rechtschaffene Wut sowie Peter MacFayden, Jo McCrum und Kristen Harrison für ihre Unterstützung.

EINFÜHRUNG

Die Zukunft?

Stellen Sie sich die folgende Szene vor, wie sie in etwa hundert Jahren geschehen könnte: Ein kleines Mädchen, das sich mit seiner Familie vor den Widrigkeiten des Klimas und der ständigen Gefahr gewalttätiger marodierender Horden schützt, schaut ihren Großvater an und sagt im Ton der Anschuldigung: „Opa, warum hast du denn nichts *getan*?"

Es ist eine erschreckende Zukunftsvision. Ein britischer Film von Franny Armstrong aus dem Jahr 2009 mit dem Titel *The Age of Stupid* zeigte eine ähnliche Situation, in der ein alter Mann reuevoll auf eine Welt schaut, in der alles schief gelaufen ist.

Obwohl wir die Zukunft nie vorhersagen können, ist es doch nicht unrealistisch, sehr besorgt sein zu müssen. Wir brauchen Ihnen nicht zu sagen, dass die Probleme, die unsere Welt im zweiten Jahrzehnt des 21. Jahrhunderts beschäftigen, enorm sind: Klimawandel, Wetterkapriolen, verschmutzte Meere und zunehmende Vermögensungleichheit. Wir werden von den Problemen des religiösem Fanatismus angegriffen, von Massenmigration und der Macht der Unternehmen, die die nationalen Regierungen überschatten, von endlosen lokalen Kriegen, gescheiterten Staaten, einer fragmentierten Europäischen Union, einem außer Kontrolle geratenen Bevölkerungswachstum. Eine Politik der Angst, Schuld und Verleugnung breitet sich ebenso schnell aus wie die politische Apathie der Jugend. Und die neuen Dilemmas der Zukunft – wie Datenbanken, Gentechnik und Robotik – drohen zu den ungelösten Problemen von heute hinzukommen.

Müssen wir noch mehr dazu sagen? Wir alle wissen, dass diese Probleme uns alle auf dem Planeten betreffen, aber wir scheinen nicht in der Lage zu sein, sie zu lösen, und die Zeit läuft ab. Wollen wir wirklich, dass irgendein zukünftiger Großvater für unsere Untätigkeit verantwortlich gemacht wird? Warum können wir das nicht einfach klären?

Liegt es daran, dass die Probleme zu groß sind? Oder ist es so, dass die politischen Führer nicht den Willen finden, sich mit ihnen auseinanderzusetzen? Ist es so, dass gierige finanzielle Interessen auf totale Zerstörung im Dienste der Profite gerichtet sind? Sind wir zu egoistisch, zu straußenartig oder, schlimmer noch, zu sehr wie Lemminge?

Oder denken wir einfach nicht so über die Probleme nach, wie es angemessen wäre?

Eine globale Sackgasse erfordert eine globale Lösung

Als Antwort auf diese drängenden Fragen stellt dieses Buch vier Behauptungen auf.

Erstens, dass es nur ein einziges Hindernis gibt, das uns daran hindert, all diese Probleme zu lösen: das Streben nach internationaler Wettbewerbsfähigkeit. Wir zeigen, wie die Notwenigkeit jeder Regierung, ihre Wirtschaft für Unternehmen und Investoren attraktiv zu gestalten – und die Notwenigkeit, international wettbewerbsfähig zu bleiben – es jeder Nation unmöglich macht, den ersten Schritt zu tun. Ob es sich nun um Klimawandel, faire Unternehmensbesteuerung, Armutsbekämpfung, Migration oder fast jedes andere globale Thema dreht, so wir werden zeigen, dass die Angst vor Wettbewerbsnachteilen stets im Weg steht.

Wettbewerbsfähigkeit ist nicht nur ein Weg, um Investitionen und Arbeitsplätze anzuziehen: Sie hat auch eine selten anerkannte destruktive Seite, die als Teufelskreis fungiert und Maßnahmen zur Lösung globaler und vieler nationaler Probleme verhindert. Das unerbittliche Streben nach Wettbewerbsfähigkeit – also genau das, von dem uns gesagt wird, dass es unseren Wohlstand sichern wird – wird uns langsam töten. Wir nennen diesen Teufelskreis den ‚Destruktiven Globalen Wettbewerb', kurz DGW, und die Lösung, so argumentieren wir, liegt in einer neuen Form globaler Zusammenarbeit.

Unsere zweite Behauptung ist, dass es einen Weg gibt, den Teufelskreis zu durchbrechen und eine globale Zusammenarbeit zu erreichen. Wir skizzieren eine globale Kampagne, die ein Mittel zur Überwindung jenes Problems darstellt, dass nämlich die, die den ersten Schritt gehen, Wettbewerbsnachteile erfahren. Wir nennen dies die Simultanpolitik (*Simpol*). Simpol basiert auf drei Prinzipien:

1. Simultane Implementierung

Wenn es gelingt, alle oder fast alle Nationen gleichzeitig zur Umsetzung geeigneter Politiken zu bewegen, würde keine Nation, kein Unternehmen oder Bürger einen Wettbewerbsnachteil erleiden. Alle Nationen gewinnen, und der Teufelskreis des DGW ist durchbrochen.

2. Ein Rahmenwerk für mehrere Themen

Es ist unwahrscheinlich, dass die Bewältigung globaler Probleme, und zwar eines nach dem anderen und so, wie die Welt heute ist, erfolgreich sein wird – tatsächlich ist eher so, dass dieser Ansatz scheitern wird. Denn die Auseinandersetzung mit einem einzelnen Thema bedeutet, dass es immer einige Nationen geben wird, die gewinnen und andere, die verlieren werden, und die Verlierer haben daher keinen Anreiz zur Zusammenarbeit. Simpol bietet einen Rahmen für die gemeinsame Aushandlung von zwei oder mehr Problemen, so dass Nationen, die bei einem Problem verlieren, bei einem anderen gewinnen können. Dies wird nicht nur die Chancen, substantielle Vereinbarungen zu treffen, erheblich verbessern, sondern führt auch dazu, dass Handlungen im unmittelbaren Interesse jeder Nation liegen. Es kann die Nationen dazu bringen, genau jetzt handeln zu wollen.

3. Eine neue Art, unsere Wählerstimmen zu nutzen.

Heute gibt es für Politiker nur wenig Anreize, internationale Vereinbarungen zu treffen oder einzuhalten. Wenn sie scheitern, können sie immer das ‚nationale Interesse' als legitime Entschuldigung geltend machen. Ein starker Anreiz für Zuckerbrot und Peitsche ist erforderlich, um Politiker zu produktiven Ergebnissen zu ermutigen. Simpol bietet dies, indem es uns einlädt, unsere Wählerstimmen auf eine völlig neue Art und Weise einzusetzen und damit die nationalen Regierungen auf das Ziel hinzuleiten. Wie wir zeigen werden, ist es, als ob man zwei Stimmen in einer hätte: eine Stimme, die man bereits hat und die auf nationaler Ebene wirkt und eine weitere, die global funktioniert. Wir werden Ihnen beweisen, dass Sie bereits jetzt über beide Wählerstimmen verfügen und dass beide funktionieren. Gerade jetzt, wo viele von uns spüren, dass Wahlen ihre Potenz verloren haben, verwandelt Simpol unsere Wählerstimmen in die mächtigste Waffe für globale Lösungen.

Die dritte Behauptung, die wir aufstellen, ist, dass eine globale Zusammenarbeit, wie oben beschrieben, erst dann zustande kommen kann, wenn es eine *innere Revolution* in der Art und Weise gegeben hat, wie wir über die Welt *nachdenken und sie betrachten.* Im Mittelpunkt dieses Buches steht eine Neubewertung unserer gewohnten Denkweisen, denn wenn wir keinen Weg finden, zu ändern, wie wir die Welt sehen und über ihre Probleme nachdenken, werden wir nicht in der Lage sein, auf globaler Ebene effektiv zu handeln. Wir werden nicht einmal verstehen, warum es keine sinnvolle Option außer der Zusammenarbeit gibt.

In einer Aussage, die Albert Einstein, dem vielleicht größten Genie der Neuzeit, zugeschrieben wird, wurde auf diese innere Revolution hingewiesen, nämlich dass wir unsere Probleme nicht mit dem gleichen Denken lösen werden, das diese Probleme erschaffen hat. Wenn unsere Welt nicht einen Weg findet, anders zu denken, riskieren wir, dass das Bild des kleinen Mädchens und ihres Großvaters allzu real wird.

Die Art und Weise zu ändern, wie wir denken, ist immer eine gewaltige Herausforderung, und Sie fragen sich vielleicht, ob dies wirklich etwas bewirken wird. ‚Wie können eine Handvoll Menschen, die ein solches Buch lesen, die Welt verändern?', mögen Sie fragen.

Unsere Antwort liegt in unserer vierten Behauptung, nämlich dass es nicht notwendig ist, dass Massen von Menschen die Welt verändern – in der Tat war dies niemals der Fall. Wir werden zeigen, wie viele Schlüsselübergänge in der Menschheitsgeschichte durch kleine Gruppen katalysiert wurden, und wir werden zeigen, dass auch Simpol zu diesem Muster passt. Deshalb sind Sie wichtig!

Unsere vier Ansprüche erfordern drei Schritte:

- Schritt 1 ist es, genau zu erkennen, wie festgefahren wir sind und was uns festhält;
- Schritt 2 ist es, die Art und den Wert des Kooperationsimperativs zu verstehen; und
- Schritt 3 ist die Entwicklung einer neuen Denkweise und Sichtweise, die es uns ermöglicht, ein schnelles, angemessenes und effektives kooperatives globales Handeln zu entwickeln.

Wir laden Sie ein, mit uns auf eine Reise zu gehen, um die Auswirkungen unserer Ansprüche zu erforschen und mit uns diese Schritte zu unternehmen. Um Ihnen eine genauere Vorstellung davon zu geben, wohin wir unterwegs sind, folgend eine Übersicht über die von uns vorgeschlagenen Route.

Verständnis des DGW und der Notwendigkeit der Zusammenarbeit

Globale Probleme haben unterschiedliche Ursachen, aber in Kapitel 1 erklären wir, wie der Teufelskreis des destruktiven globalen Wettbewerbs – DGW – die einzige Blockade zur Lösung fast aller Probleme ist. Einzelpersonen, politische Parteien, Regierungen und auch Unternehmen sind allesamt der Tyrannei des DGW unterworfen, und doch scheint sich dessen fast niemand bewusst zu sein. Diese Blindheit, erklären wir, liegt daran, dass die Gesellschaft als

Ganzes nur die konstruktive Seite des Wettbewerbs sieht, während wir hier seine verborgene destruktive Seite aufdecken wollen.

Der DGW erreicht diese Dominanz, weil sich das Kapital frei und global bewegt und dorthin fließt, wo die besten Renditen erzielt werden können. Da Kapital und Investitionen die Eckpfeiler einer gesunden Wirtschaft sind, müssen die Regierungen um sie kämpfen. Deshalb setzen sich Politiker dafür ein, ihre Wirtschaft international wettbewerbsfähig zu halten. Wenn die Politik zur Lösung globaler Probleme die Wettbewerbsfähigkeit von Unternehmen und Nationen verbessern würde, gäbe es kein Problem. Aber solche Richtlinien sind für die globalen Märkte nicht attraktiv; strengere Vorschriften und höhere Unternehmenssteuern erhöhen die Kosten und machen Unternehmen und Nationen weniger wettbewerbsfähig.

Also stecken die Regierungen fest. Keine Nation will sich zuerst bewegen. Der ehemalige britische Finanzminister George Osborne machte keinen Hehl daraus und betonte, dass der Planet nicht gerettet werden würde, wenn sein Land Pleite geht.[1]

Da die Regierungen zögern zu regulieren, wird auch der Wettbewerb zwischen den Unternehmen destruktiv, und es gibt hier keinen Ausweg: Der Teufelskreis betrifft alle. Schlimmer noch, er untergräbt sogar die Demokratie selbst. Welche Partei auch immer an der Macht ist, alle beschränken sich auf eine sehr enge Agenda der Wettbewerbsfähigkeit, die letztlich mit sozialer Gerechtigkeit oder ökologischer Nachhaltigkeit unvereinbar ist. Von dem DGW gelähmt, bleibt uns das, was in diesem Buch als ‚Pseudodemokratie' bezeichnet wird. Kein Wunder, dass politische Parteien in Aufruhr sind, während die Wähler wenig Unterschied zwischen ihnen sehen und sich der Apathie, dem Zynismus oder der Politik der Angst zuwenden.

Wir meinen nicht, dass Regierungen überhaupt keine Maßnahmen gegen globale Probleme ergreifen können, sondern nur, dass es sich um ein Problem der Perspektive handelt. Stellen Sie sich ein Oldtimer vor, der sich ruhig auf einer Autobahn bewegt. Für sein Alter bewegt er sich vielleicht recht gut, aber wenn wir uns auf ihn konzentrieren, bemerken wir nicht, dass ein Sportwagen auf der Überholspur fährt.

Der Oldtimer repräsentiert die aktuelle Geschwindigkeit des Fortschritts, die die Regierungen machen, und der Sportwagen die Geschwindigkeit, mit der sich die globalen Probleme verschärfen. Mit Blick auf beide Fahrzeuge ist völlig klar, wer gewinnen wird.

Wir stehen vor einem einfachen Imperativ: Einen Weg zur globalen Zusammenarbeit zu finden, um dem Teufelskreis des DGW zu entkommen oder sich einem beispiellosen Chaos und potenziellen Ruin zu stellen.

Ein schönes Chaos …

Nachdem wir die Zentralität des DGW anerkannt haben, mag unsere Situation zunächst hoffnungslos erscheinen. Und doch ist zumindest unsere Aufgabe jetzt einfach: Alle Vorschriften über das, was getan werden muss – Reduzierung der Emissionen, Ausgleich des Wohlstands oder Neuregulierung der Finanzmärkte und so weiter – werden zweitrangig. Stattdessen geht es in erster Linie darum, wie man den DGW überwindet. Die entscheidenden Fragen sind nicht was, sondern wie: Wie sind wir hierhergekommen, und wie überwinden wir den DGW?

Kapitel 2 erklärt, wie wir zu diesem gefährlichen Zustand gekommen sind. Der DGW stellt sich weniger als das Ergebnis einer bösen Verschwörung heraus, als vielmehr das Resultat dessen, dass sich der *Kontext* der Welt unwiderruflich verändert hat. Dieser Kontext ist nicht mehr national oder gar europäisch, asiatisch, afrikanisch oder amerikanisch, sondern unumkehrbar *global*. Allerdings hat unsere Welt noch nicht vollständig die Auswirkungen dessen verstanden.

Es ist, als ob wir einfach noch nicht weit genug sehen können. Jeder weiß, dass man einen Hügel hinaufgehen muss, um die beste Aussicht zu haben, aber wir denken immer noch von einer flachen Ebene aus über unsere Probleme nach. Was wir von der Spitze des Hügels aus deutlich sehen, ist, dass wir in einen so genannten ‚neuen Kontext für Governance' (politische Steuerung, Regierung) eingetreten sind, und wir müssen uns entsprechend neu organisieren.

Das Verständnis dieses neuen Kontextes ist entscheidend, und doch sind wechselnde Kontexte Teil einer alten Geschichte. Neue Kontexte wie die, die wir in der Globalisierung erleben, sind unvermeidlich und gehören zur sich entfaltenden Geschichte der menschlichen Evolution. Die von ihnen verursachten Krisen werden immer durch ein höheres Maß an Komplexität, Zusammenarbeit und politischer Führung gelöst. Unsere missliche Lage ist nicht so sehr eine Katastrophe, sondern die Notwendigkeit der Menschheit, erwachsen zu werden. Wir müssen jetzt lernen, zusammenzuarbeiten und uns bewusst selbst zu regulieren, so wie ein Jugendlicher sein Zuhause nicht mit echter Autonomie verlassen kann, bevor er nicht diese Fähigkeiten entwickelt hat.

... und es ist alles DEINE Schuld!

Aber hier ist der Punkt. Wie jeder, der erwachsen werden muss, sind wir damit beschäftigt, Widerstand zu leisten. Ein Umdenken ist nicht nur eine Herausforderung, es bedeutet auch, dass wir Verantwortung übernehmen müssen. Aber stattdessen bleiben wir im Schuldzuweisungsspiel stecken: wir beschuldigen Politiker, Unternehmen, Einwanderer oder ‚das System' für den Zustand, in dem wir uns befinden. Wie uns ein solches unreifes Denken im Griff behält, ist das Thema, mit dem wir uns in den Kapiteln 3 und 4 befassen.

Das Denken ist entscheidend, aber die meisten Bücher über die Globalisierung konzentrieren sich auf das, was wir ihre *äußeren* Merkmale nennen – Handel, Technologie, Kommunikation, Umwelt, Finanzmärkte und so weiter. Dieses Buch verfolgt einen völlig neuen Ansatz, indem es sich auf die *inneren* Aspekte der Globalisierung konzentriert – die Art und Weise, wie wir als Individuen und Kulturen darüber *denken* und *fühlen* und wie es unsere Fähigkeit, globale Probleme zu lösen, behindert.

Das mag zunächst simpel klingen, aber die Art und Weise, wie wir denken, ist ein integraler und sehr emotionaler Bestandteil unserer Identität, und dies zu ändern kann viel schwieriger sein, als wir uns vorstellen. Es geht darum, sich dem Schrecken zu stellen, den wir empfinden, wenn wir unsere gesamte Weltanschauung aufgeben. Das ist umso schwieriger, da wir noch keine Lösung sehen. ‚Wie', könnten Sie fragen, ‚kann man von mir erwarten, dass ich von einem Boot springe, bevor Sie mir nicht ein besseres gezeigt haben, auf das ich springen kann?'

Das Problem ist, dass die Entwicklung eines neuen Denkens auch bedeutet, dass wir zuerst unseren bestehenden Weg aufgeben müssen, und das ist häufig ein schrecklicher Übergang. Ähnlich wie der mythologische Phönix zuerst sterben und sich in Asche verwandeln musste, bevor er wiedergeboren werden konnte, kann neues Leben nur entstehen, wenn vorher etwas anderes losgelassen wird. Wir müssen einen Trauerprozess durchlaufen, ähnlich dem, den wir erleben, wenn jemand in unserer Nähe stirbt. Es ist eine schwierige Reise – schmerzhaft, aber notwendig.

Wieder auf der Straße

Diese Reise zu unternehmen bedeutet, dass wir auch Emotionen berücksichtigen müssen, denn einen jeden neuen Kontext vollständig zu erfassen bedeutet auch, mit vielen schwierigen Gefühlen zu kämpfen. Unser vertrautes, polarisiertes Denken wird die Strecke nicht überstehen können. Für einige wird der Weg dabei besonders unangenehm sein: nämlich jene, für die die Antwort in noch mehr Wettbewerb besteht, wie auch für Umweltschützer und Aktivisten, die annehmen, bereits über alle Antwort zu verfügen.

Auf diesem Weg stoßen wir auf die psychologischen Hindernisse für die Entwicklung eines neuen Denkens: *Verleugnung, Wut, Verhandlungen, Depressionen* und schließlich *Akzeptanz*. Zunächst betrachten wir in Kapitel 3 die Rolle der Verleugnung: wie wir die Realität des DGW vor uns selbst verstecken, wie ihn die Gesellschaft normalisiert und wie wir das kompensieren. In Kapitel 4 wenden wir uns der Wut zu: Wie wir unsere Frustration in Protest, Apathie und politischer Polarisation ausleben. Dann schauen wir uns an, wie wir in impotenter Weise versuchen, mit dem DGW-Monster zu verhandeln, bevor wir schließlich anerkennen können, dass gegenwärtige Ansätze zur Lösung globaler Probleme nicht funktionieren können. Hier können wir anerkennen, und dass wir deprimiert und traurig sind und Angst vor der Zukunft haben.

Unsere schwierige Reise endet mit der Akzeptanz. Nicht eine Akzeptanz der Hoffnungslosigkeit, sondern eine Akzeptanz, dass unsere vertraute nationalzentrierte Denkweise nicht mehr funktioniert, und wir sie nun loslassen können. Akzeptanz ist also keine Kapitulation, sondern eine Befreiung: Wir lernen, uns selbst und die Welt mit neuen, weltzentrierten Augen zu sehen. Indem wir die Realität des DGW akzeptieren und das Schuldzuweisungsspiel aufgeben, sind wir nun bereit, innovative Lösungen in Betracht zu ziehen.

Eine neue Denkplattform

Bevor wir mit praktischen Maßnahmen beginnen können, müssen wir verstehen, wie Menschen und Kulturen unterschiedlich denken und wie sich neues Denken entwickelt oder blockiert wird. In Kapitel 6 stellen wir dazu ein umfassendes Modell von Denkebenen vor, das von Sozialwissenschaftlern in den letzten zehn Jahren entwickelt wurde. Dieses Modell – hier erstmals auf die Probleme der Globalisierung angewendet – kategorisiert eine Reihe von unterschiedlichen Weisen des Denkens. Es erklärt, warum Menschen die Welt auf unterschiedliche Weise sehen und wie diese verschiedenen Perspektiven zusammenwirken. Dieses Verständnis hilft uns, besser zu sehen, warum es so viele Konflikte in der Welt gibt und wo unser Denken als nächstes hingehen muss.

Es zeigt auch, wie das menschliche Denken den gleichen natürlichen evolutionären Prozessen unterliegt wie der Rest des Lebens. Unterschiedliche und sich entwickelnde Denkebenen sind Teil unseres universellen Erbes. Ausgehend von so unterschiedlichen Disziplinen wie Evolutionsbiologie und Psychohistorie zeigen wir, warum uns veraltete Weltanschauungen solange beherrschen, bis ein ausreichender Druck aufgebaut wurde, um uns dazu zu bringen, eine neu entstehende Perspektive zu akzeptieren. Und wir werden zeigen, dass diese Übergänge oft von einer relativ kleinen Anzahl von Menschen katalysiert werden.

Die Welt auf diese Weise zu sehen, ist wie eine Briese frischer Luft; es ist ein integraler Bestandteil der neuen weltzentrierten Denkebene, die unser Modell einführt. Wir hoffen, dass Sie bis dahin auf diese Weise die Welt zu sehen beginnen werden, denn diese Ebene hat es uns ermöglicht, die globalen Phänomene des DGW und der Pseudodemokratie zu identifizieren. Es ist diese Ebene, die nicht nur das Verständnis globaler Probleme, sondern auch neue Wege zu ihrer Lösung ermöglicht.

‚Fünf Minuten', um die Welt zu verändern.

Geboren im Jahr 1879 wusste Einstein leider noch nichts über Tiefenpsychologie oder Psychohistorie, die so radikale Werkzeuge zur Erforschung des menschlichen Denkens und der Organisation von Gesellschaften sind wie es die Quantentheorie für das Studium der Physik ist. Doch der weise Mann wusste schon ein oder zwei Dinge. Er wurde einmal gefragt, wie er seine Zeit verbringen würde, wenn er nur eine Stunde Zeit hätte, ein schwieriges Problem zu lösen. Seine Antwort war, dass er fünfundfünfzig Minuten damit verbringen würde, das Problem zu definieren, und fünf Minuten, um es zu lösen.

In den letzten ‚fünf Minuten' unseres Buches diskutieren wir zunächst die Kriterien, die eine neue weltzentrierte Form der Politik erfüllen muss (Kapitel 7). Wir erklären, warum bestehende globale Institutionen wie die Vereinten Nationen nicht funktionieren können. Dann, in Kapitel 8, stellen wir die Kampagne der ‚Simultanen Politik' vor und zeigen, dass sie die notwendigen Kriterien erfüllt.

Simpol erzielt bereits in der Anfangsphase ermutigende Ergebnisse: Angesichts der geringen Anzahl der bisher Beteiligten ist die hohe Unterstützung durch die Politik bemerkenswert. Dies ist, wie wir zeigen werden, kein Zufall, sondern das Ergebnis des starken Wahl-Anspornes in Form von Zuckerbrot und Peitsche, den Simpol befürwortet und den seine Anhänger bereits annehmen. Ähnlich wie das Prinzip des Hundertsten Affen – bei dem sich eine neue Idee rasch verbreitet, wenn sie eine kritische Anzahl von Menschen zu unterstützen beginnen – demonstrieren wir unseren vierten Anspruch: *Man braucht nicht viele Menschen, um die Welt zu verändern.*

Ist Simpol die Lösung für globale Probleme? Das werden Sie und andere entscheiden. Unser Ziel ist es nicht, etwas vorzuschreiben, sondern ein pragmatisches Beispiel für die Art von Initiative zu geben, zu der uns das weltzentrische Denken führen kann.

Zum Schluss zeigen wir auf wissenschaftliche Disziplinen wie die Evolutionsbiologie und die Neurowissenschaften, um zu zeigen, wie Simpol die Art und Weise, wie die Evolution selbst ihre eigenen natürlich auftretenden Krisen löst, genau nachahmt. Unsere gegenwärtige Zwangslage ist Teil eines tieferen evolutionären Prozesses, an dem auch wir beteiligt sind. Die Herausforderung, vor der wir stehen, besteht nicht nur darin, eine bevorstehende Katastrophe zu verhindern, sondern, im Kontext der Evolution die Menschheit, Reife zu entwickeln. Abgesehen von der Notwendigkeit zu überleben, ist unsere Herausforderung eine Gelegenheit, unser evolutionäres Schicksal zu erfüllen: unsere Chance, im tiefsten Sinne, zu dem zurückzukehren, was wir wirklich sind.

Unsere Hoffnung ist, dass wenn Sie dieses Buch beendet haben, dass Sie sich von Ohnmacht und politischer Apathie befreit fühlen und bereit sind, sich aus einer umfassenderen Perspektive zu engagieren. Die Kampagne, die wir umreißen, erkennt an, dass Führungskräfte immer noch gebraucht werden; sie weiß aber aber auch um die Realität, dass echte Veränderungen nur dann eintreten, wenn eine kritische Anzahl von uns ihre Denkweise ändert und neue Wege des gemeinsamen Handelns findet. Und, wie wir alle in unseren Herzen wissen: Wenn sich genug von uns wirklich auf ein Thema konzentrieren, kann uns nichts mehr aufhalten.

1. Die erstaunliche Kraft des Wettbewerbs

Das neoliberale Wunder

Michael E. Porter ist ein schlanker Babyboomer, der Klugheit, Selbstvertrauen und Fitness ausstrahlt. Porter, Seniorprofessor an der Harvard Business School und Gründungsdirektor des *Institute for Strategy and Competitiveness*, ist der Altmeister unter den lebenden Managementgurus, aber er hätte auch ein professioneller Golfer sein können. Von Anfang an brillierte er als Alleskönner, zunächst in Mannschaftssportarten, dann mit Auszeichnungen in Luft- und Raumfahrt und Maschinenbau an der Universität Princeton, bevor er schließlich als Betriebswirt graduierte und einen Doktortitel in Betriebswirtschaft von Harvard erhielt. Porter begründete das moderne Feld der Geschäftsstrategie und ist einer der weltweit einflussreichsten Denker in Bezug auf Management und insbesondere der Frage, die wir in diesem Kapitel behandeln: das Konzept der internationalen Wettbewerbsfähigkeit. Im Jahr 2012 bestätigte Geoff Colvin, Berichterstatter vom Fortune Magazine, dass Porter mehr Führungskräfte und mehr Nationen beeinflusst habe als jeder andere Wirtschaftsprofessor der Welt.[1]

Wenn es eine Idee gibt, die in Porters Lehre über die Wettbewerbsstrategie und die Entwicklung von Nationen, Staaten und Regionen von zentraler Bedeutung ist und die in über neunzehn Büchern und 125 Artikeln niedergelegt wurde, dann ist es die, dass der Wettbewerb für jeden von Vorteil ist. In seinem Buch *On Competition*, von dem gesagt wird, dass es auf frustrierende Weise unzitierbar sei, sagt er:

> *Wenn diese Sammlung [von Essays] nur eine Botschaft vermitteln könnte, würde ich mir wünschen, dass es das Gefühl für die überwältigende Kraft des Wettbewerbs wäre, die Dinge besser zu machen – sowohl für Unternehmen als auch für die Gesellschaft.*[2]

Porter ist bei weitem nicht allein, wenn er diese Ansicht vertritt. Tatsächlich ist die Vorstellung, dass Wettbewerb notwendigerweise vorteilhaft ist, der zentrale Grundsatz der als ‚Neoliberalismus' bezeichneten Wirtschaftsdoktrin, die seit den 1980er Jahren das wirtschaftliche Denken auf der ganzen Welt dominiert. Neoliberalismus, wie Professor David Harvey von der City University of New York erklärt, ist:

> *Eine Theorie politischer wirtschaftlicher Praktiken, die voraussetzt, dass das Wohlergehen des Menschen am besten durch die Befreiung der individuellen unternehmerischen Freiheiten und Fähigkeiten innerhalb eines institutionellen Rahmens gefördert werden kann, der durch starke private Eigentumsrechte, freie Märkte und freien Handel gekennzeichnet ist.*[3]

Der Neoliberalismus schlägt vor, dass Märkte und nicht Regierungen der beste Weg sind, um Wohlstand zu sichern. Nun ist der Zweck eines Marktes, Angebot und Nachfrage aufeinander abzustimmen. Operativ gesehen tendiert er dazu, Gewinner und Verlierer zu produzieren, wobei die Ressourcen automatisch und auf die wirtschaftlichste Weise zugewiesen werden. Im Wesentlichen *ist* ein Markt also ein Wettbewerb, und ein freier Markt bedeutet nicht nur unternehmerische Freiheit, sondern beinhaltet auch den Glauben, dass Märkte und Handel so frei wie möglich von staatlichen Eingriffen bleiben sollten. Nach der neoliberalen Orthodoxie ist alles, was die Regierungen tun müssen, den Wettbewerb am Laufen zu halten, und Wohlstand und Wohlbefinden werden sich von selbst einstellen.

Ausgehend von dieser Annahme, dass Wettbewerb stets von Vorteil ist, hat der Neoliberalismus inzwischen Regierungen, Universitäten, Ökonomen, Think-Tanks, Medien und die öffentliche Meinung durchdrungen. Aber was liegt der unbestrittenen Dominanz einer solchen Vorstellung zugrunde? Pauline Vaillencourt Rosenau, Professorin für Management und Politikwissenschaft an der University of Texas, sagt diesbezüglich:

Der Wettbewerb scheint etwas fast Religiöses oder Magisches an sich zu haben. Das ist so offensichtlich, dass man es nicht genauer untersuchen muss ... Es wird davon ausgegangen, dass mehr Wettbewerb besser als weniger ist, unabhängig von den Umständen und der Art des Wettbewerbs.[4]

Wettbewerb scheint uns natürlich gegeben zu sein, denn er appelliert, wie Harvey vorschlägt, an unser angeborenes Gefühl der persönlichen Autonomie:

Die Gründungspersönlichkeiten des neoliberalen Denkens hielten die politischen Ideale der Menschenwürde und der individuellen Freiheit für grundlegend, für ‚die zentralen Werte der Zivilisation'. Das war eine weise Entscheidung, denn das sind in der Tat überzeugende und verführerische Ideale ... Konzepte von Würde und individueller Freiheit sind an sich kraftvoll und ansprechend.[5]

Unsere Akzeptanz dieser Ideen ist weder irrational noch überraschend, da Freiheit und Wettbewerb natürliche und unverzichtbare Bestandteile des Lebens sind.

Der Wettbewerb spricht nicht nur unsere tiefsten Werte an, sondern hat auch die positive Seite, dass er Innovationen und Spitzenleistungen fördert und gleichzeitig für niedrigere Preise für die Verbraucher sorgt.

Im Kontext der jüngsten Wirtschaftsgeschichte ist es leicht zu verstehen, warum neoliberale Ideen die Phantasie von Politikern und Ökonomen angeregt haben, die sich nach der öknomischen Stagnation der 1970er so sehr nach wirtschaftlichem Wachstum gesehnt hatten, und warum ihre Verliebtheit in diese Ideen – und unsere Mitwirkung darin – unvermindert anhält. Heute erstreckt sich der neoliberale Kult auf alle Lebensbereiche – auf alle Ebenen der Politik, Wirtschaft und Kultur. Im Bankensektor hat das Wetten auf Gewinner und Verlierer das wirtschaftliche Marktrisiko auf ein neues Niveau gehoben. Nicht nur Einzelpersonen und Unternehmen müssen wettbewerbsfähig sein, auch Städte, Regionen und ganze Nationen. Die

Notwendigkeit, dass alle und jedes Unternehmen wettbewerbsfähig bleiben müssen, bildet die philosophische Plattform, die praktisch allen Entscheidungen zugrunde liegt.

Der Kult der Wettbewerbsfähigkeit wird von vielen einflussreichen Organisationen verkündet. Nehmen wir das Weltwirtschaftsforum (WEF), das seine Jahrestagungen im exklusiven Schweizer Skigebiet Davos abhält und an dem Regierungschefs, Wirtschaftsführer und Wirtschaftsgurus teilnehmen. Der Werbeslogan des WEF besagt, dass es sich der ‚Verbesserung des Zustands der Welt' verpflichtet fühlt, und seine Hauptpublikation ist der *Global Competitiveness Report*, dessen Zweck es laut seiner Präambel ist, die Wettbewerbslandschaft von 144 Volkswirtschaften zu bewerten und Einblicke in ihrer Produktivität und ihres Wohlstands zu geben.[6]

Am Kern dieses Leitbildes sind ‚Wettbewerbsfähigkeit' und ‚Wohlstand' nahtlos miteinander verbunden und offenbaren die – inzwischen vertraute – Annahme, dass Wettbewerb immer nur von Vorteil ist. Jedes Jahr, wenn das WEF seinen Jahresbericht veröffentlicht, bricht Raserei aus, wenn Medien, Ökonomen, Politiker, Think-Tanks und Business Schools das Ranking jeder Nation dahingehend kommentieren, ob eine Nation aufgestiegen oder gefallen ist.

Die Kultur der internationalen Wettbewerbsfähigkeit, zusammen mit der damit verbundenen Unsicherheit und Angst, erreicht jede Branche in jedem Winkel der Welt. Betrachten Sie diesen Bericht über die karibische Tourismusindustrie:

> *Unabhängig davon, wie sie konzipiert ist, bleibt die internationale Wettbewerbsfähigkeit weiterhin ein dynamisches Thema. Obwohl unsere Tourismusbranche derzeit sehr wohl wettbewerbsfähig zu sein scheint, kann sich diese Situation schnell umkehren, so dass viele unserer Reiseziele nicht wettbewerbsfähig bleiben.*[7]

Dieser Kultur innewohnend – in der Notwendigkeit, an der Spitze zu bleiben, und in der Furcht vor einer Situation, die sich schnell ins Schlechte umkehren kann – können wir eine gewisse Gefahr bemerken, wie Will Davies, Senior Dozent für Politik an der Londoner Goldsmith University, erklärt:

> *Was ich als ‚gewaltsame Bedrohung' des Neoliberalismus bezeichnet habe, ist in den Vordergrund gerückt, wobei die Autorität in wirtschaftlichen Entscheidungen zunehmend auf der Behauptung beruht, dass ‚wir' ‚sie' schlagen müssen.*[8]

Unabhängig davon, ob man wettbewerbsfähig oder nicht wettbewerbsfähig ist, ob man hoch oder niedrig eingestuft wird, bleibt die Botschaft, die die ‚gewalttätige Bedrohung' des Wettbewerbs vermittelt, die gleiche: Man muss tun, was notwendig ist, um seine Wettbewerbsposition zu erhalten oder auszubauen. Wenn man nicht wettbewerbsfähig bleibt, wird man im ‚globalen Wettlauf' verlieren.[9]

Und die Bedrohung funktioniert. Wettbewerb und Wettbewerbsfähigkeit sind zu einem so wichtigen Faktor in der modernen Welt geworden wie Gott, Seine Engel und der Teufel im Mittelalter. Die Furcht vor der Verdammnis in der Zukunft ist allgegenwärtig. Heute sehen es die Regierungschefs allgemein als ihre Pflicht an, die internationale Wettbewerbsfähigkeit ihrer Nation ebenso unerbittlich zu verfolgen wie die Verteidigung des Landes, und sind diesbezüglich weitaus enthusiastischer als Unternehmen zu regulieren oder Steuern zu erheben.

Aber wenn der Wettbewerb wirklich so vorteilhaft ist, warum scheinen sich die globalen Probleme eher zu verschlechtern als zu verbessern? Wenn die Märkte, in die wir alle eingebettet sind, Wettbewerbe sind, und wenn der Wettbewerb nur Vorteile bringt, wie die neoliberale Ideologie insistiert, so müsste man doch annehmen, dass seine ‚erstaunliche Macht, die Dinge besser zu machen' inzwischen viele unserer Probleme gelöst haben würde.

Offensichtlich funktioniert es nicht ganz so.

Es gibt nichts, was wir tun können.

Tatsächlich ist das Auffällige an unserer Zeit die seltsame Kombination aus dem Wissen und der Klarheit, die wir über globale Probleme haben, und unserer Unfähigkeit – oder Unwilligkeit –, sie effektiv anzugehen. Stattdessen erscheinen die Regierungen sowohl wirtschaftlich als auch politisch zunehmend machtlos, während wir, die Öffentlichkeit, zwischen Wut und Apathie – einerseits in Bezug auf die Fähigkeit unserer Führer, nichts zu tun außer den Reichen zu helfen wie andererseits über unsere eigene Unfähigkeit, etwas zu bewirken – hin und her wechseln.

Wenn das Streben nach Wettbewerbsfähigkeit, wie behauptet wird, dazu führt, dass Wohlstand, Gesundheit und Wohlbefinden zunehmen, dann kommt es zu einem erschütternden Preis: einem Gefühl der weit verbreiteten öffentlichen Machtlosigkeit und Wut. Dieses Gefühl von Ohnmacht kommt zu einer Zeit, in der Informationen noch nie so weit verbreitet waren: Nachrichten und das Internet erreichen jeden Winkel der Erde, während gleichzeitig nur Angst und Nationalismus die Menschen dazu zu bringen scheinen, ihr hart erkämpftes Wahlrecht in großer Zahl zu nutzen. Und das Gefühl der Machtlosigkeit breitet sich in allen Bereichen aus. Paul Mason, der als leitender Wirtschaftskorrespondent in der führenden Fernsehsendung *Newsnight* und später *Channel 4 News* der BBC im Vereinigten Königreich tätig war, drückte so aus, dass die grundlegenden wirtschaftlichen Probleme nicht gelöst, sondern nur gelindert wurden, und dass dies das Vertrauen der Öffentlichkeit in die ‚Handlungsfähigkeit' – die menschliche Fähigkeit, Gefahren zu vermeiden, Risiken abzuschwächen und die Kontrolle über fluide Situationen zurückzugewinnen – zerstört. Man sieht es am deutlichsten, so Mason, in der Einstellung der Menschen zu Kriegen und Katastrophen. Er erinnert sich daran, wie der Redakteur der Sendung *Today* des BBC Radio 4 zugab, dass er Schwierigkeiten habe, die Hörer angesichts unerbittlicher schlechter Nachrichten aus Syrien, Isis, Libyen und Gaza ans Programm zu binden. Es war nicht das Ausmaß des

Schreckens, das die Öffentlichkeit abschreckte, es war ihre eigene Machtlosigkeit.[10]

Solche Gefühle dürfen nicht ignoriert werden, und sie sind auch nicht irrational, wie Mason betont:

> *Es ist logisch, sich machtlos zu fühlen, wenn man davon Zeuge wird, dass die am besten ausgebildeten und informierten Menschen ihrer Generation – wie Politiker und Diplomaten – angesichts eines Zusammenbruchs der globalen Ordnung ins Taumeln geraten.*[11]

Mason ist in dieser Hinsicht nicht allein. Joris Luyendijk ist ein niederländischer Nachrichtenkorrespondent und Talkmaster mit Ausbildung in Amsterdam, Kansas und Kairo. Er war mehrere Jahre lang Nachrichtenkorrespondent im Nahen Osten mit Sitz in Ägypten, Libanon und Israel, berichtete über den Zweiten Golfkrieg im Irak und hat ausführlich über die westliche Ineffektivität in diesen Regionen geschrieben.[12]

Seit 2011 arbeitet Luyendijk in London bei der Zeitung *Guardian*, in der sein Bankenblog eine anthropologische Perspektive auf die Finanzwelt bietet. Sein jüngstes Buch ist das Ergebnis von rund 300 Interviews mit Bankern und anderen Menschen in der Londoner Finanzindustrie, um zu verstehen, wie die Finanzkrise von 2008 zustande gekommen ist. Was seine Neugierde weckte, ist das Phänomen, dass die Öffentlichkeit sehr an Themen interessiert zu sein scheint, die sie persönlich betreffen, z.B. wenn es den Anschein hat, dass jemand ihre gesamten Ersparnisse stehlen will, aber ziemlich schnell die Aufmerksamkeit verliert, wenn ein Thema wie die Finanzreform ansteht.[13]

Interessanterweise ist Luyendijk als Referent für Wirtschaft sehr gefragt, und ironischerweise war ein kürzliches Vortragsengagement in Amsterdam, das die zunehmende Machtlosigkeit der einfachen Menschen gegenüber riesigen wirtschaftlichen und politischen Kräften darlegte, sofort ausverkauft.[14] Trotz unserer weit verbreiteten

Apathie erkennen wir diese Machtlosigkeit, wenn sie dann benannt wird, sofort.

Das Bild, das entsteht, ist, das sich in den letzten dreißig Jahre – seit unsere Welt zunehmend globalisiert, wirtschaftlich dereguliert, von den Marktkräften getrieben und finanziell unterstützt und von einer zentralen Philosophie angetrieben wird, die den Wettbewerb als ein unermüdliches Gut betrachtet – ein tiefgreifender Wandel vollzogen hat. Die Menschen sind zunehmend unbeteiligt, als hätten sie keine Handlungsfähigkeit mehr, während sich die globalen Probleme weiter verschärfen. Könnte es sein, dass das Konzept, dass die Wettbewerbsfähigkeit nur von Vorteil ist, selbst fehlerhaft sein könnte?

Unsere eigenen Zweifel am Wettbewerb führten uns zurück zu den ersten Prinzipien: Wir beschlossen, dass wir wieder zur Schule gehen mussten.

Fairplay

Es ist ein kühler und grauer Tag im Südosten Londons und kein Tag, an dem man auf Spielfeldern herumhängt. Aber wir sind auf einer Mission. Wir haben es geschafft, die Erlaubnis zu bekommen, eine innerstädtische Gesamtschule am Sportnachmittag zu besuchen und mit einigen der Kinder über ihre Einstellung zum Wettbewerb zu sprechen.

Die Schule war anscheinend auch der Ort, wo Professor Porter, der amerikanischen Fußball, Baseball und Basketball spielte und später, in Princeton, im NCAA Championship-Golfteam war, zuerst über Wettkampf nachgedacht hatte.[15]

Was können wir also aus einer kurzen Rückkehr auf den Schulsportplatz lernen?

Zuerst versuchten wir herauszufinden, welche Rolle der Sport im Lehrplan der Schule spielt. Wie viel Sport gibt es heutzutage in der Schule, fragten wir den Lehrer. In einer staatlichen Schule offenbar viel weniger als vor dreißig Jahren, antwortete sie, und nur ein Viertel dessen, was von Privatschulen angeboten wird, die Eltern durchschnittlich 30.000 Pfund pro Jahr kosten. Der *Youth Sports Trust*, die britische Wohltätigkeitsorganisation, die den Schulsport überwacht und koordiniert, veröffentlichte Anfang 2015 Zahlen, die zeigten, dass der durchschnittliche Umfang des Sportunterrichts an staatlichen Schulen deutlich unter den empfohlenen zwei Stunden pro Woche gefallen ist. Trotz der britischen Investition in den Londoner Olympiapark, sagte die Vorsitzende, Baroness Sue Campbell, dass das Ganze ein „düsteres und beunruhigendes“ Bild offenbart.[16]

Aber das Bild, das wir auf dem Sportplatz sahen, ist trotz des Wetters alles andere als düster. Drei Gruppen von Jugendlichen im Alter von elf bis dreizehn Jahren rannten eifrig herum, jagten dem Fußball hinterher und schrien „Pass auf!“ und „Zu mir!“, während man im Hintergrund das schrille Kreischen einer Pfeifen hörte. Sie schienen es zu lieben.

Am nächsten Tag gingen wir zur Schule selbst und stellten fest, wie viele der Kinder ihre Pause nutzten, um ihre eigenen kurzen Fußballspiele zu organisieren. Als die Glocke zum Unterricht ertönte, nutzen wir unsere besondere Erlaubnis, um den Kindern einige Fragen zu stellen. Was haben sie eigentlich da draußen gemacht? Ging es bei ihren improvisierten Fußballspielen nur um Wettbewerb, oder gab es auch andere Elemente?

„OK, wir möchten gerne wissen, was ihr hier draußen gemacht habt. Geht es bei eurem Spiel um Kooperation oder um Wettkampf?“, fragten wir.

„Wettkampf!“, schrien sie fröhlich zurück.

Natürlich ist der Wettkampf für sie genauso selbstverständlich wie für alle anderen, aber wenn wir unsere Perspektive zu ihrer Tätigkeit erwähnen, sind sie überrascht, dass sie in Wirklichkeit auch kooperiert haben. Wir erinnern sie daran, dass sie beispielsweise bereits vor Beginn ihrer Spiele dabei kooperiert haben, die Teams zusammenzustellen, wo die Tore stehen sollten, wann der Ball als im Aus gilt und so weiter. Sie hatten gar nicht bemerkt, wie viel Zusammenarbeit bei der Einrichtung eines Pausen-Kicks erforderlich war.

„Was wäre, wenn ihr nicht zusammengearbeitet hättet, um diese Regeln festzulegen“, fragen wir. „Was wäre, wenn es überhaupt keine Regeln gäbe?“

Einige Kinder antworten, dass es Tumult oder Gerangel geben würde; andere sagten, dass dann die größeren Kinder die ganze Zeit den Ball haben würden, und das würde überhaupt keinen Spaß mehr machen und wäre nicht einmal mehr ein Wettkampf.

Also, welche Lektionen haben wir gelernt?

Abgesehen davon, dass wir unsere eigene Auffassung bestätigen, dass der Wettbewerb für die meisten von uns selbstverständlich ist, ist das Paradoxon, das wir geschaffen haben, dass ein gesunder und produktiver Wettbewerb durch das, was das Gegenteil zu sein scheint, ergänzt werden muss. Wettbewerb braucht Kooperation und Führung – Regeln und Vorschriften. Ohne Kooperation und Führung zur Überwachung des Wettbewerbs wird es zu einem destruktiven Gerangel für alle.

Den Wettbewerb, so scheint es uns, gibt es in zwei Varianten: Er kann entweder *konstruktiv* oder *destruktiv* sein, je nachdem, ob eine angemessene Zusammenarbeit – eine angemessene Einigung über die Regeln – vorhanden ist oder nicht, und ob sie ordnungsgemäß eingehalten werden. Dies ist eine Unterscheidung, die auch Vaillancourt Rosenau in ihrer umfangreichen Wettbewerbsstudie *The Competition Paradigm* vorgenommen hat:

> *Wenn der Wettbewerb konstruktiv ist, bedeutet dies, unter kontrollierten Bedingungen effizient zu konkurrieren. Zerstörerischer, übermäßiger oder ungehinderter Wettbewerb scheint mit ernsthaften, negativen, wenn auch manchmal unbeabsichtigten Nebenwirkungen verbunden zu sein.*[17]

Wir werden in Kürze einige der Nebenwirkungen des globalen wirtschaftlichen Wettbewerbs untersuchen, aber vorerst müssen wir nur festhalten, wie seltsam es ist, dass diese überaus wichtige Unterscheidung zwischen konstruktivem und destruktivem Wettbewerb von neoliberalen Denkern – selbst von solchen Persönlichkeiten wie Professor Porter, wie er auf den Feldern von Princeton spielte und in den Seminarräumen von Harvard theoretisierte – zugunsten seiner positiven Aspekte ignoriert zu werden scheint.

Indem sie nur eine Seite des Wettbewerbs – den konstruktiven Aspekt – anerkennen, machen sich Wirtschaftsexperten das Leben tatsächlich schwerer, wie etwa, wenn man mit einem Arm in einer Schlinge Auto fährt. Wenn unter solchen Bedingungen eine Wirtschaft versagt oder ein sogenanntes Marktversagen festgestellt wird, schlagen die Mainstream-Ökonomen vorhersagbar noch mehr Wettbewerb als Lösung vor. Wenn Märkte versagen, sagen sie uns, liegt das daran, weil sie nicht ausreichend dereguliert wurden, wie Vaillancourt Rosenau feststellt:

> *Es wird davon ausgegangen, dass mehr Wettbewerb besser als weniger ist, unabhängig von den Umständen und der Art des Wettbewerbs. Qualifikatoren werden vergessen, Gegenbeweise werden vernachlässigt, und die Existenz einer Spirale des zerstörerischen Wettbewerbs wird ignoriert.*[18]

Die Existenz einer solchen destruktiven Spirale verändert alles, wie wir in Kürze zeigen werden. Aber wir werden auch zeigen, dass die Fähigkeit, Probleme auf globaler Ebene anzugehen, davon abhängt, dass Wettbewerb und Zusammenarbeit symmetrisch funktionieren – mit anderen Worten, in ähnlichen Bereichen und auf gleicher Ebene. Wie jedes Schulkind weiß, ist es nicht gut, nur einen Teil des Fußballfeldes oder des Basketballplatzes zu bestimmen und im anderen Teil Randale herrschen zu lassen.

Die Schattenseite des Wettbewerbs

Unsere aktuellere Vorstellung vom Wettbewerb scheint daher einer ernsthaften Revision zu bedürfen: Sie ist nicht völlig fehlerhaft, sondern lediglich unvollständig. Es ist nicht so, dass Wettbewerb keinen Nutzen bringt, noch dass er keine wesentliche und lebenswichtige Komponente in einer gesunden und dynamischen Wirtschaft hat – Ökonomen, ob neoliberal oder nicht, irren sich nicht über die überwältigende und oft nützliche Kraft des Wettbewerbs. Es ist nur so, dass sie nur die Hälfte des Bildes sehen.

Und dieses Versäumnis ist ein ernsthaft lähmendes Problem, denn wenn das, was wir in diesem Buch als destruktive Seite oder ‚Schattenseite' des Wettbewerbs bezeichnen, Fuß fassen darf, beginnt es exponentiell zu wachsen, wie Vaillancourt Rosenau betont:

> *Zerstörerischer Wettbewerb verdrängt den konstruktiven Wettbewerb … Gruppen, Einzelpersonen und Länder betreiben zerstörerischen Wettbewerb, wenn sie durch Regelbetrug gewinnen oder wenn sie mehr betrügen als ihre Konkurrenten.*[19]

Das Problem ist, dass, wenn ein Spieler einen Weg findet, die Regeln zu untergraben oder zu umgehen, und damit durchkommt, die anderen Spieler dann keine andere Wahl haben als das auch zu tun. Denn wenn sie es nicht tun, werden sie verlieren. Wenn es keine einheitliche Steuerung gibt, um angemessene Regeln wiederherzustellen und durchzusetzen, wird ein Teufelskreis in Gang gesetzt. Hier setzt die atemberaubende Kraft der Schattenseite des Wettbewerbs ein. Was zunächst ein konstruktiver Wettbewerb war, der Exzellenz und Innovation förderte, verkommt schnell zu seiner Schattenversion, und es gibt keine Möglichkeit, ihn zu stoppen. Alle Spieler haben dann einen starken Anreiz, noch mehr Möglichkeiten zu finden, um die wenigen noch bestehenden Regeln zu untergraben, und der Wettbewerb versinkt im Chaos oder, schlimmer noch, in Gewalt. Und meistens ist der Abstieg in den destruktiven Wettbewerb dadurch gekennzeichnet, dass die Starken die Schwachen dominieren.

Dies ist eine Dynamik, die jeder Elternteil kennt. Wenn kleine Kinder zu lange unbeaufsichtigt bleiben, kann ein gesundes Wettkampfspiel allzu leicht zu einem kleinen, aber sehr destruktiven Kampf werden. Weit davon entfernt, das neoliberale Ideal der individuellen Freiheit und Autonomie zu erreichen, ist das Endergebnis genau das Gegenteil: die Versklavung der Schwachen durch diejenigen, die am besten in der Lage sind, die Regeln zu untergraben.

Das wussten schon die Schüler.

Destruktiver globaler Wettbewerb

Der Neoliberalismus hat sich, wie wir wissen, in den 1970er Jahren durchgesetzt, und basierte auf einer wirtschaftlichen Vision, die nicht nur Politiker und Eliten, sondern auch den einfachen Menschen auf der Straße begeisterte. Sie wurde durch bewusste politische Entscheidungen nationaler Politiker, insbesondere von US-Präsident Ronald Reagan und der britischen Premierministerin Margaret Thatcher, verwirklicht. Doch das zentrale Argument dieses Buches ist, dass seit etwa Mitte der 80er Jahre die Umsetzung neoliberaler Politiken nicht mehr die freie Wahl von Politikern war, sondern stattdessen eine ganz eigene Dynamik annahm. Es war, als ob die Wirtschaftsführer plötzlich auf Autopilot fuhren.

Sobald der internationale Wettbewerb ein gewisses Maß an Integration und Intensität erreicht hatte, sobald sich der globale Markt – und insbesondere die Finanzmärkte – bis zu einem gewissen kritischen Tipping-Point entwickelt hat, reichte der dadurch erzeugte globale Wettbewerbsdruck selbst aus, um die Regierungen automatisch zu einer immer tieferen Anwendung neoliberaler Strategien zu bewegen. Der Teufelskreis des destruktiven globalen Wettbewerbs (DGW) war so weit fortgeschritten, dass er sich selbst aufrechterhalten konnte. Sobald multinationale Konzerne und globale Investoren die Fähigkeit erlangt hatten, Kapital und Tausende von Arbeitsplätzen nahtlos über die Landesgrenzen hinweg zu transportieren, war der Geist der Flasche entwichen und der Teufelskreis in Gang gesetzt. Ohne es zu realisieren wurden die Regierungen dann in das endlose Streben der ‚internationalen Wettbewerbsfähigkeit' verwickelt – gefangen in dem Spiel, sich gegenseitig bei der Senkung von Steuern und Vorschriften zu übertreffen, um Arbeitsplätze zu erhalten und Investitionen zu tätigen. Von da an zog der DGW Politiker und Regierungen in ihren zerstörerischen Wirbel und läuft nun unabhängig von der Kontrolle aller.

Es ist dieses automatische Ablaufen, das nicht nur dazu führt, die Augen vor den destruktiven Aspekten des Wettbewerbs zu verschließen. Darüber hinaus liegt die reale Gefahr darin, dass es die mit der

Festlegung der Regeln beauftragten Personen – die Regierungen – in einen Zustand der Lähmung versetzt. Sie sind jetzt nicht mehr in der Lage, die globalen Probleme, mit denen wir konfrontiert sind, ernsthaft anzugehen. Es ist nicht so, dass sie nicht handeln wollen, es ist so, dass sie es nicht *können*.

Eine sorgfältige Lektüre fast jeder seriösen Zeitung bietet eine Fülle von Beispielen für den DGW in der Praxis. Die folgenden Beispiele stammen hauptsächlich aus britischen Zeitungen, aber Sie können ähnliche Artikel in fast jedem Land finden.

Beginnen wir mit einem Thema, das den meisten von uns sehr vertraut ist, dem Klimawandel. Die Öffentlichkeit weiß, dass der Klimawandel eine sehr ernste Bedrohung darstellt und hofft, dass die Regierungen die Verpflichtungen, die sie auf der Pariser Klimavereinbarung COP-21 vom Dezember 2015 eingegangen sind, erfüllen werden. Aber werden sie das? Die erzielte Einigung wurde als historisch bezeichnet, aber ihre wichtigsten Klauseln – insbesondere die Einhaltung der Emissionsminderungsziele – sind nicht verbindlich. Wie realistisch ist es, substantielle Maßnahmen zu erwarten, wenn die Ursache für die Untätigkeit der Regierungen – DGW – noch fest verankert ist? Wie der folgende Bericht der *Financial Times* erklärt:

> *Die Regierungen zögern weiterhin, sich ernsthaft mit der Bedrohung durch den Klimawandel zu befassen, da jedes Land, das allein handelt, um sein Treibhausgas- Emissionen zu reduzieren, ohne dass es ähnliche Verpflichtungen anderer Regierungen gibt, riskiert, die Wettbewerbsfähigkeit seiner Industrien zu beeinträchtigen.*[20]

Abgesehen von jenen Zweifeln von rechts-außen an der Existenz eines Klimaproblems könnte es jede Regierung, die die Kohlenstoffemissionen vermindern will, nicht vermeiden, wesentlich strengere Emissionsvorschriften und höhere Unternehmenssteuern umzusetzen. Aber jede Regierung, die dies unabhängig von anderen Regierungen tut, würde ihre Unternehmen nur zwingen, die Produktion und Tausende von Arbeitsplätzen in andere Länder zu verlagern.

Auch die globalen Märkte würden jede Nation bestrafen, die die Kosten ihrer Unternehmen deutlich über das Niveau anderer Länder hinaus erhöht hat, weil dies ihre Wirtschaft für Investoren weniger attraktiv machen würde. Das Pariser Abkommen von 2015 beruht auf der Hoffnung, dass sich alle Nationen mehr oder weniger gemeinsam bewegen und so diese Risiken vermeiden. Der nicht verbindliche Charakter des Abkommens bedeutet jedoch, dass alle Regierungen dabei äußerst vorsichtig bleiben dürften.

Die Angst, gegen Konkurrenten zu verlieren, treibt verständlicherweise alle Politiker an. Für sie ist es keine Option, dass die Nationalwirtschaft ins Hintertreffen gerät: Die Arbeitslosigkeit würde steigen, die Auslandsinvestitionen würden austrocknen, die Bevölkerung würde leiden und die nächsten Wahlen würden verloren gehen. Da die Regierungen nach wie vor durch den DGW eingeschränkt sind und keine Gewissheit darüber haben, dass andere Nationen handeln werden, werden sie sich wahrscheinlich nur auf Maßnahmen beschränken, die die internationale Wettbewerbsfähigkeit ihrer Nation nicht erheblich beeinträchtigen, was in der heutigen integrierten Weltwirtschaft wenig oder gar kein Handeln bedeutet. Diese Manifestation des DGW wird selten anerkannt, und die wenigen Ökonomen, die es tun, nennen dies manchmal ‚regulatorische Kälte'.[21] Regierungen sind ‚gekühlt', wenn sie nur in der Lage sind, relativ kleine Schritte zu unternehmen, aber nicht die wirklich großen Schritte, die eigentlich nötig sind. Die globale Erwärmung wird sich daher noch verschärfen.

Eine ähnliche Situation gilt für die Körperschaftsteuer. In einer Zeit, in der die Unternehmensgewinne weiterhin hoch bleiben, während die Fähigkeit der Regierungen, Kapitalgesellschaften zu besteuern, um wichtige öffentliche Dienstleistungen zu erbringen, abnimmt, verstärkt der DGW das Problem nur noch:

> *Regierungen, die um ausländische Investitionen konkurrieren, wägen die Vorteile der Senkung der Unternehmenskosten ab … Die Steuersätze sind in den letzten fünfundzwanzig Jahren weltweit gesunken … Dieser Trend zwingt einige Experten zu dem*

Schluss, dass die Regierungen einen Wettlauf nach unten begonnen haben.[22]

Im Gegensatz zu der statischen regulatorischen Kälte, die die Klimaverhandlungen plagt, sehen wir hier, wie der DGW oft eine dynamische Wirkung hat. Sie versetzt die Regierungen in einen Teufelskreis, in dem jede gezwungen ist, nach dem Motto ‚Wie du mir, so ich dir' zu reagieren. Wenn eine Nation ihren Körperschaftsteuersatz senkt, sind andere gezwungen zu folgen. Im Jahr 2016 meinte Indonesiens Präsident Joko Widodo, dass dies auch logisch sei, und wies darauf hin, dass Unternehmen nach Singapur gehen werden, wenn die Körperschaftssteuer in Singapur 17 Prozent aber in Indonesien 25 Prozent beträgt.[23]

Im Jahr 2013 wurde die Zerstörungskraft dieser Dynamik von einigen Ländern, insbesondere von Frankreich und Deutschland, langsam erkannt, was zu Bemühungen um eine europaweite Harmonisierung der Körperschaftssteuerregelungen führte.[24] Eine solche Initiative war abhängig von der Zustimmung aller Nationen der Europäischen Union, wenn nicht sogar aller Länder weltweit. Die britische Regierung, wie einige andere auch, hatte jedoch andere Vorstellungen. Angesichts des europäischen Kooperationsangebots bestand sie auf heftigem Widerstand:

George Osborne hat großen Wert auf die steuerliche Wettbewerbsfähigkeit Großbritanniens gelegt und den zentralen Körperschaftsteuersatz von 28% auf 20% gesenkt … Diese und andere Maßnahmen haben dazu geführt, dass eine Welle von Unternehmen ihren europäischen Hauptsitz oder ihre Forschungs- und Entwicklungsabteilung nach Großbritannien verlegt haben – sehr zum Ärger anderer Mitgliedsstaaten. Das Vereinigte Königreich hat einen Zustrom von multinationalen Unternehmen erlebt – darunter Aon, Fiat Industrial und die europäischen Niederlassungen von Starbucks –, die Steuervorteile durch die optimale Lage der oft wenigen Mitarbeiter in der Zentrale erzielen wollen. Im vergangenen Monat gab der US-amerikanische Saatgut- und

Agrochemiekonzern Monsanto bekannt, dass er im Falle einer erfolgreichen Übernahme des Schweizer Unternehmens Syngenta geplant hat, ebenfalls seinen Hauptsitz nach Großbritannien zu verlegen.[25]

Das Ergebnis wird natürlich sein, dass andere Regierungen gezwungen sein werden, sich dem Wettlauf nach unten anzuschließen. Michael Devereux vom *Oxford University Centre for Business Taxation* sieht voraus, dass die Körperschaftsteuer weiter sinken wird, während die Regierungen im Wettbewerb verbleiben und nicht den politischen Willen finden, eine langfristige Lösung für die Verwendung internationaler Gewinne zu finden.[26]

Eine der Schlüsselfunktionen der Regierungen – die Finanzierung öffentlicher Dienstleistungen durch Steuererhebung – wird daher von dem DGW stark untergraben. Da Körperschafts- und andere Steuern auf weltweit mobile Unternehmen keine ausreichenden Einnahmequellen mehr bieten, sind die Regierungen gezwungen, die öffentlichen Ausgaben zu vermindern und gleichzeitig die Steuerlast auf Einzelpersonen zu verlagern, insbesondere auf die Mittel- und Arbeiterschicht, die sich nicht leicht woandershin bewegen können. Die wachsende Kluft zwischen Arm und Reich vergrößert sich dadurch zwangsläufig.[27] Die wachsende Kluft sowohl innerhalb als auch zwischen den Nationen, wie wir später erklären werden, hat auch erhebliche Auswirkungen auf die nationale Politik, wie der Sieg von Donald Trump 2016 in der Präsidentschaftswahl und das so genannte Brexit-Referendum zur Herausführung Großbritanniens aus der Europäischen Union gezeigt haben.

Klimawandel und Finanzpolitik sind nicht die einzigen Bereiche, die von dem DGW betroffen sind. Kommen wir nun zu einem ganz anderen Bereich: Menschenrechte, Gerechtigkeit zwischen den Rassen und wirtschaftliche Gerechtigkeit in den Entwicklungsländern. Wie, so könnte man sich fragen, könnte der DGW etwas mit diesen Fragen zu tun haben? Im folgenden Auszug erklärt der ehemalige südafrikanische Handels- und Industrieminister Mandisi Mpahlwa, warum sich die Regierung von der Unterstützung einheimisch-schwarzer Unternehmen zurückziehen musste:

> *Die südafrikanische Regierung hat ausländische Unternehmen davon freigestellt, einen Anteil von 25% an ihren lokalen Geschäften an schwarze Unternehmen verkaufen zu müssen. ... Die Regierung schloss ausländische Akteure aus, weil „wir darauf achten mussten, dass wir Südafrika auch in einem globalen Umfeld positionieren müssen, in dem ein harter Investitionswettbewerb herrscht".*[28]

Wie alle anderen Regierungen kann es sich auch die südafrikanische Regierung nicht leisten, den internationalen Wettbewerb um Investitionen aus dem Ausland zu verlieren, was sie in diesem Fall zwingt, Rassengleichheit zu opfern. Die Tragödie besteht darin, dass Südafrika, obwohl es nach jahrzehntelangem Kampf gegen die Apartheid an die Macht gekommen ist, nicht in der Lage ist, selbst seine wertvollsten Ziele und Werte zu verteidigen. Der DGW ist wieder einmal der Täter.

In Fortführung des Themas sozialer Gerechtigkeit wollen wir uns nun mit der Frage der Arbeitnehmerrechte und der Ausbeutung in Ausbeuterbetrieben befassen, einer Situation, die in der Modebranche endemisch ist, aber weite Teile der Entwicklungsländer heimsucht:

> *Asda [Teil von Walmart] bietet seinen Kunden heute einen zweiteiligen Anzug zum Preis einer Runde Getränke in einer Londoner Bar an. Der bangladeschische Student Shafiqul Islam sagte: „Die Menschen können nicht von £12 pro Monat überleben. Aber wenn die Regierung protestiert, werden Asda und andere nach China oder woanders hingehen".*[29]

Inzwischen wird das Bild klar: Die Angst vor dem Verlust von Arbeitsplätzen und Investitionen – die Angst, wettbewerbsunfähig zu werden – übertrumpft erneut die Regierungen. Die Werte der Menschenrechte, der sozialen Gerechtigkeit und der wirtschaftlichen

Gerechtigkeit werden klar untergraben, und zwar nicht durch staatliche Laxheit, sondern weil Politiker keine Wahl haben. Der einzige Weg, wie diese Länder für Unternehmen und ausländische Investoren attraktiv bleiben können – der einzige Weg, wie sie international wettbewerbsfähig bleiben können – besteht darin, ihre Umwelt- und Sozialvorschriften auf ein Minimum zu beschränken.

Wenn es um eines der wichtigsten Themen überhaupt geht, die Bedrohung durch große globale Finanzkrisen wie die, die die Welt 2008 erlebt hat, erklärt David Harvey, wie der DGW in den Jahren vor der Krise die Saat gesät hat:

> *Als das Finanzsystem [in den 1980er Jahren] global wurde, forderte der Wettbewerb zwischen den Finanzzentren – vor allem London und New York – seinen Zoll … wenn das Regulierungssystem in London weniger streng war als in den USA, dann erhielten die Filialen[der internationalen Banken] in der City of London das Geschäft, und nicht die Wall Street. Da lukrative Geschäfte natürlich dorthin flossen, wo das Regulierungssystem am laschesten war, stieg der politische Druck auf die Regulierungsbehörden, in die andere Richtung zu schauen.*[30]

Die Schwere der globalen Finanzkrise 2008 war außergewöhnlich. Wie der ehemalige Vorsitzende der US-Notenbank, Paul Volcker, feststellte, hatten sich die Dinge noch nie zuvor „so schnell und einheitlich in der ganzen Welt nach unten entwickelt".[31] Angesichts der Katastrophe kam es zu erheblichen Spekulationen darüber, ob der Neoliberalismus aufgegeben werden könnte oder ob der Kapitalismus, wie wir ihn kennen, vielleicht an seine Grenzen gestoßen sei. Aber eine solche Spekulation, so behaupten wir, geht von einer falschen Annahme aus, dass, nur weil neoliberale Politiken in den 1970er und 1980er Jahren bewusst umgesetzt wurden, sie ebenso einfach und bewusst rückgängig gemacht werden können.

Dies bedeutet völlig misszuverstehen, womit wir es hier zu tun haben. Der DGW hat eine ganz eigene Dynamik entwickelt, die von keiner Regierung gestoppt werden kann. In einem Teufelskreis operierend, ist er einfach zu allgegenwärtig und zu mächtig. Deshalb war der einzige Weg nach der Krise, dass man wieder zur Tagesordnung überging. Der DGW verblieb, wie dieser Artikel, der in *The Scotsman* im Zuge der Krise 2008 erschienen ist, zeigt:

> *Streit bricht aus, als Überwachsungsbeauftragte die Stadt zur Besteuerung aufforderten. Ein neuer Streit ist wegen ‚exzessiver' Bankenboni ausgebrochen, nachdem Lord Adair Turner, Vorsitzender der Wettbewerbshüter, behauptete, dass der britische Finanzsektor über eine sozial vernünftige Größe hinaus gewachsen sei. Seine Kommentare führten zu einem Aufruhr in den Finanzzentren, einschließlich Edinburgh, wobei führende Persönlichkeiten und Organisationen davor warnten, dass Großbritannien noch eine weitere wichtige Branche an Konkurrenten im Ausland verlieren würde. John Cridland, stellvertretender Generaldirektor der Confederation of British Industry, sagte: „Die Regierung und die Regulierungsbehörden sollten sehr vorsichtig sein, wenn es darum geht, die internationale Wettbewerbsfähigkeit der britischen Finanzdienstleistungsbranche zu untergraben.*[32]

Der Teufelskreis des DGW ist heute eine allgegenwärtige Realität, die jedoch manchmal durch Phänomene verschleiert wird, die ihr zu widersprechen scheinen. So konnten beispielsweise einige EU-Länder trotz der Konkurrenz aus anderen kostengünstigeren Teilen der Welt relativ hohe Steuern sowie Sozial- und Umweltstandards beibehalten. Wenn der DGW dazu führt, dass Unternehmen und Arbeitsplätze immer in die kostengünstigsten Länder abwandern, wie, so könnte man sich fragen, überlebt Europa? Und entkräftet dies unsere Theorie des DGW?

Die Antwort lautet, dass es bei der nationalen Wettbewerbsfähigkeit nicht um einen einzelnen isolierten Faktor wie die Höhe der Körperschaftsteuer geht, sondern um einen komplexen Mix von Faktoren, zu denen nicht nur das Steuerniveau oder die Umweltkosten, sondern auch die Marktnähe, die Verfügbarkeit von Fachkräften, Rohstoffen, Verkehrsinfrastrukturen und so weiter gehören. Und diese komplexe

Mischung wird auch von Land zu Land sehr unterschiedlich sein, je nach geographischen, wirtschaftlichen, politischen und kulturellen Faktoren.[33]

Es ist diese Mischung von Faktoren, die erklärt, wie entwickelte Nationen wie die EU-Staaten es geschafft haben, zu überleben und relativ wohlhabend zu bleiben. Denn die hohen Kosten für die Steuern und Standards der EU im Vergleich zu anderen Ländern werden durch andere wichtige Faktoren in ihrer Mischung überwogen, wie die Attraktivität ihres großen, reichen und bildungsorientierten Marktes. Andererseits können für Entwicklungsländer ohne solche Ausgleichsfaktoren nur sehr niedrige Steuern und schwache Umweltvorschriften die einzigen Möglichkeiten sein, wie sie genügend ausländische Investitionen und Arbeitsplätze anziehen können.

Der Punkt ist jedoch, dass weder Industrie- noch Entwicklungsländer in der Lage zu sein scheinen, ihre Politik in Richtung der viel höheren Sozial- oder Umweltstandards – die jetzt erforderlich sind, um den stark wachsenden globalen Problemen zu begegnen – drastisch zu *ändern*. Ob die Sozial- und Umweltschutzvorschriften nach unten rasen, stillhalten oder leicht steigen, ist also nicht das Thema. Denn wie dem auch sei, die unausweichliche Realität ist, dass die globalen Probleme immer noch weit über der Fähigkeit der Regulierung liegen, Schritt zu halten, und es ist der DGW – die Angst jeder Nation, nicht wettbewerbsfähig zu werden –, die alle Nationen zurückhält.

Die Lektion ist, dass es wichtig ist, sich nicht von gelegentlichen Anomalien und Widersprüchen täuschen zu lassen. So wie ein Fluss Strudel, Gegenströme und stagnierende Stellen enthalten kann, kommen wir nicht plötzlich zu dem Schluss, dass Wasser manchmal auch bergauf fließt.

Eine monströse Dominanz

Sobald Sie ein Ohr dafür entwickelt haben, werden Sie in jedem der von uns zitierten Zeitungsberichte etwas Ähnliches hören – und in Zeitungen auf der ganzen Welt. Es ist eine konstante, subtile Botschaft, als ob ein tyrannisches Monster allen Völkern in allen Ländern befehlen würde:

> *Aufgepasst Regierungen und Bürger! Reguliere oder besteuere man zu streng oder tue man etwas, was die Wirtschaft weniger wettbewerbsfähig macht, und man wird verlieren. Tut man irgendetwas, um der internationalen Wettbewerbsfähigkeit zu schaden, und die Wirtschaft wird woanders hingehen, die Arbeitslosigkeit wird steigen und die Gesellschaft wird leiden!*

Dieses Monster ist natürlich unser alter Freund: Destruktiver Globaler Wettbewerb. Wenn wir die globale Dominanz des DGW voll anerkennen, werden wir zu einer Reihe recht beunruhigender erster Schlussfolgerungen geführt:

- Das Streben nach sozialer Gerechtigkeit und ökologischer Nachhaltigkeit ist grundsätzlich unvereinbar mit dem Streben nach internationaler Wettbewerbsfähigkeit. Man kann das eine oder das andere haben, aber nicht beides.
- Die unzähligen globalen Probleme, mit denen wir konfrontiert sind, sind nicht voneinander getrennt. Ob Klimawandel, Vermögensungleichheit, Finanzmarktregulierung, Umweltverschmutzung oder Arbeitsbedingungen in Ausbeuterbetrieben, sie alle werden von einer einzigen übergreifenden Dynamik angetrieben, verschärft und getrumpft: DGW.
- Es reicht daher einfach nicht aus, großartige Vorschläge zu haben, was getan werden muss, um die Wirtschaft, das Klima und so weiter zu verbessern. Vielmehr geht es darum, wie man den DGW überwindet.

Aber es gibt eine wichtige Lektion zu lernen. Zerstörerischer Wettbewerb, wie wir ihn auf dem Schulhof gefunden haben, kann nur durch angemessene Regeln und Vorschriften in Schach gehalten werden. Im Kontext einer Wirtschaft ist die für die Regelsetzung zuständige Stelle der Staat: eben die Regierung. Aber, wie die Beispiele oben zeigen, wurden auch Regierungen in den Wettbewerb einbezogen. Sie setzen keine angemessenen Regeln, sondern sind nun gezwungen, sie für den Wettbewerb zu demontieren. Wie Davies betont, besteht „das Problem darin, dass die Produktion und Durchsetzung von Regeln nun Teil des Spiels ist“. [34]

Was sollten wir sonst auch erwarten? Wenn Kapital und Investitionen frei und global dorthin fließen, wo sie die höchsten finanziellen Erträge erzielen können, und wenn Regierungen diese Inputs benötigen, um wirtschaftlichen Wohlstand zu gewährleisten, zu welchem Ergebnis soll das schon führen? Der gesunde Menschenverstand legt nahe, dass nicht nur Unternehmen in einen gegenseitigen, unausweichlichen Wettbewerb verstrickt werden, sondern auch die Regierungen selbst. Wie könnte es auch anders sein?

Gerade wenn der Klimawandel und viele andere dringende globale Probleme ein entschlossenes Handeln der Regierung erfordern, verhindert der DGW, dass Regierungen wesentliche Schritte unternehmen. Die Schlussfolgerung, zu der wir kommen müssen, ist, dass das Streben nach internationaler Wettbewerbsfähigkeit, das Streben, von dem uns gesagt wird, dass es unseren Wohlstand sichern wird, sich auch als die Quelle unserer kollektiven Lähmung erweist.

Das Spiel, das wir alle spielen, ist heute unausweichlich ein globales Spiel. Ohne Zusammenarbeit und Governance auf globaler Ebene kann der Teufelskreis des DGW nur die untergeordneten Regierungs-Strukturen untergraben und uns letztendlich in den Ruin treiben. Wenn wir auf das zurückkommen, was wir auf dem Schulhof gelernt haben, können wir nun sehen, dass die Asymmetrie des Weltmarkts das Problem ist: Der globale Wettbewerb wird nicht durch Governance in ähnlichem Ausmaß ausgeglichen. Wir haben einen globalen Markt, aber nur nationale Regierungsstrukturen, und die globalen Institutionen, die wir haben, können, wie wir später sehen werden, nicht helfen.

Ob es uns gefällt oder nicht, der DGW kann nicht mehr durch rein nationale oder regionale (z.B. EU) Maßnahmen gestoppt werden. Wie wir auf diesen Seiten zeigen werden, kann ihn nur mehrstufiges, kooperatives globales Handeln zügeln. Nur eine gleichzeitige globale Zusammenarbeit kann dazu führen, dass die globalen Märkte unter angemessener demokratischer Aufsicht, Rechenschaftspflicht und Regulierung wiederhergestellt werden, wodurch das Monster gezähmt, der Teufelskreis aufgehalten und der destruktive Wettbewerb wieder in seinen gutartigen konstruktiven Zwilling verwandelt wird.

Bevor wir bereit sind, uns mögliche Lösungen für diese Krise auszudenken, müssen wir sorgfältig überlegen, wie wir überhaupt in ein solches Durcheinander geraten sind und ob irgendein Sinn darin liegt, warum es geschehen ist. Dazu müssen wir zunächst einen Schritt zurück in die sehr ferne Vergangenheit gehen.

2. Ein neuer Kontext für Governance

Ein großer Sprung nach vorne

Stellen Sie sich die folgende Szene vor. Es ist ein schöner warmer Tag im Frühling vor etwa 12.000 Jahren irgendwo in dem Teil Westasiens, der als *Fruchtbarer Halbmond* bekannt war. Ein wettergegerbter Stammesangehöriger hat etwas in der Hand, und er zeigt es einem kleinen Kreis von Menschen jeden Alters. Er hat ein riesiges Grinsen im Gesicht.

„Man nimmt diese Samen, gräbt sie in den Boden ein und fügt Wasser hinzu. Dann wartet man einfach und schaut zu", sagt dieser fortschrittlich-denkende Jäger-Sammler zu seinem aufmerksamen Publikum. „Ein paar Monde später gibt es Essen, das nur darauf wartet, dass man sich darum kümmert." [1]

Die Hälfte der Gruppe imitiert das Lächeln des Mannes, aber ein paar Senioren sind nicht überzeugt und legen ihre Stirn in misstrauische Falten. Vielleicht spüren sie schon, dass die neue Technologie der Pflanzensaat im Begriff ist, alles zu verändern. Der Vorschlag des innovativen Stammesangehörigen wird sich bald im Ausland ausbreiten, und die neue Art, die Nahrungsversorgung selbst in die Hand zu nehmen, bedeutet, dass die Menschen einen immensen technologischen und sozialen Wandel vollziehen werden.

Die Folgen und Auswirkungen dieses scheinbar einfachen technologischen Wandels auf das Bewusstsein der Gesellschaft waren äußerst revolutionär. Die Anfänge der Landwirtschaft erforderten einen sesshafteren Lebensstil als den des Jagens und Sammelns; jetzt wurde es wichtig, in eine Zukunft mit vorhersehbaren Nahrungsmittelvorräten zu investieren. Die menschliche Gesellschaft begann einen dramatischen Übergang von reiner Nahrungssuche zur Landbewirtschaftung, von kleinen nomadischen Jäger-Sammlerbanden zu viel größeren besiedelten Agrargesellschaften. Das war es, was die ersten Städte und Siedlungen ermöglichte. Die neuen Agrarsiedlungen waren in der Lage, Lebensmittel in ausreichender Menge und manchmal sogar in einem Überschuss zu produzieren, was eine weitaus größere Zahl von Menschen in strukturierteren, diversifizierteren und kulturell reicheren Gesellschaften unterstützen konnte.

Die Entwicklung der sesshaften Landwirtschaft löschte zwar nicht die Jäger und Sammler oder das ländliche Nomadentum aus, das in den Randgebieten weiterhin praktiziert wurde, aber sie wurde bald zum dominanten Wirtschaftsmodell, das Handel und Architektur unterstützte und eine ganze Reihe verwandter technischer Entwicklungen förderte. Mit diesem Technologiewechsel und dem damit einhergehenden Lebensstil entstand eine radikal neue Art des Denkens über die Welt, über die Gesellschaft und über die Zukunft. Ein Teil der Beweise dafür findet sich in den Überresten von religiösen Artefakten und monumentalen architektonischen Stätten aus den Jahren unmittelbar nach der Einführung der Landwirtschaft an vielen Orten Südamerikas, Chinas bis hin zu Indien.[2]

Zusammen mit einer neuen Denkweise über die Welt mussten die Agrargesellschaften neue Wege finden, ihre Welt zu organisieren. Es reichte nicht mehr aus, dass die Stammesfrauen das eine und die Männer das andere taten, dass das Oberhaupt der Hauptfamilie die Gruppe regierte und der Schamane sie führte. In den größeren Gruppen entwickelten sich Spezialisierungen und Hierarchien: Führer erhoben sich, wurden ernannt oder gewählt; der Überschuss musste in Lagerhallen gesammelt, bewacht und verwaltet werden. Das Land war nun im Besitz, so dass Eigentumsrechte Gegenstand von Gesetzgebung und Erbschaft wurden; diejenigen ohne Land könnten an dem arbeiten, was anderen gehörte, und ihr Status musste kodiert werden.

Das Konzept des Staates begann sich zu entwickeln. Einzelpersonen begannen ihre Freiheit zu opfern, einige ihrer individuellen Entscheidungen ausüben zu können, um den Schutz einer größeren Einheit in Anspruch nehmen zu können. Die Bürger waren nun verpflichtet, etwas zur Unterstützung der übergreifenden sozialen Einheit ‚Staat' beizutragen und betrachteten es in ihrem Interesse, dies zu tun. Die Grenzen des Staates mussten definiert und durchgesetzt und manchmal durch Eroberung erweitert werden. Im Gegensatz zu traditionellen Jäger-Sammler-Gesellschaften basierten die Beziehungen zu den Nachbarn nicht mehr darauf, wer ein Fremder war, wie es Jared Diamond in *The World Until Yesterday* so schön erklärt hat, sondern auf organisierten Verträgen, die von wenigen gemacht wurden und die für die gesamte Gesellschaft verbindlich waren.[3] Das Erfordernis, die Welt neu zu organisieren, ist der wichtigste unvorhergesehene Effekt radikaler neuer Technologien, da sie das Gleichgewicht der menschlichen Gesellschaften verändern, noch bevor sie das Ergebnis der Veränderungen vorhersagen können.

Neue Kontexte – neue Lücken

In politischen Begriffen resultieren solche Ausweitungen in dem Umfang der Regierungsführung – von nomadischen Gruppen über Stämme bis hin zu kleinen Staaten und Nationalstaaten – oft aus technologischen Veränderungen, wie wir sie beschrieben haben, weil sie von den Menschen verlangen, dass sie die Organisation ihrer Gesellschaften radikal neu definieren. Die neue Technologie verändert die Gesellschaft auf so grundlegende, wegweisende Art, dass das bestehende System der Regierungsführung untergraben wird und diese sich nicht mehr anpassen kann. Erste Anzeichen dafür sind das unvermeidliche Versagen bestehender Regierungs-Strukturen und ein Verlust des Vertrauens durch die Bevölkerung. Die schwer vorhersehbare Wirkung radikaler technologischer Fortschritte ist immer eine Bedrohung für die bestehende Ordnung und eine Herausforderung, etwas neu zu betrachten.

Diese Veränderungen sind so kraftvoll und allumfassend, dass sie das schaffen, was wir ‚einen neuen Kontext für die Governance (Regierungsführung)' nennen. Ein solch neuer Kontext ist ein Game-Changer, der eine Gesellschaft dazu zwingt, zu reagieren, und zwar in der Regel durch Entwicklung und Reifung. In der Zwischenzeit kann er jedoch viel Chaos, Leid und Fehlfunktionen verursachen, während sich die Gesellschaft in der Schwierigkeit befindet, sich anzupassen.

Letztendlich kann der neue Kontext für Governance nur dann zufriedenstellend bewältigt werden, wenn man zu einem neuen, umfassenderen Regierungs-System übergeht, das die weitaus größere Komplexität, die die neue Technologie mit sich gebracht hat, integrieren und bewältigen kann.

Ein klassischer Wandel in einen neuen Kontext für die Regierungsführung erfolgte durch die Erfindung der Druckmaschine durch Johannes Gutenberg im Jahr 1450. Das Mittelalter war eine Zeit, in der praktisch alle öffentlichen Erkenntnisse und Überzeugungen durch die Kirche vermittelt wurden, um so ihre Position als alleiniger Vermittler zwischen Gott und dem Einzelnen zu sichern und zu stärken. Die Kirche dominierte das Reich der Ideen, und der Klerus, der (neben Adligen und Bürgerlichen) einen der drei Stände der Gesellschaft vertrat, spielte eine große Rolle bei der Steuerung der mittelalterlichen Königreiche.[4] Aber ohne dass es die Kirche realisierte, leitete die Erfindung des Druckens das Ende ihres Monopols ein.

Im Jahre 1500 waren dann Druckmaschinen in ganz Europa im Einsatz, und es wurden mehr als 20 Millionen Bücher produziert. Dies führte zu einer radikalen Demokratisierung des Wissens, das die damals bestehenden politischen und religiösen Autoritäten untergrub. Der Buchdruck war ein wichtiger Vorbote für die gewaltigen bevorstehenden Veränderungen: nämlich die Reformation und schließlich die europäische Aufklärung, die zusammen die soziale und politische Landschaft völlig verändert hat. Aus dieser Perspektive schuf die Druckerei *einen neuen Kontext* für Regierungsführung, der die Gesellschaft durchdrang und das etablierte System untergrub, um es schließlich zu verändern.

Die Folgen davon erforderten ein radikales Umdenken darüber, wie europäische Gesellschaften sich organisierten. Das Ergebnis war ein Wandel von den agrarischen Gesellschaften, die der Kirche gehorsam folgten, zu größeren Industriegesellschaften, die von dem neuen wissenschaftlichen Rationalismus durchdrungen waren. Es war kein Wunder, dass die Kirche allmählich ihren Einfluss verlor, als sich die Macht unaufhaltsam in Richtung eines revolutionären neuen Regierungssystems, des säkularen Nationalstaates, zubewegte – eine Entwicklung, die sich schließlich in einem 1648 unterzeichneten Vertrag kristallisierte, der als Frieden von Westfalen bekannt ist und von Historikern als Geburtsstunde des modernen nationalstaatlichen Systems angesehen wird.

Die Druckmaschine war nicht allein für diesen Übergang verantwortlich, aber sie war ein Wendepunkt. Darüber hinaus führte die Entwicklung von Schusswaffen, Kartographie, dem nautischen Kompass und der Segeltechnik dazu, dass kleine europäische Nationen in der Lage waren, die Welt zu umrunden, die dort lebenden indigenen Völker zu dominieren, wettbewerbsfähige Kolonialreiche zu schaffen und die Grundlagen für das zu legen, was wir heute als Globalisierung bezeichnen.

Wir wollen hier nicht bewerten, ob solche wegweisenden technologischen Entwicklungen wie die Landwirtschaft, der Aufstieg der Stadtstaaten, die Erfindung der Druckerpresse (und ihre Untergrabung der mittelalterlichen religiösen Hierarchie) oder die heutige Kommunikationsrevolution wünschenswert sind oder nicht. Wir stellen einfach fest, dass sie auftreten und dass sie einen unvermeidlichen Teil der sich entfaltenden Geschichte der menschlichen Evolution darstellen. Sie sind zu erwarten, auch wenn sie nicht vorhersehbar sind.

Im Rückblick wird ein sich wiederholendes Muster in dem erkennbar, was wir beschrieben haben:

- Erstens wird eine bahnbrechende neue Technologie entdeckt, die sich schnell ausbreitet.
- Zweitens hat die neue, dramatisch innovative Technologie einen großen störenden Einfluss auf die aktuelle Art und Weise, wie Menschen ihre Gesellschaften organisieren. In der Tat schafft sie einen unvorhergesehenen *neuen Kontext für Governance*, der das etablierte System untergräbt.
- Dann verschlimmern sich die Dinge, denn die Denkweise und die Art und Weise, wie die Gesellschaft reagiert, passen

nicht zum neuen Kontext. Es entsteht eine Lücke zwischen altem Denken (und Regieren) auf der einen Seite und einer neuer Realität auf der anderen.

- Wenn sich das *Denken* in einer kritischen Masse der Gesellschaft schließlich verändert, wird die Lücke geschlossen und ein neues Regierungs-System eingeführt. Zu diesem Zeitpunkt sind der Regierungs-Kontext und das Regierungs-System wieder im Einklang.
- Aber die Geschichte endet hier nicht, denn das Ende einer Sequenz ist nur der Anfang der nächsten: Die Evolution schreitet voran.

Das Prinzip, das wir hier sehen können, ist, dass *das Regierungs-System aufholen muss, um dem neuen Regierungs-Kontext zu entsprechen.* Andernfalls oder bis dahin wird es eine Lücke geben, und solche Lücken können sich als katastrophal erweisen, wenn sie nicht relativ schnell wieder geschlossen werden. In Anbetracht des Zustands unserer heutigen Welt, kann einfache Neugierde eine gute Strategie sein, wenn sich eine solche Situation anbahnt. Wir sollten uns dann vielleicht fragen:

- Ist unser gegenwärtiges Regierungssystem gut mit den heutigen globalen Problemen vereinbar?
- Ist unser Vertrauen an Politik und Regierung wachsend oder schwindend?
- Gibt es eine Lücke zwischen der neuen Funktionsweise der Welt und den bestehenden Denk- und Steuerungsweisen?
- Wenn ja, können wir einen neuen Kontext für die Governance identifizieren, der sich in unserer heutigen Zeit abzeichnet, und wie er unser gegenwärtiges Steuerungs-System untergraben könnte?

Wir sind der Meinung, dass die Globalisierung im Allgemeinen und der destruktive globale Wettbewerb im Besonderen einen solchen neuen Kontext für die Regierungsführung darstellen. Infolgedessen, und ohne dass wir es merken, hat sich eine gähnende Kluft zwischen der neuen globalisierten Art und Weise, wie die Welt funktioniert, und den veralteten Formen, in denen wir noch immer über sie nachdenken und sie regieren, geöffnet.

Eine Waffe an unserem Kopf

George Papandreou, griechischer Premierminister zwischen 2009 und 2011, sieht aus wie ein Mann, der sich in der modernen internationalen Welt wohl fühlt. Sohn einer Amerikanerin und in Toronto, Massachusetts, Stockholm und an der *London School of Economics* ausgebildet, ist er ein international anerkannter Wissenschaftler. Sein Großvater väterlicherseits war dreimal Ministerpräsident Griechenlands, so dass er gewissermaßen hochrangige Politik im Blut hat. Aber nicht lange nach seinem Amtsantritt im Jahr 2009 hatte Papandreou eine bemerkenswerte und beunruhigende persönliche Erfahrung, die dazu führte, dass er seinen politischen Standpunkt zur Welt völlig neu definieren musste. Der Schock, den er erlebte, war symptomatisch für genau die Art von Kluft, die wir hier beschreiben, nämlich die Lücke zwischen einer neuen, sich grundlegend verändernden technologischen Realität auf der einen Seite und etablierten, aber dennoch veralteten Denk- und Regierungsweisen auf der anderen Seite.

Papandreou war bei einem Treffen der Premierminister in Brüssel anwesend, welches auf dem Höhepunkt der Euro-Währungskrise stattfand, die sich 2010 auf Griechenland konzentrierte. Mit der Übergabe der Macht, die ihm übertragen wurde, kam die unangenehme Aufgabe, nach Brüssel zu gehen, um seine europäischen Kollegen darüber zu informieren, dass das Defizit Griechenlands nicht 6 Prozent des Bruttoinlandsprodukts betrug, wie die vorherige griechische Regierung alle Glauben gemacht hatte, sondern gewaltige 15,6 Prozent. Infolgedessen waren die Zinssätze, zu denen Griechenland seine Schulden durch Fremdkapitalaufnahme auf den Weltmärkten finanzieren konnte, in die Höhe geschnellt, was zu einem vollständigen Zahlungs-Ausfall führen konnte. Dies wiederum drohte ähnliche Dominoeffekte in anderen Ländern der Eurozone zu erzeugen. Letztendlich war die Aussicht auf eine Auflösung des Euro die Katastrophen-Vorstellung von allen.

Papandreou wollte sich für eine einheitliche europäische Antwort einsetzen, die die Märkte beruhigt und damit die Möglichkeit bietet, dass seine geplanten Reformen greifen. Aber anstatt informierter, überlegter und begründeter Debatten unter den versammelten nationalen Premierministern, wie Papandreou erwartet hatte, geschah etwas anderes, wie er selbst in einem fesselnden TED-Talk erklärt:

> *Stellt euch vor, ihr sitzt am Tisch in Brüssel. Die Verhandlungen sind schwierig, die Spannungen sind hoch, die Fortschritte sind langsam. Und dann, um zehn Minuten vor zwei Uhr morgens, ruft ein Premierminister: „Wir müssen in zehn Minuten fertig werden!" Ich sagte: „Warum? Das sind wichtige Entscheidungen. Lasst uns noch ein wenig länger darüber beratschlagen." Aber dann sagt ein anderer Premierminister: „Nein, wir müssen jetzt eine Vereinbarung finden. In zehn Minuten öffnen die Märkte in Japan und es wird verheerende Auswirkungen auf die Weltwirtschaft geben.'*[5]

Gehorsam eilten die Premierminister in den kurzen zehn Minuten, die die Weltmärkte ihnen zugeteilt hatten, zu einer Entscheidung. Papandreou fasst es kläglich zusammen: „Diesmal war es nicht das Militär, das uns eine Waffe an den Kopf gehalten hatte, sondern die Märkte."

Es gibt viele widersprüchliche Interpretationen über die Eurokrise. Einige betrachten es als ein Zusammenwachsen Europas, um sein gemeinsames Schicksal zu formen, während andere es als eine Niederlage der freien Bestimmung der Bürger sehen, insbesondere derjenigen, die in den sogenannten PIGS leben (Portugal, Irland, Griechenland und Spanien). Auch wenn wir, die Autoren, unterschiedliche Auffassungen über die europäische Frage haben, sind wir beide davon überzeugt, dass das Schlüsselthema der Erfahrung Papandreous darin besteht, wie die Globalisierung – hier in Form von globalen Anleihemärkten – die Autonomie der nationalen und europäischen Regierungen grundlegend untergräbt. Anstatt dass die Märkte demokratisch gewählten Politikern unterworfen sind, ist im Zuge der Globalisierung das Gegenteil eingetreten: Der Schwanz des Marktes wedelt nun den staatlichen Hund.

Ein weiteres Beispiel für die Unfähigkeit, auf den neuen Kontext angemessen zu reagieren, und den Dampfkochtopf-Effekt, den es auf die Regierungen hat, zeigt die Empörung der Öffentlichkeit über die Steuervermeidung von Unternehmen. Dies wurde 2012 zum ersten Mal in den Schlagzeilen in Großbritannien erwähnt, hat sich aber inzwischen zu einem weltweiten Problem entwickelt. Es wurde festgestellt, dass multinationale Konzerne wie Starbucks, Amazon und Google sehr wenig Steuern und sicherlich viel weniger als ihren fairen Anteil zahlten. Dank ihrer weit verbreiteten Geschäftstätigkeit in der EU nutzten diese Unternehmen die Unterschiede zwischen den verschiedenen nationalen Steuervorschriften und -sätzen, um ihre Geschäftstätigkeit so zu strukturieren, dass ihre Gewinne in dem Land erzielt wurden, das den niedrigsten Steuersatz anbietet. Die Öffentlichkeit, gerade in einer Zeit der Sparmaßnahmen verständlicherweise beunruhigt, forderte die Politiker zum Handeln auf.

Der Skandal wurde weitreichend bekannt gemacht, doch welche Maßnahmen ergriffen die Politiker schließlich? Eine logische Reaktion wäre gewesen, wenn die britische Regierung eine Erhöhung des Körperschaftsteuersatzes und vielleicht eine entsprechende Senkung der Einkommensteuer angekündigt hätte, um die Ungerechtigkeit zu beseitigen. Doch abgesehen davon, dass die Geschäftsführer dieser Unternehmen aufgefordert wurden, sich vor einem parlamentarischen Ausschuss zu äußern und sie zu ermahnen, ‚fair bei der Besteuerung' zu handeln, unternahm die britische Regierung keine weiteren positiven Maßnahmen. Tatsächlich ergriff sie negative Maßnahmen. Anstatt den Körperschaftsteuersatz zu erhöhen, hat sie ihn reduziert![6]

Ein weiteres Beispiel stammt aus dem Jahr 2012, als bei der globalen Geschäftsbank HSBC festgestellt wurde, dass sie gegen die Gesetze zur Geldwäsche verstoßen hatte. Sowohl die US-amerikanische als auch die britische Regierung waren sich des Verstoßes bewusst, und doch verzichteten sie darauf, die Bank strafrechtlich zu verfolgen. Da die Weltwirtschaft nach der globalen Finanzkrise 2008 weiterhin instabil war und sich HSBC in einer zentralen Position befand, lag der Grund für das Nichthandeln darin, eine weitere „globale Finanzkatastrophe" zu vermeiden.[7] Während die Regierungen unter dem DGW machtlos geworden sind, wurde deutlich, dass die globalen Geschäftsbanken nicht nur zu groß für ein Scheitern, sondern auch zu groß für das Gefängnis geworden sind.

Was um alles in der Welt ist hier los? Wenn der globale Schwanz des Marktes jetzt mit den staatlichen Hund wedelt, wenn die Regierungen die Übeltäter nicht strafrechtlich verfolgen und wenn sie die soziale Fairness nicht sicherstellen können, indem sie die Unternehmen dazu bringen, faire Steuern zu zahlen, so muss wirklich etwas verkehrt laufen. Diese und andere Beispiele zeigen, dass bereits ein neuer Kontext für Governance sehr wohl beisteht und dass er das derzeitige System der Governance untergräbt. Sie hindert nicht nur die nationalen Regierungen daran, so zu handeln, wie es die Bürger erwarten würden, sondern sie verursacht auch, dass Politiker eine schlechte Situation noch weiter verschlimmern. Kein Wunder, dass die Öffentlichkeit sowohl frustriert als auch empört ist, während die Politiker darum kämpfen, sich mit der neuen globalen Realität auseinanderzusetzen.

Wie wir in Kapitel 1 und den obigen Beispielen sahen, leben wir in einem neuen Kontext für Governance, der durch die Globalisierung eingeleitet wurde. Aber der neue Kontext ist nicht so sehr die Globalisierung selbst, sondern der Aspekt, den wir als destruktiven globalen Wettbewerb identifiziert haben.

Im Gegensatz zu Gutenbergs Druckmaschine ist der DGW selbst keine neue Technologie, sondern entsteht aus der Fähigkeit bestimmter Einheiten – globale Märkte, Investoren, Geschäftsbanken und multinationale Unternehmen –, sich frei und global zu bewegen. Und diese Fähigkeit ist zweifellos technologisch bedingt: Computer, globale Kommunikation, das Internet und so weiter spielen eine große Rolle in Bezug auf Allgegenwart des DGW. Gerade diese Technologien und die bewusste Umsetzung neoliberaler Strategien haben den Wettbewerb auf die globale Ebene gebracht.

Die entscheidenden Folgen sind, dass diese neue globalisierte Realität unsere weitgehend nationalen Regierungssysteme überholt und ins Chaos geführt hat. Da die Regierungen jetzt auf zerstörerische Weise miteinander konkurrieren, um international wettbewerbsfähig zu bleiben, gibt es keine Regierungsstelle, die in der Lage ist, globale Regeln durchzusetzen. Und es ist ein komplettes Chaos! Unter diesen Umständen sollte es uns nicht überraschen, dass die destruktive Seite des Wettbewerbs so stark in den Vordergrund gerückt und außer Kontrolle geraten ist.

Wie Gutenbergs Presse im fünfzehnten Jahrhundert hat der DGW einen neuen Kontext für Governance initiiert, den unsere bestehenden Denk- und Regierungsweisen nicht bewältigen können. George Papandreou's Schock und Empörung darüber, von den globalen Märkten diktiert zu werden, ist ein großartiges Beispiel dafür, wie das Denken hinterherhinken und aufholen muss, um mit der neuen Realität Schritt zu halten. Aber nicht nur Papandreou's Denken hinkte hinterher. Unseres auch.

Der Mythos der souveränen Nation

Das Problem, mit dem jede Gesellschaft konfrontiert ist, wenn sie einen neuen Kontext für Governance anerkennt, besteht darin, dass die gegenwärtigen Denkweisen stets zu langsam sind, um mit der neuen Realität Schritt zu halten. Wenn wir damit konfrontiert werden, werden wir sie wahrscheinlich zunächst ablehnen. „Alte Gewohnheiten lassen sich schwer ablegen“, wird oft gesagt, und deshalb ist es wichtig, die wichtigsten Merkmale unserer gegenwärtigen veralteten Denkgewohnheit zu identifizieren. Ihre Grundüberzeugung ist das, was wir den ‚Mythos der souveränen Nation‘ nennen.[8]

Der Kern dieses Mythos liegt die Denkweise, dass Nationen immer souveräne Akteure sind, dass Regierungen mächtig und frei über ihre Politik entscheiden können und konsequenterweise damit über die Fähigkeit verfügen, die heutigen Probleme zu lösen. Diese Denkweise ist tief verwurzelt und basiert auf der Erfahrung der letzten 350 Jahre, als diese Vorstellung noch gültig war. Vor Beginn der Globalisierung waren die nationalen Regierungen mächtige autonome Akteure; sie waren mehr oder weniger souverän. Man vergleiche zum Beispiel die Kolonialzeit, in der die aufstrebenden Industrienationen Europas freiwillig um die Kolonisierung eines Großteils der übrigen Welt konkurrierten, mit der heutigen Zeit, in der alle Regierungen zu Marionetten der Weltmärkte geworden zu sein scheinen.

Seit der Geburt des nationalstaatlichen Systems im Jahr 1648 wurde uns umfassend die Idee mächtiger Regierungen eingeschärft. Unterbewusst wird dies täglich durch unzählige nationale Symbole verstärkt: Bilder von unserem Parlaments- oder Kongressgebäude, nationale Wahlen, Nationalflaggen, Nationalmannschaften und so weiter. In einigen Ländern werden Nationalflaggen geschwenkt, wenn eine Person Geburtstag hat oder zu Hause auf einem Flughafen ankommt. Es ist keine Übertreibung zu sagen, dass wir die Welt immer noch durch nationalen Linsen wahrnehmen; unsere Denkweise bleibt folglich bei dem, was als ‚nationalzentrisch' bezeichnet wird – wir werden später mehr darüber zu sagen haben. Wenn wir mit einer übergreifenden globalen Realität konfrontiert werden – wie Globalisierung oder dem DGW – werden wir – kaum zu unserer Überraschung – nur langsam die Auswirkungen erfassen und sie durchdenken. Es ist, als würden wir immer noch durch unsere alte Brille schauen.

Papandreou's Schock, nach den Regeln der globalen Märkte tanzen zu müssen, zeigt perfekt diese Denklücke. Trotz seines internationalen Profils und seines Verständnisses globaler Märkte glaubte er immer noch, dass er als Premierminister einer souveränen Nation über ein beträchtliches Maß an Autonomie verfüge – dass er und seine Kollegen noch Zeit zum Diskutieren hätten und Entscheidungsfreiheit besäßen. Aber selbst dieser hochintelligente Mensch dachte noch nationalzentrisch; er glaubte immer noch an den Mythos. Wie jemand, der von einer eiskalten Dusche überrascht wird, wurde er recht unhöflich darauf aufmerksam gemacht, dass er und seine Premierministerkollegen überhaupt keine freien und autonomen Akteure mehr waren.

Schlimmer noch, die globalen Märkte bestimmen heute nicht nur den Zeitpunkt der politischen Entscheidungen, sondern auch deren Inhalt. Was den griechischen Fall angeht: Wenn die Märkte beruhigt werden und der Euro überleben soll, mussten den hochverschuldeten Ländern der Eurozone, die einer Fiskalunion entsprechen, extrem strenge Sparmaßnahmen auferlegt werden. Ob die Bürger dem zustimmen würden oder ob sie überhaupt gefragt werden sollten, blieb aber umstritten. Was die Politiker betraf, so gab es einfach keine Wahl und es verlieb keine Zeit.

Ein weiteres Beispiel für die Ohnmacht der nationalen Regierungen ist ihre Unfähigkeit, das wachsende Problem der Wohlstands-Ungleichheit zu stoppen oder gar umzukehren. Dieses Problem verschärft sich seit Jahrzehnten, vor allem innerhalb der Nationen, und es ist in praktisch allen Ländern aufgetreten, unabhängig von der an der Macht befindlichen Partei – ein weiterer Indikator, der darauf hindeutet, dass eine tiefere Kraft am Wirken ist und dass wir einem neuen Kontext für Governance ausgesetzt sind.

Die Ungleichheit ist so ausgeprägt, dass sie selbst das Weltwirtschaftsforum (WEF) in seinem *Global Competitiveness Report* von 2014-15 als Problem bezeichnet hat. In dem Bericht wird festgestellt, dass sich die Kluft zwischen Arm und Reich in vielen Ländern vergrößert hat, dass die Jugendarbeitslosigkeit zunimmt und der Zugang zur Grundversorgung schwierig bleibt. Selbst in mehreren schnell wachsenden Entwicklungsländern offenbarte er, dass das Wachstum die Einkommensungleichheit oder Armut nicht spürbar dämpft und dass die mit diesen Problemen verbundenen Schwachstellen nach wie vor bestehen bleiben.[9]

Es ist ironisch, dass das WEF das Problem zwar anerkennt, aber andererseits nicht sieht, dass es gerade das Streben nach internationaler Wettbewerbsfähigkeit ist, dass die Regierungen daran hindert, die notwendigen Maßnahmen zu ergreifen. Im Mittelpunkt des Problems steht die Unfähigkeit der Regierungen, die Reichen, die multinationalen Konzerne und die Bankiers gerecht zu besteuern und diesen Reichtum zur Unterstützung der weniger Begünstigten neu zu verteilen. Die Fähigkeit dieser global mobilen Einheiten, den Standort zu verlegen, um Steuern zu entgehen, macht dies natürlich unmöglich, was zu einer zunehmenden Kluft zwischen den global mobilen Gewinnern und den national verwurzelten Verlierern führt.

Europa hat die schrecklichen Folgen eines globalen Marktsystems bezeugen müssen, welches Millionen von ‚national verwurzelten Verlierern' hervorbringt. Das heißt, dass diese Menschen nicht lange verwurzelt bleiben werden. Die Massenmigration nach Europa mag durch Kriege im Nahen Osten katalysiert worden sein, aber, wie Gideon Rachman betonte:

> *Es sind auch größere Kräfte am Werk, die dafür sorgen werden, dass die Einwanderung nach Europa noch lange nach dem Ende des Krieges in Syrien ein lästiges Thema bleibt. Europa ist ein reicher, alternder Kontinent, dessen Bevölkerung stagniert. Im Gegensatz dazu sind die Bevölkerungsgruppen in Afrika, dem Nahen Osten und Südasien jünger, ärmer und nehmen schnell zu.*[10]

Obwohl nicht direkt eine Folge vom DGW, kann die Massenmigration zu einem großen Teil als unbeabsichtigter Nebeneffekt einer wettbewerbsorientierten Weltwirtschaft angesehen werden, die sich, vorbehaltlich der Abschwächung transnationaler Regulierungsmaßnahmen, nur verschlimmern wird. Die Massenmigration wird, wie die anderen von uns genannten Beispiele, für nationale oder gar europäische Maßnahmen undurchdringlich bleiben.

Nur eine Minderheit von politischen Kommentatoren erkennt, dass die wachsende Kluft zwischen den Gewinnern und Verlierern der Globalisierung, die vom DGW angetrieben wird, der Hauptgrund für das Ergebnis des britischen Brexit-Referendums war. Einer davon war der ehemalige britische Premierminister Gordon Brown:

Der Elefant im Raum ist die Globalisierung – Geschwindigkeit, Umfang und Ausmaß der seismischen Veränderungen in unserer Weltwirtschaft. Und die offensichtlichste Manifestation der Welt ist die Aushöhlung unserer Industriestädte als Folge des Zusammenbruchs der Produktion angesichts der asiatischen Konkurrenz. In diesen Städten lebt ein überproportionaler Teil der angelernten Arbeitskräfte, die sich auf der falschen Seite der Globalisierung fühlen und sich für den Austritt entschieden haben. Da sie nicht sehen konnten, wie die Globalisierung in ihrem Interesse gezähmt werden kann, sind sie kaum überraschend zu Rekruten einer Anti-Globalisierungsbewegung geworden, deren Blitzableiter die Migration ist.[11]

Hier sehen wir, wie der DGW die Kluft zwischen den Gewinnern und Verlierern der Globalisierung vergrößert und die Kräfte der politischen Desintegration auf niedrigeren Ebenen antreibt. Dies ist nicht nur ein nationales britisches Phänomen, sondern eines, das, weil es eben globale Ursachen hat, nationalistische und unabhängige Bewegungen in vielen Ländern antreibt. Ähnliches geschah 2016 bei der Wahl von Donald Trump in den USA. Da es die Nationen versäumen, Problemen zu adressieren, die außerhalb ihrer Reichweite liegen, werden die Bürger auf der Verliererseite der Globalisierung natürlich unzufrieden und wütend. Sie bestrafen Mainstream-Politiker, indem sie sich den Extremen zuwenden, und die konstituierenden Regionen beginnen wie im Falle der EU unweigerlich, die Weisheit des Zusammenhalts in traditionellen Einheiten selbst in Frage zu stellen.

Vorhersehbar ist, dass die Reaktion der Regierungen auf diese sich verschärfende Situation eher mehr desselben ist. Da sie den neuen Kontext für Governance nicht erkennen, werden sie zu immer verzweifelteren Versuchen getrieben, eine angeschlagene Weltwirtschaft wiederzubeleben, wie beispielsweise einer weiteren Handelsliberalisierung in Form von Abkommen wie dem Transatlantic Trade and Investment Partnership (TTIP). TTIP ist eine Reihe von Verhandlungen zur Liberalisierung des Handels, die meist im Geheimen zwischen den USA und der EU geführt werden, um das Wirtschaftswachstum anzukurbeln. Wie viele NGOs, die sich dagegen ausgesprochen haben, gezeigt haben, soll dieses Wachstum auf Kosten von Unternehmen erworben werden, die das Recht haben, Regierungen zu verklagen, wenn Gesetze erlassen werden, die die Unternehmensgewinne beeinträchtigen. Solche Fälle werden nicht von öffentlichen Gerichten verhandelt, sondern hinter verschlossenen Türen von geheimen Tribunalen.[12] In Anbetracht der Tatsache, dass noch mehr Wettbewerb und Wirtschaftswachstum als die Antwort betrachtet wird, überlassen die Regierungen den Unternehmen noch mehr Macht auf Kosten der Demokratie. Und das ganz zu schweigen davon, dass neue Technologien wie die Robotik dafür sorgen werden, dass Wirtschaftswachstum nicht mehr mit einem Zuwachs von Arbeitsplätzen einhergeht.[13]

Die Realität ist, dass der freie Markt weltweit auf einer Ebene operiert, die oberhalb der nationalen Ebene liegt. Ohne eine wirksame Global Governance (Weltordnungspolitik) zur Kontrolle der globalen Märkte sind die nationalen Regierungen nicht mehr souverän – stattdessen herrscht der DGW. Schlimmer noch, die internationalen Organisationen, die wir haben, wie der Internationale Währungsfonds, die Weltbank und die Welthandelsorganisation, werden von Nationalstaaten geleitet und sind von der neoliberalen Doktrin durchsetzt, die vorschreibt, dass die Märkte so unreguliert wie möglich bleiben sollten. Die Märkte sind zu einer Super-Gottheit geworden, ähnlich wie die furchterregende Königin des Dschungels ‚She-Who-Must-Be-Obeyed' in Rider Haggards viktorianischem Roman von 1887 *She: A History of Adventure.* Oder auch, wie Julian Lindley-French, ein Oxford Historiker und Professor für Verteidigungsstrategie an der Niederländischen Verteidigungsakademie, meint: Es herrscht eine neue systemische Anarchie. Sie dominiert alle internationalen Institutionen und trägt durch das Wesen der wirtschaftlichen Globalisierung zur Zerstörung von Regulierungen bei.[14]

Eine Politik im Dunkeln

Papandreou ist nicht der Einzige, der sich mit so wenig tatsächlicher Macht am Steuer eines scheinbar souveränen Staatsschiffes wiederfindet. Man kann sich vorstellen, dass die meisten Politiker immer noch gerne glauben, dass sie die Herren ihres eigenen Schicksals und nicht unwissende Untertanen des DGW sind. Die Art und Weise, wie die meisten nationalen Politiker erklären, wie sie in Bezug auf diese oder jene globalen Frage, sei es beim Klimawandel oder bei der Instabilität der Finanzmärkte, entschlossen handeln werden, hat sicherlich den Klang souveräner Autonomie. Aber für viele von uns klingen ihre Aussagen nur hohl. Es ist, als wolle die Politik nicht nur uns, sondern auch sich selbst davon überzeugen, dass sie noch immer über beträchtliche Autonomie und Macht verfügen.

Von außen sieht es so aus, als würden sie unter dem Bann eines alten Mythos schlummern, anstatt den neuen Kontext für politische Steuerung, den der DGW geschaffen hat, einzuholen. Dies entspricht effektiv dem, was im Volksmund als Verleugnung bezeichnet wird. Was auch immer diesen Zustand verursacht hat, sind wir jetzt von ihm gefangen genommen worden. Denn die Verleugnung einer aktuellen Realität ist wie das Wandeln im Dunkeln: Wir können nicht erkennen, was sich unser Verstand weigert zu sehen, und wir können keine Hindernisse in der Dunkelheit überwinden, außer, dass wir nach vorne stolpern.

Das Erwachen aus diesem Schlafwandel käme sicherlich einem Schock gleich, wie es bei George Papandreou der Fall war, und würde das Licht wieder anschalten. Aber es geht schnell wieder aus – denn wie wir bereits erwähnt haben, hat das bestehende Regierungssystem keine Lösung für den neuen Kontext, so dass die Politiker wieder darauf hoffen, dass ‚Business as usual' ausreicht, um die Probleme zu lösen. Die Verleugnung schenkt uns eine Politik, die im Dunkeln tappt, und das ist das Problem. Da sie sich vorstellen, dass die gegenwärtige Realität noch unter bekannten nationalzentrierten Regierungsstrategien beherrschbar ist, stecken Politiker und Ökonomen den Kopf in den Sand, und werden zunehmend machtlos, die Wählerschaft zunehmend unzufriedener und die wirklichen Probleme kritischer. Und das Ergebnis ist, wie der Dichter William Stafford feststellte: „Um uns herum ist tiefe Dunkelheit."[15]

An unserem Mythos festhalten

Unsere tiefe Verbundenheit an die falsche Vorstellung, dass Regierungen autonome Akteure sind, die die Kontrolle behalten, ist schwer zu erschüttern. Ein Grund dafür kann sein, dass die Konsequenzen, sich davon zu befreien, einfach zu beängstigend sind, um es in Erwägung zu ziehen. Denn wenn die Nationen nicht mehr souverän sind und sich den globalen Märkten beugen müssen, wer wird uns dann vor all den negativen Folgen unregulierter Märkte, vor Klimawandel, raubgierigen Unternehmen und so weiter schützen? Wenn die Nationen nicht mehr souverän sind, was bedeutet dann noch Demokratie? Wenn sich diejenigen, die wir wählen, an die marktfreundliche Linie halten müssen, warum sollte man sich dann die Mühe machen, überhaupt wählen zu gehen? Und wenn wir als Bürger in einer Demokratie keine Kontrolle mehr über eine Welt haben, die dem Chaos entgegengeht, was bleibt uns dann noch?

Es fühlt sich an, als wären wir alle machtlos, und wenn das passiert, tun die Menschen im Allgemeinen entweder nichts oder sie tun die falschen Dinge. Dieser neue Kontext für Governance ist so weit verbreitet, dass die Regierungen nicht nur wenig oder gar keine positiven Maßnahmen ergreifen können, sondern oft gezwungen sind, das Problem durch negative Maßnahmen zu verschärfen. Wie wir im Falle der britischen Regierung gesehen haben, hat die Notwendigkeit, Großbritannien für multinationale Unternehmen international wettbewerbsfähig und attraktiv zu halten, dazu geführt, dass sie die Körperschaftssteuer noch weiter gesenkt hat, was eine ohnehin schon ungerechte Situation verschärft oder zumindest noch weiter aufrechterhält. Und wir haben in der Einleitung zu diesem Buch gesehen, wie die unverhohlene, aber verständliche *Realpolitik* des ehemaligen britischen Bundeskanzlers George Osborne die Rettung des Planeten kategorisch ausgeschlossen hat, wenn es darum ging, sein Land wettbewerbsunfähig zu halten – und das gilt natürlich auch für jede andere Regierung. Das Ergebnis ist, dass alle Regierungen in der regulatorischen Kälte festgefahren bleiben.[16]

Was können wir also tun? Das Bild, das wir in der Einführung heraufbeschworen haben – nämlich das des kleinen Mädchens, das ihren Großvater zur Rede stellt – verfolgt uns weiter. Aber eines ist klar: weiter den Mythos der souveränen Nation aufrecht zu erhalten – und in Verleugnung zu bleiben – wird uns nicht helfen.

Es gibt jedoch einen anderen Weg, dies alles zu betrachten.

Alles, was wir im Moment tun müssen, ist, uns daran zu erinnern, dass schon früher neue Kontexte für Governance und Regierungsführung aufgetreten sind, und dass jedes Mal, wenn sie dann auftraten, das Ausmaß der Regierung erweitert werden musste, um sie zu bewältigen. Dieses natürlich vorkommende Phänomen hat dazu geführt, dass wir uns in Clan-Gruppen und dann in größeren Stämmen organisierten, dann von Stämmen zu Stadtstaaten, die immer größer wurden bis hin zu den heutigen Nationalstaaten, die wir heute als Endpunkt der demographischen Entwicklung betrachten. Aber warum sollte es das Ende eines Prozesses sein, wenn wir – selbst durch den kürzesten Blick zurück in die Geschichte – eine klare Entwicklung hin zu mehr Größe und Komplexität beobachten können? Auf diese Weise und evolutionär betrachtet waren Globalisierung und der DGW vielleicht schon immer Teil der Angelegenheit. Sie könnten durchaus ein Auftakt – wenn wir unsere Karten richtig spielen – zum nächsten Schritt der Evolution in Richtung immer größerer Dimensionen der Zusammenarbeit und Governance sein. Wie auch immer wir es betrachten, der neue Kontext des DGW kann nicht vermieden oder verleugnet werden, wenn wir im Spiel bleiben wollen. Es wirft sehr schwierige Fragen auf, mit denen wir alle konfrontiert sind:

- War es nur George Papandreou, dessen Denken sich entwickeln musste, oder muss es unseres auch?
- Sind wir bereit zu akzeptieren, dass unsere nationalen Regierungen in Bezug auf globale und viele nationale Themen weitgehend machtlos geworden sind?

- Nachdem wir zum Glauben an den Mythos der souveränen Nation erzogen wurden, sind wir bereit zu akzeptieren, dass dieser Mythos, als ein geschätzter Teil unserer Identität, nicht mehr funktioniert?
- Können wir anerkennen, dass die nationalzentrierte Denkweise unzureichend, unvollständig und unfähig ist, die neuen globalen Realitäten zu erfassen?

Der Rumpelstilzchen-Faktor

Der recht junge Prozess der Globalisierung hat, wie Gutenbergs Druckpresse im fünfzehnten Jahrhundert, einen neuen Kontext für politische Steuerung geschaffen, den unsere bestehenden Denk- und Regierungsweisen nicht bewältigen können. Es gibt eine Lücke. Unsere rein nationalen Regierungs-Systeme müssen dringend mit der neuen globalen Realität Schritt halten. Und doch ist das Problem, dass bevor sich unsere Regierungs-Systeme ändern können, es unser *Denken* ist, das sich entwickeln muss, denn die Kluft liegt hauptsächlich in unserem Denken. Unsere Welt ist in eine gefährliche Denklücke geraten.

In diesem Stadium unserer Argumentation wird deutlich, dass wir es mit einem Problem zu tun haben, das sowohl psychologisch *als auch* politisch ist. Politische Lösungen sind gegenüber neuen Kontexten noch machtlos, da sie, wie wir gesehen haben, noch nicht erkannt werden. Unsere gewohnte Akzeptanz des Mythos der souveränen Nation erklärt zum Teil unsere Zurückhaltung, unsere Realitätsverleugnung zu überwinden. Aber wenn wir uns mit diesem neuen globalen Kontext für politische Steuerung auseinandersetzen und ihn letztendlich überwinden wollen, müssen wir damit beginnen, ihn fest in unserem Bewusstsein zu verankern. Wir müssen zugeben, dass es den Mythos gibt – und dann haben wir zumindest eine Chance, ihn in den Griff zu bekommen. Die entscheidenden ersten Schritte sind die *Identifizierung*, *Benennung* und *Anerkennung*.

Der Schritt der Benennung einer unbenannten Einheit ist der Schlüsselfaktor, von der die richtige Lösung eines Problems abhängt. Zum Beispiel bedeuteten im Bildungsbereich, bevor das Konzept der Legasthenie geprägt wurde, dass die Schwierigkeiten, die bestimmte Kinder im Klassenzimmer hatten, dazu führten, dass diese Kinder entweder als dumm angesehen oder schlicht ignoriert wurden. So oder so, sie bekamen nicht die Hilfe, die sie brauchten, und das Problem wurde nicht gelöst. Sobald dieses Syndrom benannt werden konnte, konnte es auch erforscht werden; es wurden Sonderpädagogen ernannt und die Betroffenen konnten Wege zur Bewältigung finden, um sich nicht durch Scham gelähmt zu fühlen. Ein ähnliches Entwicklungsmuster war beobachtbar, als Autismus erkannt wurde.

Dieser Prozess der Namensgebung ist ein entscheidender Schritt, den wir in Anlehnung an das Märchen der Gebrüder Grimm den Rumpelstilzchen-Faktor nennen.[17] In dieser Fabel, die in unzähligen Versionen in der europäischen Folklore auftaucht, heiratet die Tochter eines armen Müllers mit Hilfe eines kleinen Kobolds, Rumpelstilzchen, dessen Name ihr unbekannt ist, einen Prinzen. Schließlich kommt Rumpelstilzchen, um seine Belohnung abzuholen: Er verlangt ihr kleines Baby als seine grausame Belohnung. Rumpelstilzchen stimmt zu, darauf zu verzichten, wenn – und nur wenn – das Mädchen, jetzt Prinzessin und Mutter, seinen Namen erraten kann. Der rachsüchtige Kobold weiß, wie unwahrscheinlich es ist, dass sie sich seinen richtigen Namen ausdenken kann, also tanzt und singt er:

Heute back ich, Morgen brau ich,
Übermorgen hol ich der Königin ihr Kind;
Ach, wie gut ist, daß niemand weiß,
daß ich Rumpelstilzchen heiß!

Die in dieser Geschichte verankerte Wahrheit ist ein existentieller Schlüssel zur Erkenntnis, und die Art von Weisheit, die unter der Herrschaft der mittelalterlichen Kirche in Märchen versteckt und den ‚kleinen Menschen' in den Mund gelegt werden musste, welche nicht kontrolliert werden konnten. Das Identifizieren eines Problems ermöglicht es, es zu benennen, und das Benennen von etwas bringt es ans Licht und erlaubt es uns, eine *Beziehung* zu ihm herzustellen. Sobald wir anfangen, uns auf etwas zu beziehen, können wir beginnen, das Problem als das zu sehen, was es ist, und unsere Grenzen und unsere Macht unter diesen Umständen anzuerkennen. Nur dann haben wir die Chance, etwas dagegen zu unternehmen. Doch solange es nicht benannt ist, haben wir keine Chance.

Jeder weiß, dass wir heute in einer globalisierten Welt leben, aber wir haben nur langsam erkannt, was das für die Wettbewerbswirkung bedeutet. Wir haben uns geweigert, diesen Effekt zu *benennen*, und die Welt verliert daher. Deshalb haben wir in diesem Buch damit begonnen, Dinge zu benennen, die ansonsten offensichtlich erscheinen, als selbstverständlich angesehen oder übersehen werden könnten.

Wir mussten diese neuen, superglobalisierten Umstände benennen und sie als neuen Kontext für Governance identifizieren. Der Name, den wir in diesem Zusammenhang gewählt haben, war *destruktiver globaler Wettbewerb*. Wir haben gesehen, dass der DGW uns gezwungen hat, zuzugeben, dass wir uns immer noch an die Illusion des *Mythos* der *souveränen Nation* klammern

Die DGW ist der Tyrann, der alle nationalen und transnationalen Regierungssysteme untergräbt und der der Lösung vieler der hartnäckigsten Probleme der Welt im Wege steht. Während die allgegenwärtige Regel des DGW fortbesteht, werden alle Regierungen und alle Völker in einem wettbewerbsorientierten Teufelskreis effektiv gegeneinander ausgespielt, und es scheint hier keinen Ausweg zu geben. Und doch bleibt die Gesellschaft als Ganzes irgendwie noch im Zustand der Leugnung, wie unter einem Schlafzauber in einem Märchen.

Wenn wir noch viel länger schlafen, wird Rumpelstilzchen das Baby nehmen.

3. Das Schuldzuweisungsspiel

Die Wirtschaft auf der Couch

Bisher haben wir gesehen, wie unser gegenwärtiges Regierungs-System durch den destruktiven globalen Wettbewerb untergraben wurde, und dass dies einen bahnbrechenden neuen Kontext für Governance und politische Steuerung darstellt. Wir haben gesehen, dass Politiker und Regierungen, die den DGW nicht erkennen, darin gefangen und weitgehend machtlos bleiben. Wir haben unsere Verbundenheit mit dem Mythos der souveränen Nation als einen Schlüsselfaktor identifiziert. Nachdem wir also den DGW als den Elefanten im Raum gekennzeichnet haben, sind wir nun in der Lage, die Art der übergreifenden Probleme, die die Welt betreffen, klar zu erkennen.

Sobald der Elefant im Raum anerkannt wird, können wir uns fragen, wie es möglich war, so blind gewesen zu sein und so lange zu schlafen. Damit wir anfangen können, Lösungen zu finden, die so grundlegend sind wie der neue Kontext für Governance, müssen wir unsere Mitschuld an der Vermeidung der Anerkennung von DGW verstehen; wir müssen sicherstellen, dass wir unserer Verleugnung auf den Grund gegangen sind. Entscheidend ist, dass wir herausfinden, ob diese Verleugnung ein absolutes Hindernis auf dem Weg nach vorne ist, oder ob es sich lediglich um eine schwierige, aber notwendige Ablenkung handelt, mit der wir auf dem Weg zur Integration einer neuen und unbekannten Realität zu kämpfen haben.

Das bedeutet, dass wir beginnen müssen, etwas Psychologie in unsere Argumentation mit einzubringen, die bisher vor allem ja wirtschaftlich und politisch ausgerichtet war. Warum, fragen Sie sich nun vielleicht, sollen wir einen so ungewöhnlichen Schritt tun?[1]

Wir haben bereits gesehen, dass das größte Problem, auf das wir stoßen, eine Denklücke ist und dass Maßnahmen zur Lösung von bestimmten Problemen keine nennenswerten Auswirkungen haben können, bis der neue Kontext anerkannt wurde. Wir haben daher argumentiert, dass die derzeitige Sackgasse im Weltgeschehen letztlich als ein Denkproblem bezeichnet werden kann. Wir haben gesehen, wie die vertraute Welt der souveränen nationalen Politik überwunden wurde und wie wir, völlig verständlicherweise, an einem veralteten Mythos festhalten. Wir sahen, wie verzweifelt dieses Festhalten im Lichte des neuen Kontextes für politische Steuerung erscheint. Unsere Zurückhaltung, den alten Kontext aufzugeben, kann als eine Art defensive Verweigerung verstanden werden, die beunruhigenden neuen Bedingungen, in denen wir alle gefangen sind, geistig zu akzeptieren.

Jetzt müssen wir noch tiefer in diese Verleugnung eindringen, um die Dinge klarer zu sehen und um einen guten Weg in die Zukunft zu wählen. Dies kann nicht nur auf der Grundlage von Politik und Wirtschaft allein geschehen; wir müssen das Innenleben der menschlichen Angelegenheiten untersuchen und für einen Moment einen psychologischen Weg einschlagen. Psychologie, Politik und Wirtschaft waren noch nie einfache Bettgenossen. Es ist mehr als ein Jahrhundert her, dass das Unterbewusstsein entdeckt wurde und Psychologen begannen, herauszufinden, wie menschliche Motivation und Verhalten miteinander verbunden sind. Aber seit der europäischen Aufklärung, die eine Reaktion auf die mittelalterliche Welt war und in der alles Wissen durch die Kirche reguliert war, haben die verschiedenen Disziplinen und Wissenschaften ganz unterschiedliche Wege der Spezialisierung verfolgt. Dies hat dazu geführt, dass sich diese Disziplinen unterschiedlich entwickelt haben und nicht wirklich im Dialog miteinander standen.

Die gute Nachricht ist, dass dies außergewöhnliche Fortschritte ermöglicht hat, die unser Leben meist zum Besseren verändert haben. Die schlechte Nachricht ist, dass der fehlende Dialog dazu geführt hat, dass die in einem Bereich verfügbaren mächtigen Instrumente in der Regel nicht in einem anderen Bereich verfügbar sind. Die Psychologie hat ein umfassendes Verständnis der menschlichen Motivation wie auch viele Werkzeuge für Veränderungen entwickelt, aber diese haben der politischen Sphäre bislang nicht geholfen. Wie der verstorbene Jung´sche Analytiker und Gelehrte James Hillman sagte: „Wir hatten hundert Jahre Psychotherapie – und die Welt wird immer schlimmer."[2]

In gewisser Weise ist die Psychologie selbst dafür verantwortlich, dass sie eine Außenseiterdisziplin bleibt. Wie sich auch die Kirche mit endlosen Schismen und Sekten fragmentierte, konnten Psychologen und Psychotherapeuten kein gemeinsames Verständnis entwickeln, das universell genutzt werden konnte. Wenn sie es getan hätten, und wenn Psychologie und Politik mehr im Dialog miteinander stünden, wären die Kommentatoren wohl besser in der Lage, die Politik der Angst, der Schuld und des Sündenbock-Denkens zu durchschauen, die in Zeiten des gesellschaftlichen Übergangs entstehen, wenn sich die Menschen hilflos und hoffnungslos fühlen.

Der Hauptgrund dafür, dass wir als Autoren diese Ressourcen gebündelt haben, liegt darin, dass wir beide glauben, dass psychologisches Wissen dafür unerlässlich ist, uns durch die gegenwärtige weltpolitische Sackgasse zu führen. Wir müssen jetzt unsere wirtschaftliche und politische mit einer psychologischen Analyse kombinieren, oder wir bleiben wie Dornröschen, ohne die Hoffnung, einen Weg aus dem Dickicht zu finden, in dem uns der DGW gefangen hält.

Machtlosigkeit erzeugt Schuldgefühle

Prosaischer gesagt brauchen wir ein psychologisches Denken, um die Ebene der politischen Analyse zu vertiefen, und um einige der Wege zu durchschauen, wie wir auf die Probleme um uns herum gewöhnlich reagieren. Tun wir dies nicht, haben Extremismus, Populismus und politische Apathie, die heute eindeutige und klare Gefahren darstellen, in uns keinen wirklichen Gegner. Wir können damit besser verstehen, warum sich Menschen dem Nationalismus zuwenden, wenn sie Angst haben, wenn wir jene mentalen Tricks betrachten, die Psychoanalytiker Verteidigungsmechanismen nennen, wie etwa Verleugnungen und Projektionen. Diese nutzen wir, wenn schwierige Ideen, Gefühle oder Rollen aus unserem Bewusstsein verbannt und anderen Menschen zugewiesen werden. Dies ist ein weitaus häufigeres Phänomen, als man normalerweise denkt, und erklärt, warum sich die Mitgliederzahlen von rechtsextremen Parteien in solchen Zeiten immer erhöhen und dabei insbesondere Arme und Marginalisierte ansprechen.

Wann immer sich Menschen ohnmächtig fühlen, so liegt eine natürliche Reaktion darin, um die Situation zu verstehen, jemand anderes zur Verantwortung zu ziehen. Schuldzuweisungen sind das verständliche psychologische Ergebnis eines Ohnmachtsgefühls. Viele traditionelle Gemeinschaften greifen in bestimmten Zeiten darauf zurück, Neuankömmlinge oder Außenstehende zum Sündenbock zu machen. Als sich die Bürger im Mittelalter mit der Besteuerung der von König und Adel geführten Kriege überlastet fühlten, fielen sie mit schrecklicher Grausamkeit über die Juden in ihren Städten her. Die schrecklichen Exzesse des Zweiten Weltkriegs entstanden ebenfalls aus der aufgepeitschten Angst und Machtlosigkeit, die sich aus dem schwierigen Frieden des Ersten Weltkriegs und der darauf folgenden Weltwirtschaftskrise ergab. Es gibt immer jemanden, dem man die Schuld geben kann.

Heutzutage wird die Schuld eher Einwanderern, Mainstream-Parteien oder, in der EU, den ‚gesichtslosen Bürokraten' in Brüssel zugeschrieben. Andere von uns, die sich dem Drang widersetzen können, ihre Wut und Hilflosigkeit an Randgruppen auszutragen und die doch eine gerechtere Welt wollen, fühlen sich berechtigt, den Politikern die Schuld zuzuschieben. Oder wir geben den global mobilen Entitäten die Schuld – den multinationalen Konzernen, den Banken, globalen Investoren und den Reichen –, die über die Macht verfügen, ihre Geschäfte oder Investitionen ins Ausland zu verlagern. Das sind die Menschen, die auf so groteske Weise von der globalisierten Welt profitieren, dass es verständlich ist, dass sie zu offensichtlichen Zielen werden. Außerdem scheint so viel von unserem Leben durch die Manipulation unseres Begehrens durch die Unternehmen eingeschränkt zu sein, dass wir sie gleichzeitig lieben und hassen und weiter süchtig nach ihren Produkten bleiben. Darüber hinaus sind es die Großkonzerne und globalen Investoren, die geopolitisch immer von Krisen oder Kriegen nutznießen.

Für viele von uns ist klar, wer die Bösen sind. Und doch, auch wenn diese Tendenz zur Schuldzuweisung verständlich ist, ist sie auch eine funktionale Zuweisung der Verantwortung? Ist es tatsächlich die Schuld der Unternehmenswelt, oder wollen wir nur, dass wir uns ein wenig besser fühlen?

Die Unternehmen sind wir

Es mag zunächst ausgesprochen merkwürdig klingen, wenn wir vorschlagen, dass Unternehmen nicht das eigentliche Problem sind. Aber was ist die Realität? Nur ein wenig grundlegende Volkswirtschaftslehre offenbart, dass für praktisch alle Unternehmen ein verantwortungsbewusstes und nachhaltiges Handeln unweigerlich zu Lasten der Unternehmen selbst gehen würde, da sie höhere Löhne zahlen und sich an strengere, teurere Standards halten müssten. Das Problem ist jedoch, dass höhere Kosten, wenn sie nicht gleichermaßen von den Wettbewerbern getragen werden, letztlich bedeuten, eher Verlierer als Gewinner zu sein und Pleite zu gehen. In einer globalisierten Welt, in der Wettbewerber überall auf der Welt ansässig sein können, wird jedes Unternehmen, das versucht, das Richtige zu tun, wahrscheinlich verlieren. Wie *The Economist* erklärt, wird sich jedes Unternehmen, das sich für den Umweltschutz entscheidet, lediglich mit höheren Kosten belasten als seine weniger tugendhaften Konkurrenten.[3]

Das übergreifende Problem ist also nicht die Unwissenheit oder Fahrlässigkeit der Führungskräfte, sondern die Tatsache, dass es ihnen der DGW erschwert, ökologisch oder sozial verantwortlich zu handeln, wie der Ökonom David Korten erklärt:

> *Da die Finanzmärkte maximale und kurzfristige Gewinne fordern und Unternehmensplünderer bereit stehen, jedes Unternehmen, das nicht alle möglichen Kosten auslagert, zu verwüsten, definieren die Bemühungen, das Problem zu lösen, indem sie das soziale Bewusstsein der Manager erhöhen, das Problem falsch. Es gibt viele sozial bewusste Manager. Das Problem ist ein Raubtier-*

system, das es ihnen erschwert, zu überleben. Dies führt zu einem schrecklichen Dilemma für Manager mit einer echten sozialen Vision der Rolle des Unternehmens in der Gesellschaft. Sie müssen entweder ihre Vision gefährden oder ein hohes Risiko eingehen, vom System ausgeschlossen zu werden.[4]

Ähnliches gilt für globale Investoren. George Soros, der erfolgreiche Geldmagnat, der 1987 berühmtermaßen die „Bank of England zerbrach", setzt sich jetzt für freie und offene Gesellschaften ein. Hier weist er darauf hin, wie er wie andere in den Strom des Konkurrenzdenkens geraten ist, die ihn seltsamerweise aller Autonomie beraubte, sogar während er davon profitierte:

Als anonymer Teilnehmer an den Finanzmärkten musste ich mich nie um die sozialen Folgen meines Handelns kümmern. Ich war mir bewusst, dass die Folgen unter Umständen schädlich sein würden, aber ich fühlte mich berechtigt, sie zu ignorieren, weil ich mich an die Regeln hielt. Das Spiel war sehr konkurrenzgetrieben, und wenn ich mir zusätzliche Einschränkungen auferlegte, würde ich am Ende als Verlierer dastehen. Außerdem wurde mir klar, dass meine moralischen Bedenken keinen Unterschied in der realen Welt machen würden, wenn man bedenkt, dass auf den Finanzmärkten ein effektiver oder nahezu perfekter Konkurrenzkampf herrscht; wenn ich mich zurückhalten würde, würde jemand anderes meinen Platz einnehmen.[5]

Dies deutet darauf hin, dass der Wettbewerb – DGW – im Großen und Ganzen ein viel stärkerer Treiber für unsere zunehmend gefährlichen Probleme ist als die Gier. Ähnlich wie bei einem zweimotorigen Flugzeug ziehen sowohl das ‚Giertriebwerk' als auch das ‚Konkurrenztriebwerk' das Flugzeug in die gleiche Richtung, so dass es schwer zu sagen ist, welches davon stärker zieht. Gegenwärtig verursacht die Augenscheinlichkeit des Giertriebwerks, dass wir diesem die Schuld zuweisen. Wir tun dies, weil Fälle von Gier besser beobachtbar sind. In der Zwischenzeit erzeugt der DGW, da er weitgehend im Unsichtbarren arbeitet, den Hauptschaden. Im Zuge der Globalisierung ist es das Konkurrenztriebwerk – *die Angst, schlecht wegzukommen* –, das vor allem dafür verantwortlich ist, das sich das Flugzeug fortbewegt. Die einzige notwendige Rechtfertigung, ist, wie Soros zugibt, das beruhigende Wissen, dass „wenn ich mich zurückhalte, jemand anderes meinen Platz einnehmen wird". So seltsam es auch erscheinen mag, werden Investoren und Unternehmen, die ihre Gewinne und Aktienkurse immer hochhalten müssen, von dem DGW genauso eingeschränkt wie von den Regierungen. Wie die Regierungen wird jedes Unternehmen oder jeder Investor, der ethisch handelt, wahrscheinlich verlieren – und das ist keine Option.

Diese Analyse sollte nicht als Entschuldigung für rücksichtsloses, ausbeuterisches oder missbräuchliches Verhalten von Unternehmen verstanden werden – ganz im Gegenteil. Wir leugnen auch nicht, dass Konzerne und Reiche eine riesige Propagandamaschine finanzieren, um ihre Interessen zu schützen.[6] Gier und Manipulation sind natürlich von Bedeutung, aber sie sind nicht entscheidend. Worauf wir versuchen hinzuweisen ist die unsichtbare Verbreitung des DGW – der Whirlpool, in dem nicht nur Regierungen, sondern auch alle Unternehmen, Investoren und wir selbst gefangen sind. Zunächst mag die Art und Weise, wie wir die Daten interpretieren, ungewöhnlich erscheinen, aber paradoxerweise bietet sie uns mehr Möglichkeiten, als wir uns zunächst vorstellen können, wie wir später zeigen werden.

Was auch immer unsere jeweilige Sichtweise ist, wir stehen vor einer Entscheidung: Wir können uns dafür entscheiden, den DGW zu leugnen, weiterhin das bekannte und einfache Schuldzuweisungsspiel zu spielen und Politiker, Unternehmen, Bankiers usw. anzuklagen. Oder wir können die Allgegenwart des DGW akzeptieren, was uns zu einer paradoxen und beunruhigenden Wahrheit führt. Auf der einen Seite hindert der DGW die Regierungen daran, angemessen zu handeln, auf der anderen Seite bindet sie auch die Hände der Unternehmen, da sie von der Verzweiflung der Regierungen profitieren, international wettbewerbsfähig zu bleiben. Google und andere multinationale Unternehmen haben diese doppelseitige, widersprüchliche und völlig unbefriedigende Situation auf dem Höhepunkt des Steuervermeidungsskandals auch hervorgehoben. Wie Matt Brittin, Chef von Google UK, betonte: „Google spielt nach den Regeln der Politiker. Die einzigen Menschen, die wirklich eine Wahl haben, sind die Politiker, die die Steuersätze festlegen.'[7]

Die Aussage von Matt Brittin ist sachlich korrekt, auch wenn seine Unschuld eher kokett klingt. Auch wenn sie nicht die ganze Geschichte erzählen, weisen seine Worte doch auf den entscheidenden Aspekt der neuen Realität hin, dass die Regierungen zwar die Regeln festlegen, der neue Kontext des DGW ihnen aber eigentlich nur sehr wenig Spielraum lässt. Regierungen können die Regeln zur deutlichen Erhöhung des Steuerniveaus dann und nur dann ändern, wenn alle anderen Regierungen zustimmen, dies auch und innerhalb eines ähnlichen Zeitraums zu tun. Aber das tun sie natürlich nicht, weil sie alle Spieler in einem Wettbewerb sind, und es keine globale Einheit gibt, die strengere Regeln durchsetzen könnte. Um auf unsere Fußballanalogie zurückzukommen, so gibt es keinen globalen Schiedsrichter, und da die Regierungen weiterhin die Realität leugnen, können sie auch nicht erkennen, dass einer notwendig ist. So behält der DGW die Kontrolle.

In unserer Frustration können wir Bürger den multinationalen Unternehmen die Schuld zuweisen, wenn wir das wollen – es fühlt sich für den Moment gut an und verleiht uns ein kurzes Gefühl von Sinn. Aber es wird letztlich nichts bewirken oder ändern. Am Ende steigern wir nur unser Gefühl der Machtlosigkeit. Alternativ können wir auch schlicht die Realität akzeptieren, dass jedes Unternehmen, das versäumt, die Vorteile der kostengünstigeren Steuergesetzgebung zu nutzen, einen Wettbewerbsnachteil gegenüber jenen Unternehmen hat, die keine derartigen Skrupel haben. Für Unternehmen wie auch für Regierungen ist der Verlust in einem wettbewerbsorientierten globalen Markt einfach keine Option. Den neuen Kontext für politische Steuerung anzuerkennen bedeutet auch zu akzeptieren, dass es nicht die multinationalen Konzerne oder andere frei bewegliche Einheiten sind, die wirklich schuld sind; der DGW ist es.

Multinationale Unternehmen waren die ersten, die auf die neue Realität des DGW aufmerksam wurden. Sie wissen, was er ist, sie wissen, wie er funktioniert und sie wissen, wie sie ihn zu ihrem Vorteil nutzen können. Das Problem liegt darin, dass wenn er nicht benannt wird, wir – einschließlich unserer Medien und Politiker –, nichtsahnend zurückbleiben. Gemeinsam müssen wir dringend aufwachen und die Art von Suppe riechen, die gerade gekocht wird.

Normalisierte Verleugnung

Sobald wir die gewohnheitsmäßig ablaufende, tröstende und doch letztlich nutzlose Illusion der Schuldzuweisung durchschauen, kommen wir direkt auf das Problem der Verleugnung des DGW zurück. Mit seinem *Backbeat,* der auf der Schuld liegt, ist dies der Titelsong der vielen Weisen, wie wir die Wahrheit vor uns selbst verbergen und uns an eine vertraute Realität klammern. Wir müssen unbedingt diese Verleugnung verstehen.

Die Menschen haben eine natürliche Neigung, die Akzeptanz einer neuen Realität zu vermeiden, ganz zu schweigen von einem *Game-Changer* wie einem neuen Kontext für Governance. Das ist in uns eingebaut, denn es spart Energie und hält die kognitive Dissonanz – eine Art mentaler Zusammenbruch, wenn die Fakten nicht zu dem passen, wie wir unsere Realität oder Identität wahrnehmen – in Schach. Die Neigung, eine Realität außerhalb der vertrauten Erfahrung zu verleugnen, ist etwas, wofür das Gehirn verdrahtet ist und was wir alle von Zeit zu Zeit tun. Es ist eine Taktik, die wir anwenden, um einen Schock zu vermeiden. Verleugnung ist daher eine erwartete Phase eines Prozesses der Auseinandersetzung mit dem Neuen.

Aus psychotherapeutischer Sicht ist Verleugnung ein Abwehrmechanismus, den der menschliche Verstand im Dienste der Selbsterhaltung oder der Erhaltung einer bestimmten Vorstellung über uns selbst nutzen kann. Die Verleugnung kann in verschiedenen Graden auftreten, nämlich auf einem Spektrum vom Unbewussten, wo wir eine Realität einfach nicht beobachten können, auch wenn sie direkt vor unseren Augen liegt, bis hin zu vorsätzlicher Blindheit oder völliger Verlogenheit am anderen Ende des Spektums. Verleugnung ist also sowohl eine starkes Werkzeug zum Überleben wie auch eine Kraft gegen die Wahrheit.

Manchmal muss die Verleugnung verstärkt werden. Da sich die Realität zwangsläufig wieder einschleicht, müssen wir uns mit dem mentalen Unbehagen – der kognitiven Dissonanz – auseinandersetzen, die in uns entsteht. Aber es gibt noch einen anderen wichtigen, oft unerkannten und unterbewerteten, mentalen Trick, der die Verleugnung besiegelt. Dies ist, wie wir angedeutet haben, die Verwendung von dem, was ‚Normalisierung' genannt wird. Wie Fische, die so sehr an das Wasser gewöhnt sind, dass sie es für selbstverständlich halten, erkennen wir keine grundlegende Veränderung an, die eingetreten ist, weil die Verleugnung dieser Veränderung für uns normal geworden ist.

Normalisierung ist ein Prozess, der Ideen und Gewohnheiten akzeptabel, ‚natürlich' oder ‚normal' macht und sie dann als selbstverständlichen Teil des täglichen Lebens betrachtet. Individuen können ihre eigenen selbstzerstörerischen Gewohnheiten normalisieren, auch wenn sie nachweislich ihren eigenen langfristigen Interessen zuwiderlaufen, denn die Normalisierung funktioniert gemeinsam mit der Verleugnung, um die Wahrheit zu verbergen – auch vor uns selbst.

Die Normalisierung ist, wie die Verleugnung, ein mächtiger Abwehrmechanismus, der von Psychotherapeuten oft übersehen wird, weil er häufig in Gruppensituationen eingesetzt wird, in denen er äußerst effektiv und infektiös ist. Im Sozialen spinnt sie einen Zauber, eine Illusion, die die gesamte Gesellschaft betrifft und aus der schwer auszubrechen ist. In solchen Fällen ist sie in der Regel völlig unsichtbar und damit sehr effektiv.

Der radikale französische Philosoph Michel Foucault hob die Verwendung der Normalisierung als eines der perfektesten Mittel zur sozialen Kontrolle hervor, indem maximale Kontrolle mit minimalem Kraftaufwand ausgeübt wird. Wenn jeder glaubt, dass eine schädliche Situation normal ist, wird er wahrscheinlich nichts dagegen tun. Oftmals können normalisierte Ideen und Gewohnheiten zu einem kulturellen Markenzeichen oder einer Tradition werden, obwohl sie von außen abstoßend oder unnatürlich erscheinen mögen. Zum Beispiel hat Nick an anderer Stelle darüber geschrieben, wie die Gewohnheit, kleine Kinder in Elite-Internatseinrichtungen zu schicken, von den Briten völlig normalisiert wurde, während es für Außenstehende vollkommen selbstverständlich ist, dass Kinder zu Hause bleiben.[8]

Als Beispiel dafür, wie die Normalisierung auch unser Thema beeinflusst, lassen Sie uns kurz auf die Wut zurückkehren, die viele von uns in Bezug auf die Ungerechtigkeit empfinden, dass multinationale Konzerne ihren gerechten Steueranteil nicht bezahlen. Obwohl es im Vereinigten Königreich eine beträchtliche Berichterstattung und Debatte über dieses Thema gab, wurde zu keinem Zeitpunkt ernsthaft vorgeschlagen, dass die Regierung die Körperschaftssteuer anheben sollte, um diese Ungerechtigkeit zu beseitigen. Warum diese Auslassung? Obwohl aus nationaler Sicht die Schließung der vorteilhaften Steuerschlupflöcher oder die Erhöhung des Körperschaftsteuersatzes eine naheliegende Vorgehensweise gewesen wäre, macht dies die übergreifende Dominanz des DGW unmöglich. In einer Zeit, in der die Arbeitslosigkeit niedrig gehalten werden muss, haben Politiker Angst davor, alles zu tun, was große Arbeitgeber, wie multinationale Konzerne, dazu veranlassen könnte, ihre Geschäftstätigkeit in ein anderes Land zu verlagern. Es ist die gleiche Geschichte mit den Boni der Banker.

Auf diese Weise wird genau das, was die Öffentlichkeit von ihren gewählten Politikern verlangt – die Erhöhung der Körperschaftsteuer zur Behebung der Ungerechtigkeit –, zu dem, was sie nicht tun kann. Aber das wird nie erwähnt. Warum? Weil wir die Ungerechtigkeit normalisiert haben: Wir haben den DGW normalisiert.

Verschiebung, Kompensation und Dissoziation

Viele von uns machen sich manchmal schuldig, ihre Wut auf jemanden zu übertragen, der nicht die eigentliche Ursache dafür war, weil wir nicht in der Lage waren, die wahre Ursache zu identifizieren. Manchmal sind wir selbst schuld, aber manchmal erkennen wir erst im Nachhinein, was die ganze Zeit an uns genagt hat. In Wirklichkeit ist die Kompensation – das Gefühl des Trostes, den wir erfahren, wenn wir die Schuld verlagern – jedoch nie ein Ersatz für den Umgang mit der tieferen Ursache unserer Wut; die Schuld lässt uns immer das Gefühl haben, ein Opfer von jemand anderem zu sein. Wenn wir nicht herausfinden, was wirklich vor sich geht, sind diese beiden Gewohnheiten nur vorübergehende Lösungen dafür, sich machtlos zu fühlen; beide lassen uns am Ende frustriert zurück.

Es scheint, dass wir uns im Falle unserer Haltung gegenüber den Politikern dadurch kompensieren, dass wir ihnen die Schuld geben, um uns selbst von der schmerzhaften Wahrheit abzulenken, dass sie nicht länger Macht über frei bewegliche globale Einheiten haben – und wir auch nicht. Das Ergebnis ist eine übermäßig polarisierte politische Szene, die ebenfalls normalisiert wird. Vielleicht ist die globale Finanzkrise von 2007/08 das beste Beispiel für die weit verbreitete machtlose Empörung, die sie hervorgerufen hat. In Großbritannien haben wir es zugelassen, dass unsere tiefen Gefühle von Hoffnungslosigkeit und Machtlosigkeit dadurch kompensiert wurden, indem wir unsere Wut auf ein relativ kleines, wenn auch ärgerliches Thema lenkten, als 2009 der weit verbreitete Missbrauch von Spesenforderungen von Parlamentsabgeordneten in die Schlagzeilen geriet. Dies verdrängte das öffentliche Interesse an größeren Themen, in Bezug auf die sich die Menschen ohnmächtig fühlten.

Solche lokalen Themen lenken uns ab, und wir können unser Gefühl ohnmächtiger Wut verdrängen. Dann können wir wieder zur Tagesordnung übergehen, ohne dabei besonders alarmiert zu sein. Um sicherzustellen, dass wir den DGW weiterhin ignorieren und davon nicht beunruhigt werden, erlauben wir uns, an allen Arten von materiellen Kompensationen teilzunehmen, die natürlich als Wirtschaftsmotoren sehr willkommen sind. Der Wunsch, für einen unerkannten Mangel entschädigt zu werden, ist Fleisch und Trank für die Räder des Unternehmenskonsums, wie die Mode-, Snack- und Techno-Gadget-Industrie zu ihrem Vorteil zu nutzen weiß.

Währenddessen bleiben wir dem DGW auf der Makroebene treu und zahlen den entsprechenden Preis.

Im Falle der multinationalen Unternehmen haben wir gesehen, dass der Preis, den wir alle zahlen müssen, um unser nationales Körperschaftsteuerniveau relativ attraktiv und wettbewerbsfähig zu halten, darin liegt, auf die Umsetzung eines anderen Wertes zu verzichten: den der sozialen Fairness. Um wettbewerbsfähig zu bleiben, müssen wir akzeptieren, dass einzelne Bürger und kleine Unternehmen mehr als ihren gerechten Anteil zahlen müssen, während multinationale Unternehmen, die in der Lage sind, sich über nationale Grenzen hinweg zu bewegen, weniger oder praktisch gar nichts bezahlen müssen.

In einem ehrlichen Bilanzierungssystem sollte der Preis, den wir für die Wettbewerbsfähigkeit unseres Landes zahlen müssen, das beinhalten, was Ökonomen als ‚Externalitäten' bezeichnen, einschließlich des Verlusts sozialer Fairness. Aber heutzutage werden diese Kosten nie erwähnt. Wir haben sie abgewiesen oder uns von ihnen distanziert (eine noch stärkere Form der Verleugnung). Sie zu ignorieren wurde normalisiert und als unvermeidlich akzeptiert. Gleichzeitig ist das allgegenwärtige Streben nach nationaler Wettbewerbsfähigkeit zu einem monströsen Teufelskreis geworden, in dem jede Nation das gleiche und letztlich ruinöse Spiel spielt. Wenn wir fortfahren, riskieren wir, eine wahre ‚Tragödie des Allgemeinguts' zu erleben – einen allgemeinen und umfassenden globalen Zusammenbruch – aber niemand sagt ein Wort.

Viele von uns sind sich der Symptome dieses Spiels wohl bewusst, wie z.B. globaler Erwärmung, Vermögensungleichheit und so weiter. Aber wir haben die gemeinsame Barriere, die uns daran hindert, darauf einzugehen, geleugnet und normalisiert. Das bedeutet, dass Lösungen wie die Erhöhung der Körperschaftsteuer nicht einmal mehr erwähnt werden. Es ist, als könnten wir nicht darüber sprechen oder gar bemerken, dass sich ein Elefant im Raum befindet: Das Problem des DGW und damit jede Lösung wird und bleibt verleugnet.

Eyes wide shut

Diese Gewohnheit, nicht über Dinge zu sprechen und sie aus unserem Bewusstsein zu verbannen, ist weiter verbreitet, als wir annehmen. In dem früheren Beispiel, bei dem wir unsere Wut auf einen anderen Menschen oder Kollegen projizieren, wurde die eigentliche Ursache der Verärgerung aus unserem Bewusstsein verbannt. Um uns sicher und wohl zu fühlen, distanzieren oder spalten wir die Ursache oder das Gefühl ab, das uns die ganze Zeit geplagt hat. Ebenso scheint unsere Gesellschaft aufgrund unserer Ohnmacht die Auswirkungen des DGW vom Bewusstsein getrennt zu haben, und das Offensichtliche zu leugnen. Es gibt viele Möglichkeiten, wie wir diese Dissoziation und Normalisierung vollbringen, sowohl individuell als auch als ganze Kulturen, und wir wissen ziemlich viel darüber, *warum* Menschen die Dissoziation verwenden. Wir distanzieren uns wegen der Gefühle, Realitäten oder Identitäten, die wir unerträglich finden. Um uns selbst zu schützen, nutzen wir eine Reihe von Abwehrmechanismen. Bei den Abwehrmaßnahmen handelt es sich um verschiedene mentale Zaubertricks, die auf der Verschiebung der Aufmerksamkeit und der Reorganisation von Wahrnehmungsobjekten basieren. Glücklicherweise wurden diese Abwehrmechanismen seit über einem Jahrhundert gründlich von Psychoanalytikern untersucht, so dass wir heute einiges über sie wissen.

Der hauptsächlichste Mechanismus davon ist die Dissoziation, oder auch Spaltung, was psychologische Begriffe für das sind, was normalerweise als Verleugnung bezeichnet wird. Dissoziation ist der Grundstein für selbstschützende Persönlichkeitsstrukturen, die der Psychoanalytiker und Bestsellerautor Stephen Grosz als „eine unbewusste Strategie, die darauf abzielt, uns über jene Gefühle unwissend zu halten, die wir unfähig sind zu tolerieren“ definiert.[9]

Bei längerer Ausübung kann die Dissoziation langfristige Auswirkungen auf das Gehirn und das Bewusstsein haben. Dan Siegel, ein klinischer Professor für Psychiatrie an der UCLA School of Medicine, beschreibt das neurowissenschaftliche Bild der Dissoziation folgendermaßen:

> *Dissoziation wird sehr einfach als Dis-assoziation definiert – und das bedeutet, dass assoziierte Dinge nun buchstäblich nicht mehr verknüpft sind. Wenn wir uns einige der Studien des Gehirns bei der Dissoziation ansehen, können wir sehen, dass das Gehirn buchstäblich fragmentiert – es verbindet seine differenzierten Teile nicht mehr.*[10]

Dissoziation beginnt als selbstrettender mentaler Trick, den jeder von uns instinktiv anwendet, wenn er sich schämt oder verlegen ist, etwas zu zeigen, etwas anzunehmen oder zu integrieren. Wir legen es beiseite und denken an etwas anderes; wir nutzen das Vergessen, das sich-nicht-darauf-Beziehen, das Abschotten, Verleugnen oder Verdrängen, um uns bei der Aufrechterhaltung unserer inneren Gelassenheit zu unterstützen. Wenn Sie zum Beispiel einen Freund, der Raucher ist, fragen, wie viele Zigaretten er in einer Woche raucht, wird er Ihnen sehr wahrscheinlich eine Zahl geben, die er für richtig hält. Wenn der Raucher dann aber gebeten wird, die Anzahl der Zigaretten tatsächlich zu zählen, wird er selbst überrascht sein, da er feststellt, dass die tatsächliche Zahl höher ist als die seiner Schätzung. Ein Teil von ihm will das Ausmaß seiner schlechten Angewohnheit nicht anerkennen.

Ganze Gesellschaften können gemeinsam Verleugnung praktizieren. Ein bekanntes, wenn auch apokryphes Beispiel für die Tilgung einer Realität finden während in der Ankunft der Segelschiffe von Captain Cook im Südpazifik im achtzehnten Jahrhundert. Offenbar haben die indigenen Inselbewohner sie einfach nicht gesehen. Sie waren nicht in der Lage, sie wahrzunehmen, weil sie noch nie zuvor auf solche Gegenstände gestoßen waren. Und um sich vor dem Schock zu bewahren, diese Neuheiten integrieren zu müssen, die sie noch nie zuvor gesehen hatten (und die schließlich ihr Leben verändern würden) haben sie sich einfach damit abgefunden, sich zu weigern, sie wahrzunehmen.

Doch glauben wir, dass wir heute besser dafür gerüstet sind als diese Inselbewohner, um eine solche Dissoziation zu vermeiden? Nun, da sich die Disziplinen Psychologie, Evolutionsbiologie und Neurowissenschaften untereinander austauschen, gibt es einige Stimmen, die darauf hindeuten, dass dies nicht der Fall ist, und dass die heutigen Menschen mit dem rasanten Tempo des Wandels zu kämpfen haben und überfordert sind. Das Problem, so der Evolutionsbiologe E.O. Wilson, besteht darin, dass der moderne Mensch mehr stimuliert wird, als für unser Nervensystem ursprünglich vorgesehen war. In einer Zeit, in der wir von ‚göttlicher Technologie' heimgesucht werden, verfügen wir immer noch über ‚steinzeitliche Emotionen' und Instinkte und werden immer noch unbewusst von ‚mittelalterlichen Institutionen' regiert.[11]

Die heutige Umwelt könnte in der Tat unseren Geist ermutigen, sich zu distanzieren und abzuschotten, während wir versuchen, mit dem fertig zu werden, was der Psychologe der Harvard Medical School Deirdre Barrett als ‚supernormale Reize' bezeichnet.[12] Paradoxerweise werden wir zunehmend anfällig für die Abgrenzung von Kontexten, die wir herausgefordert sind, anzuerkennen, und zwar um uns zu beschützen. Diese Art der Selbstverteidigung – gegen Realitäten, die einfach zu schwer zu verarbeiten sind – könnte unsere weit verbreitete Unfähigkeit erklären, den DGW zu benennen, wie auch unsere Absprache, seine Existenz zu leugnen.

Aber das muss nicht das Ende der Geschichte sein. Selbst die mächtigsten Abwehrmechanismen – einmal anerkannt – seien gut behandelbar, so Siegel weiter:

> *Dissoziation ist, obwohl sie eine der unfähig machenden Bedingungen ist, auch eine der behandelbarsten – sie ist vollständig heilbar, und das wurde mehrfach gezeigt.*[13]

Wir können uns selbst heilen, aber wenn wir tatsächlich aus der Verleugnung herauskommen, bedeutet das, dass wir ziemlich unbequeme, ja schmerzhafte Gefühle haben werden, die wir bislang zur Seite geschoben haben.

Warum sich Verleugnung lohnt

Sobald wir das Ausmaß der Macht und des Einflusses des DGW auf uns voll und ganz anerkannt haben, können wir sehen, wie fest er uns in einem Zustand der Verwirrung und Verleugnung hält. Allerdings ist dies leichter gesagt als getan. Es geht nicht nur darum, dass der DGW das Handeln von Regierungen und Unternehmen einschränkt, er ist auch in uns selbst eingedrungen. Der DGW ist zu einem festen Bestandteil der Denkweise von Politikern, Journalisten und uns

Bürgern geworden, denn unsere Umwelt beeinflusst immer unsere Psychologie. Ohne den Marxismus zu befürworten, können wir doch Marx' Weisheit anerkennen, wenn wir sagen: „Es ist nicht das Bewusstsein der Menschen, das ihre Existenz bestimmt, sondern ihre soziale Existenz, die ihr Bewusstsein bestimmt."[14]

Da die meisten Menschen auf der ganzen Welt die globale Realität des DGW immer noch leugnen, normalisieren wir ihn und sehen nicht, dass Politiker aufgefordert werden, das Unmögliche zu tun: nationale Interessen – zum Beispiel ihre Wirtschaft international wettbewerbsfähig zu halten – mit globalen Interessen (wie etwa der Reduzierung von CO2-Emissionen) in Einklang zu bringen. Aber weil der DGW diese beiden Ziele grundlegend inkompatibel zueinander macht, und wir diese Tatsache leugnen, bleibt es den Politikern überlassen, die Bürger (und vielleicht auch sich selbst) davon zu überzeugen, dass sie kompatibel *sind.* Sie sind faktisch dazu da, sich (und damit uns selbst) in die Irre zu führen, und zu denken, dass im Zeitalter der Globalisierung ökologische Nachhaltigkeit und soziale Gerechtigkeit irgendwie mit Wirtschaftswachstum und Wettbewerbsfähigkeit in Einklang gebracht werden können, wenn doch ein kurzer Spaziergang bei Tageslicht zeigt, dass sie es nicht können. Da wir unwissentlich durch den neuen Kontext des DGW erstickt werden, aber keinen anderen möglichen Kontext sehen, der es lösen könnte, sind wir gezwungen, uns selbst anzulügen.

Wie wir im Falle von George Papandreou gesehen haben, glauben Politiker gerne, dass sie autonom und mächtig agieren können, vielleicht um die schmerzhafte Realität zu vermeiden, dass dies nicht der Wirklichkeit entspricht. Und wir Bürger glauben ihnen das, indem wir den psychologischen Trick der Projektion nutzen. Wir projizieren auf unsere Politiker eine Macht, die sie nicht haben, und schützen uns damit vor der harten Realität, dass die Verantwortung für die Lösung globaler Probleme jetzt bei uns allen liegt. Dies ist jedoch eine Verantwortung, der wir uns nicht stellen, geschweige denn nachkommen wollen. Wie George Bernard Shaw uns daran erinnerte: „Freiheit bedeutet Verantwortung. Deshalb wird sie von den meisten Männer gefürchtet".[15]

Um uns vorzumachen, dass wir uns dieser Verantwortung nicht stellen müssen, um uns selbst zu beruhigen und uns wohl zu fühlen, leugnen wir die Realität des DGW, klammern uns an den Mythos der souveränen Nation und bleiben im nationalzentrierten Denken stecken, während wir gleichzeitig glauben, dass unsere Politiker die Macht haben. Auf diese Weise verbleiben wir kollektiv in einer Pattsituation und im Stillstand stecken.

Darüber hinaus gibt es immer eine versteckte psychologische Abfindung für beide Seiten, wenn man in polarisierten Konflikten und Verleugnung stecken bleibt. Politiker erhalten die Abfindung dafür, dass sie weiterhin glauben können, dass sie über Macht und Status verfügen und dadurch ihre geliebte Identität bewahren; und wir Bürger erhalten die Abfindung, ihnen die Schuld geben zu können, wenn sie unweigerlich scheitern. Wir bleiben auf diese Weise von einer schweren Verantwortung befreit, während wir eigentlich wissen, dass wir ihr nicht entkommen können und uns irgendwann stellen müssen. Darunter liegt die Angst vor einer Zukunft, die wir nicht vorhersagen können.

Ein Prozess des Trauerns

Wir, die Autoren, sehen die Welt am Rande eines bedeutsamen Übergangs, und doch zögert die Welt aus Angst vor dem Sturz, den nächsten Schritt zu tun. Das ist kein Wunder, denn große und wichtige Veränderungen sind selten schmerzfrei.

Viele von uns werden aus eigener Erfahrung erkennen, dass Schmerz und Transformation oft zusammengehören. Wenn wir die seltenen Momente in unserem eigenen Leben betrachten, in denen wir uns tatsächlich zum Besseren verändert haben – in denen wir uns tatsächlich entwickelt und Verantwortung übernommen haben –, können wir auch erkennen, dass diese sehr oft schmerzhaft waren. Sie tun weh! Aber mit dem Vorteil des Älterwerdens und der Fähigkeit, zurückzublicken, können wir sehen, dass der Schmerz eine wertvolle Botschaft bereithält. Mit der größeren Perspektive, die diese Reife bietet, können wir hoffen, dass wir den Schmerz des Wandels eher als

Zeichen dafür interpretieren können, dass es einen wertvollen Übergang und eine neue und aufregendere Phase unseres Lebens gibt, die darauf wartet, sich zu entfalten.

Angesichts einer globalen Situation, wie sie sich uns durch den DGW stellt, können wir leicht wieder zur Verleugnung zurückkehren und uns mit Wohlfühl-Verbrauchsmaterialien und Alltagssorgen betäuben. Es kann uns alles viel zu viel sein. Der verstorbene Führungsberater Stephen Covey erläuterte diese Art von Krise anhand der Wechselwirkung zwischen den von ihm so genannten ‚Kreises der Fürsorge' und ‚Kreises des Einflusses'. Manchmal, so meint Covey, liegt unsere Ineffektivität oder unser Gefühl der Ohnmacht darin, dass unser Kreis des Einflusses – dessen, was wir tatsächlich beeinflussen können und realistisch zu erreichen hoffen – kleiner ist als unser Kreis der Fürsorge, und damit den Dingen, die uns wirklich wichtig sind. Dies ist leicht verständlich, und Covey schlägt vor, den Kreis der Fürsorge enger zu ziehen, um unseren tatsächlichen Kreis des Einflusses realistisch widerzuspiegeln.

Dies jedoch im Kontext der heutigen globalen Probleme zu tun, bedeutet, weiterhin festzustecken und so zu tun, als ob ‚Business as usual' ausreichen könnte. Anstatt aufzugeben, gibt es einen Prozess für solche lebensverändernden Übergänge, der von der Fähigkeit abhängt, sich dem Schmerz und der Trauer zu stellen, die entstehen, wenn von uns verlangt wird, das Vertraute loszulassen. Um zu einem ‚neuen Leben' zu gelangen, braucht es den Mut, sich nicht abzuwenden und nicht in die Verleugnung zurückzufallen. Wenn wir nur die Versuchung vermeiden können, in Verleugnung und Entschädigung zurückzufallen, wenn wir einfach mit dem Schmerz verbleiben und ihn nicht wegdrücken, so können wir es auf die andere Seite schaffen.

Ob es nun der Übergang zur Akzeptanz des Verlusts eines geliebten Menschen oder der Übergang zu einer neuen Denk- und Regierungsweise ist, so sind diese Prozesse ähnlich und beinhalten ähnliche Phasen.

Die Psychiaterin und anerkannte Trauerexpertin Dr. Elisabeth Kübler-Ross entwickelte ein allgemein anerkanntes Modell für die Arbeit mit der Trauer. In einem Krankenhaus für unheilbar Kranke leistete Kübler-Ross in den 1960er Jahren Pionierarbeit bei der Erforschung von Tod und Sterben sowie die Auswirkungen auf die Verbliebenen. Ihr daraus resultierendes Modell beschreibt die relevanten Emotionen, die dabei eine Rolle spielen, und wie sich diese in fünf Stufen zu weiteren Emotionen entwickeln. Nach Kübler-Ross sind die Phasen des Trauerprozesses:

1. Verleugnung
2. Wut
3. Verhandeln
4. Depressionen
5. Akzeptanz

Das Modell von Kübler-Ross fand breite Akzeptanz und wurde schließlich auf eine Vielzahl von Trauer- und Verlustsituationen sowie auf die Notwendigkeit angewendet, die Bindung an Personen oder Ideen aufzugeben, vor allem in Bezug auf Kinder in Familien, die sich scheiden lassen, bei Menschen, die um verlorene Beziehungen trauern oder wenn es sich um Drogenmissbrauch handelt. Ihre Anhänger argumentieren, dass die fünf Phasen den grundlegenden Prozess der Integration jeglicher neuer Informationen, die im Widerspruch zu früheren Überzeugungen stehen, veranschaulichen.

Wir denken, dass diese fünf Phasen für den Fall eines weitreichenden Übergangs zu einer neuen Denkebene genauso relevant sein können wie für den Einzelnen. Wir vermuten, dass unsere Welt es verdrängt, den Verlust unserer vertrauten Welt anzuerkennen, aber dass wir es letztlich nicht vermeiden können, diesen Verlust zu betrauern. Es muss insofern ein Trauerprozess stattfinden. In diesem Licht betrachtet erkennen wir, dass wir unweigerlich in der Verleugnung stecken geblieben sind, aber dies ist nur eine Etappe auf einer erkennbaren, wenn auch schwierigen Reise. Für Kübler-Ross befinden wir uns einfach in Stufe 1 von 5. Wenn das stimmt ist, dann haben wir Grund zur Hoffnung.

Wenn wir uns darauf einigen, einen so schwierigen Weg fortzusetzen, wird uns das durch die verbleibenden vier Stufen führen, die es uns, wenn sie mutig durchschritten werden, ermöglichen, aus der Verleugnung und der Ohnmacht auch durch die Schlußphase der Akzeptanz zu gelangen. Denn echte Akzeptanz, wie wir später sehen werden, erweist sich als ein Übergang – die Lösungen für unsere globalen Probleme werden nicht so unmöglich zu implementieren erscheinen wie sie es derzeit tun.

Im nächsten Kapitel kommen wir zu der zweiten und dritten Etappe dieser schwierigen Reise, um zu beginnen, unseren Weg zu finden.

4. Wut und Verhandlungen auf der schwierigen Reise

Ein Wochenendtraining

Es ist ein ungewöhnlich warmer Samstagmorgen im Finsbury Park im Norden Londons. Sally befindet sich im Obergeschoss des weitläufigen und etwas heruntergekommenen viktorianischen Reihenhauses – eines von zwanzig in einer Nachbarschaft, die sich irgendwie der Gentrifizierung widersetzt hat –, welches sie sich mit ihrem Partner Phil, mit dem sie seit achtzehn Jahren zusammen ist, und ihren beiden Kindern teilt. Sie versucht, ihren Nachwuchs davon zu überzeugen, dass es doch schön wäre, wenn diese an diesem Wochenende ein wenig Ordnung in den Haushaltsdschungel bringen könnten, der als ihr Schlafzimmer dient, während sie selbst kurz in den Gemischtwarenladen die Straße runter geht. Plötzlich hört sie ein vertrautes Geräusch, das durch das offene Fenster aus dem darunter liegenden Garten kommt.

„Verdammte Politiker! Wie kann das sein, dass diese *unglaublichen Idioten* so gut bezahlt werden?"

Es ist Phil. Nach einer langen Woche Unterricht an der Urban University of North London, die jeder immer noch als ‚die Poly' bezeichnet, gibt sich Phil seinem regelmäßigen Samstagmorgen-Vergnügen hin – mit einer großen Tasse Milchkaffee und der *Guardian* auf der Gartenterrasse zu sitzen, wann immer das Wetter es erlaubt. Es ist seine Art der Entspannung. Aber, wie so oft, hat ihn das Lesen der Zeitung in einen Rausch über „diese dummen Politiker" versetzt.

Er fährt fort: „Sie sind diejenigen, für die wir bezahlen, die verdammte Verantwortung für die Lösung globaler Probleme zu übernehmen, aber alles, was sie tun, ist reden, reden, reden, reden."

Sally hat nichts dagegen einzuwenden, sie empfindet es auch so. Sie könnte wütend über das Chaos werden, in das die Welt zu geraten scheint, bei all den Dingen, die erreicht wurden – idiotische Männer, die auf dem Mond spazieren gehen – während all die Dinge ungelöst bleiben, die das Leben der normalen Menschen viel besser machen würden. Sie ist besonders verärgert über die unsinnige Schließung der örtlichen Bibliothek, damit der Gemeinderat Geld einsparen kann, während die Bankiers mal wieder gerettet werden. Aber sie hat jetzt keine Zeit, über all das nachzudenken. Sie hofft nur, dass sich ihre Nachbarn Jack und Stella, die an einem solchen Tag sicher in ihrem Garten sein werden, nicht über Phils Geschimpfe und Flüche ärgern.

Tatsächlich schneidet Jack, ein pensionierter Busfahrer, der sein ganzes Leben lang in demselben Haus gelebt hat, seine Rosen und hofft schweigend, dass sich seine Frau bald beruhigen wird. Stellas Reizthema ist nicht Phil, sondern ihre anderen Nachbarn. Nur Gott weiß, wie viele ungewaschene Vegetarier – die wahrscheinlich alle Sozialleistungen in Anspruch nehmen – das Haus nebenan bewohnen. Es ist der Geruch von Kräutern und Schmorbohnen, der Stella auf die Nerven geht – die ‚normales Essen' mag, wie Jack Phil manchmal mit zusammengebissenen Zähnen erklärt – wenn sie die Gemüseburger herstellen, die der dürre kleine Kerl dann mit seinem Metzgerfahrrad an Naturkostläden liefert. Wahrscheinlich alles schwarz, schnaubt sie. „Typisch!"

Immer wenn sie sich auf der Straße treffen, versucht Phil, mit Katweazle zu plaudern, wie der unternehmungslustige vegane Bäcker genannt wird, in der Hoffnung, einen Verbündeten gegen die nutzlosen Politiker zu finden. Aber er beißt nicht wirklich an. „Sie sind alle gleich, Mann", lacht er. „Verstehst du es nicht?" Katweazle betrachtet sogar den *Guardian* als ein Verschwörungsmedium des Establishments, warum sich also aufregen? Und er tut es nicht. Er macht einfach weiter mit seinem Leben und würde nicht im Traum darauf kommen, bei den bevorstehenden Wahlen abzustimmen.

Gerade als sie die Tür schließt, hört Sally einen weiteren Wutausbruch.

"Oh mein Gott! *Verdammte Arschlöcher*! Politiker, Unternehmensführer, Ökonomen … *unser Wirtschafts-fucking-Korrespondent.* Interessiert das irgendeinen von ihnen? Scheiß auf sie!"

Gott sei Dank hat er am Dienstag seine Gestalttherapie-Gruppe und kann ein wenig Kissenschlagen und seinen Tennisschläger missbrauchen, denkt Sally, als sie die Straße überquert.

Emotionales Recycling

Unsere häusliche Vignette versucht zu veranschaulichen, wie normal es ist, wütend über den Zustand zu sein, in dem wir uns befinden, und wie unterschiedlich Menschen mit ihrer Wut in Bezug auf eine Welt umgehen, die sich zu schnell und nicht auf die für sie richtige Weise verändert. Einige vergraben sich in ihrer Arbeit, andere kompensieren sie mit Einkäufen. Manchmal zeigen die Menschen nicht, dass sie wütend sind, wenn sie es sind; sie können ihren Kreis der Fürsorge verkleinern und sich zum Beispiel nur auf ihre Familien konzentrieren.[1] Einige verlagern ihre Wut auf andere, die sie nicht verstehen können, besonders wenn es sich um Neuankömmlinge in ihren Gemeinschaften handelt, und verurteilen sie. Andere verleugnen die Gesellschaft, in der sie leben, und versuchen, eine alternative Gesellschaft zu erschaffen, und stellen sich vor, sie seien frei. Einige haben regelmäßig Wutausbrüche wegen einer Welt, die von Narren beherrscht und von Gier motiviert wird.

Es ist verlockend zu denken, dass eine solche Wut keinen Unterschied macht, dass es Zeitverschwendung ist, weil wir ohnehin ohnmächtig sind. Aber Wut ist wichtig. Sie verkörpert Werte. Es ist die Botschaft, *dass man das Recht hat*, sich zu sorgen, und dass die Dinge wichtig sind, selbst wenn man sie nicht ändern kann. In der Psychotherapie wird Wut oft als das Rückgrat der Heilung angesehen, wie traumatisierte und missbrauchte Menschen uns auch immer wieder zeigen. Wut kann uns einen Standpunkt verleihen, hat Richtung und Motivation, so dass sie zum Motor der dritten Stufe werden kann – der des Verhandelns.

Die ersten drei Phasen von Kübler-Ross´ Trauerprozess – Verleugnung, Wut und Verhandlung – sind miteinander verbunden und bewegen sich oft in einer sich wiederholenden, zyklischen Bewegung. Wir kommen für eine Weile aus der Verleugnung heraus, werden wütend darüber, wie uns das Schicksal oder die Person, die uns verlassen hat, behandelt hat, und dann bitten wir darum, dass die Dinge anders werden, auch wenn dies nicht passiert. Oft gehen wir zurück in die Verleugnung, nur um wieder wütend zu werden. Im vorherigen Kapitel haben wir gesehen, wie ansteckend Verleugnung ist, wenn sie von einer ganzen Gesellschaft praktiziert wird, und wie wir uns von einer Realität distanzieren, die direkt vor unseren Augen liegt – besonders wenn andere das Gleiche tun.

Die Verhandlungsphase wurde besonders gut bei Kindern beobachtet, die vor der katastrophalen Situation stehen, durch eine Scheidung ihre Familie zu verlieren. Zu bitten oder innerlich zu verhandeln hilft ihnen, anzunehmen, die Kontrolle über die Situation zu behalten. Sie denken dann zum Beispiel: „Wenn ich wirklich gut bin / alle meine Hausaufgaben mache / mein Zimmer ordentlich halte, dann werden Mama und Papa sich vielleicht nicht trennen". Dies hilft ihnen, sich auf die Hoffnung zu konzentrieren, dass sich die Situation ändern könnte, und lenkt von der Traurigkeit ab, die sie nach der Scheidung erleben werden. Ebenso beginnen wir, wenn wir mit einer schief gegangenen Welt konfrontiert werden, darüber nachzudenken, was wir gegen unsere politische Situation tun können. Wir beginnen zu verhandeln:

- Was wäre, wenn wir die gegenwärtigen kurzsichtigen, eigennützigen Politiker absetzen und neue Leute wählen, vielleicht die „guten Jungs" wie die Grünen?
- Oder was wäre, wenn wir die Art von Person wählen, die unser Land wieder großartig macht, die Dinge aufrüttelt und alles wieder so macht, wie sie sein sollten?
- Oder was ist, wenn ich daran arbeite, das ungerechte Wahlsystem insgesamt zu ändern?
- Noch besser, was ist, wenn ich mich von unserem dummen politischen System verabschiede und, wie Russell Brand es vorschlägt, einfach aufhöre zu wählen?[2]

- Oder was wäre, wenn ich direktere Maßnahmen ergreifen würde, um das verfaulte System zu ändern? Was passiert, wenn ich einer Organisation wie Avaaz, Greenpeace oder Friends of the Earth beitrete, einer Organisation, die den Politikern in den Arsch tritt?
- Oder warum erspare ich mir nicht die Zeitverschwendung, die die Politik geworden ist, indem ich direkt in Unternehmen arbeite, und dort versuche, sie zu einem verantwortungsvolleren Verhalten zu bewegen?

Wie wir gleich sehen werden, erweist sich das Verhandeln nicht als Lösung, sondern als eine weitere Etappe in dem gesamten Prozess. Wenn das nicht funktioniert, kehren wir oft zur Wut zurück und bleiben manchmal dort stecken, ein wenig wie Phil in unserer Geschichte. In jedem zyklischen Modell besteht die Falle darin, zur nächsten Stufe überzugehen, bevor die vorhergehende abgeschlossen ist, was zyklische Loops (Schleifen) bedingt, bei denen sich die vorherigen Emotionen und Aktionen wiederholen. Wenn also das Verhandeln nicht funktioniert, können wir wieder in Wut oder Verleugnung verfallen. Oder wir versuchen etwas anderes. Sich in permanenter Wut oder wiederholten Verhandlungen zu verfangen, ist eine Art Flucht vor der Realität, nicht unähnlich der Verleugnung – eher üblich in Kulturen, in denen der Ausdruck von Wut nicht sozial akzeptabel ist.

Es ist völlig natürlich, unsere gegenwärtige Realität bestmöglich anpassen zu wollen, und zunächst scheint es viel einfacher zu sein, an dem, was wir bereits haben, weiter zu feilen oder zu verhandeln. Mit einem neuen Kontext für Governance zu verhandeln bedeutet jedoch zu hoffen, dass wir das bereits etablierte Prinzip, dass sich ein bestehendes Regierungs-System entwickeln und einem neuen Regierungs-Kontext anpassen muss, irgendwie vermeiden lässt oder wir Wege finden können, dies zu umgehen. Die Geschichte lehrt uns jedoch, dass genau dies erforderlich ist, und doch ist die Versuchung sehr stark, zu glauben, dass wir irgendwie noch verhandeln können, um aus der Klemme herauszukommen, in der uns der DGW gebracht hat.

Es gibt zwei Weisen, wie solche Verhandlungen ausfallen können. Einer davon besteht in der Arbeit mit nationalen politischen Systemen und dem Versuch, sie zu beeinflussen. Wir können dies den ‚inneren Ansatz' nennen. Der andere – der ‚äußeren Ansatz' – ist zweigleisig: entweder über Nichtregierungsorganisationen nach Lösungen zu suchen oder direkt mit Unternehmen zusammenzuarbeiten, um ihr Verhalten zu ändern. Da viele dieser Verhandlungsbemühungen wichtige Verpflichtungen vieler gut meinender Menschen implizieren, wollen wir jeden Ansatz im Detail prüfen. Zunächst betrachten wir den inneren Ansatz.

Die Wahlillusion

„Demokratie ist die schlimmste Form der Regierung, außer all den anderen Formen, die von Zeit zu Zeit ausprobiert wurden."[3]

Winston Churchills berühmte Bemerkung zum Tag des Waffenstillstands im Jahr 1947 hört sich immer noch gültig an. Es ist nicht so schwer, den demokratischen Prozess zu kritisieren, insbesondere wenn die Parteipolitik und ihre kurzfristige Perspektive sicherstellen, dass die nächste Wahl stets die höchste Priorität hat, was damit immer wieder die Ziele der Regierungen untergräbt. Aber nicht das Recht zu haben, die Ereignisse durch die Wahl eines politischen Vertreters zu beeinflussen, ist zweifellos viel schlechter. Wir sollten unsere demokratischen Rechte nicht als selbstverständlich ansehen, und doch zeigt die weit verbreitete Wählerapathie, dass sich die Menschen von etablierten politischen Prozessen abwenden.[4] Sollte dies nun als ein Symptom oder eine Ursache für demokratisches Scheitern oder nur als kurzfristige Erscheinung interpretiert werden?

Bisher haben wir gesehen, wie sich die wirtschaftlichen Folgen des destruktiven globalen Wettbewerbs auf viele Lebensbereiche und vor allem auf den Verlust der Autonomie der Regierungen auswirken. In diesem Kapitel gehen wir einen Schritt weiter, um zu zeigen, wie sich seine Macht auf die Untergrabung der Grundlagen der Demokratie selbst auswirkt. Wir möchten damit beginnen, dass wir Sie bitten, mit uns auf eine imaginäre Reise zu gehen – einen Abend im Theater.

Stellen Sie sich vor, dass alle unsere Mitbürger gemeinsam mit uns im Auditorium sitzen und auf die Bühne blicken, auf der das Drama der demokratischen Politik ausgetragen werden soll. Die gesamte Bühne ist hell beleuchtet, und die Schauspieler – die Führer der unterschiedlichen politischen Parteien – sind je nach ihrer politischen Haltung von links nach rechts über die Bühne verteilt. Jeder Schauspieler hält seine leidenschaftliche Rede darüber, was seine Partei tun wird, wenn er ins Amt gewählt wird, und wir im Publikum erwägen die Verdienste jedes Einzelnen. Sobald die Schauspieler ihre Beiträge vorgetragen haben, erhalten wir durch den Mechanismus den freien und fairen Wahlen die Möglichkeit, unsere freie Entscheidung entsprechend unserer Überzeugungen zu treffen, nämlich indem wir unsere Stimme abgeben.

Es ist diese Vorstellung der persönlichen Entscheidung, vermittelt durch freie und faire Wahlen, das in den westlichen demokratischen Gesellschaften das tiefste Verständnis dafür darstellt, was politische Freiheit bedeutet und worum es bei der Demokratie tatsächlich geht. Aber inwieweit ist diese Freiheit tatsächlich noch gültig? Lassen Sie uns einen genaueren Blick darauf werfen.

Während wir auf den Beginn der Aufführung warten gibt es noch viel Ablenkung. Einige der Zuschauer kommen noch an und zwingen andere, aufzustehen, damit sie ihre Plätze erreichen können. Programm- und Erfrischungsverkäufer werben für ihre Waren, während das Publikum im allgemeinen Getöse miteinander plaudert. In der Zwischenzeit, und ohne dass es jemand bemerkt, hat sich die Bühnenbeleuchtung in subtiler und unheimlicher Weise verändert. Ohne dass wir es überhaupt bemerken, sind die Scheinwerfer, die die linke Seite der Bühne erhellen, ganz allmählich verblasst und haben sie in völliger Dunkelheit zurückgelassen. Nur die Mitte und die rechte Seite bleiben nun erleuchtet. Aber die Veränderung war so langsam, dass sie nicht wahrnehmbar war.

Als die Glocke läutet, um uns anzukündigen, dass die Vorstellung gleich beginnt, wird alles ruhig, und wir richten unsere Auf-

merksamkeit auf die Bühne. Wir bemerken nicht, dass wir nur einen sehr begrenzten Teil der Bühne betrachten. Wir denken immer noch, dass wir die ganze Bühne sehen. In der Zwischenzeit, und während sich der Vorhang öffnet, kämpfen unsere Politiker miteinander um den Platz und darum, in den sehr engen, eingeschränkten Mitte-Rechts-Teil der beleuchteten Bühne zu gelangen. Anstatt sich gemäß der sehr unterschiedlichen Politik, die sie versprochen haben, breit zu verteilen, stellen wir fest, dass sie alle um den gleichen kleinen Bereich des politischen Raumes kämpfen. Wir, das Publikum, sind ziemlich enttäuscht von dem langweiligen, sich wiederholenden und ineffektiven Spiel, das sich daraus ergibt. Viele Zuschauer, die wenig Unterschied zwischen den verschiedenen Politikern und ihrer Politik erkennen können und begreifen, dass sie nur wenig Einfluss haben, verlassen das Theater und fragen sich, warum sie sich überhaupt die Mühe gemacht haben, ein Ticket zu kaufen.

Das Gefühl, dass die Demokratie ihren Glanz verloren hat und ihre Versprechen nicht hält, ist inzwischen eine weit verbreitete Beschwerde, die die Bürger in vielen Ländern der Welt zum Ausdruck bringen. Die Apathie der Wähler oder der Rückgriff auf extremere politische Parteien sind die zwei Phänomene, die heute alle westlichen Demokratien verfolgen. Die Autoren sind überzeugt, dass der DGW dies unvermeidlich macht, denn es ist der DGW, der heimlich die Beleuchtungsanlage beeinflusst hat.

Pseudodemokratie

Da der globale freie Kapitalverkehr und die Unternehmen die Regierungen dazu zwingen, alles Notwendige zu tun, um die internationale Wettbewerbsfähigkeit ihrer jeweilige nationalen Ökonomie aufrecht zu erhalten, ist die ihnen zur Verfügung stehende Politik auf eine sehr enge, mitte-rechts, markt- und unternehmensfreundliche Bandbreite beschränkt. Jede Partei, die an der Macht ist und versucht, über diesen Bereich hinauszugehen, würde die Wirtschaft ihres

Landes nur wettbewerbsunfähiger machen und schließlich den wirtschaftlichen Niedergang riskieren, was ja keine Option sein kann.

Auf diese Weise, und ohne dass wir es überhaupt wissen, hat der DGW die nationale Demokratie auf eine enge politische Monokultur reduziert. Es ist daher nicht verwunderlich, dass die Unterschiede zwischen den politischen Parteien untergraben werden und dass wir in jeder Nation linksgerichtete Parteien finden, die eine Politik verfolgen, die traditionell eher von rechtsgerichteten Parteien vertreten wird. Aus diesem Grund wurde beispielsweise Tony Blair von der New Labour-Partei oft als der beste konservative Führer seit Margaret Thatcher bezeichnet. Wie der ehemalige konservative Premierminister John Major sagte: „Ich ging schwimmen und ließ meine Kleider am Ufer liegen. Als ich zurückkam, hatte Tony Blair sie angezogen.“[5]

Unter der neuen, ultra-engen Beleuchtung, die der DGW vorschreibt, sind Politiker und politische Parteien praktisch nicht mehr frei, ihre politische Haltung entsprechend ihrer Überzeugungen umzusetzen. Stattdessen schreibt es ihnen der DGW vor. Das ist es, was der französische Präsident François Hollande nach seinem Amtsantritt im Jahr 2012 zu seinen Lasten vorfand. Nachdem er zunächst versucht hatte, die Mitte-Links-Politik umzusetzen, für die er gewählt worden war, stellte er bald fest, dass die französische Wirtschaft nicht mehr wettbewerbsfähig sein würde, da die Auslandsinvestitionen ausblieben und Kapital und Arbeitsplätze in andere Länder abwanderten. Schnell sah er sich gezwungen, seine Haltung nach Mitte-Rechts zu verlagern. Wie die *Times* berichtete:

> *Nach 18 Monaten Stagnation unter orthodoxer sozialistischer Führung bestätigte [Hollande], dass er sich der marktfreundlichen Politik zuwendet, die in den letzten 15 Jahren von linken Parteien auch in Deutschland, Großbritannien und anderswo verfolgt wird.*[6]

Es war eine ähnliche Geschichte in Griechenland im Jahr 2015. Die links-außen Partei Syriza wurde ins Amt gewählt, nur um sich gezwungen zu sehen, eine von den Weltmärkten diktierte und über die Troika der EU, des IWF und der Weltbank vermittelte tief rechte Sparagenda umzusetzen. Die Botschaft an die Bürger sollte inzwischen klar sein: Was immer man wählt, so erhält man unabhängig davon die gleiche Agenda der Wettbewerbsfähigkeit. Selbst wenn man das Abstimmungssystem ändert, bringt das keinen Unterschied mit sich.

Der DGW untergräbt nicht nur unsere Regierungen, sondern auch das Wesen der Demokratie, indem sie jede Wahl mehr oder weniger zu einer *Hobson's Choice*[1] macht. Es geht nicht darum, dass es überhaupt keine Unterschiede zwischen Politikern oder politischen Parteien gibt, sondern dass die wirtschaftspolitischen Parameter, innerhalb derer sich alle an der Macht befindlichen Parteien jetzt bewegen müssen, stark eingeschränkt wurden. Infolgedessen hat sich die Wahlentscheidung in ein ‚take it or leave it' verwandelt – zwischen der Option zu wählen oder nicht. Doch selbst wenn wir uns entscheiden, nicht zu wählen, bleibt das Ergebnis gleich.

Die Tatsache, dass der DGW die Politik der linken Mitte unpraktisch gemacht hat, ist ein wichtiger Grund dafür, dass die Parteien Mitte-Links in vielen Ländern in Aufruhr geraten und von Spaltung zerrissen werden. Der DGW hat einen Keil zwischen die getrieben, die sich der Wettbewerbsagenda unterwerfen wollen, und denen, die sich dagegen weigern. Im Vorfeld der US-Präsidentschaftswahl 2016 spiegelte sich dies in der Spaltung zwischen Demokraten wider, die Hilary Clinton unterstützten – jener Kandidatin, die die Wettbewerbsfähigkeitsagenda aufrechterhalten sollte –, und denjenigen, die eher den linken Bernie Sanders bevorzugten, die dies weitestgehend ablehnten. Im Vereinigten Königreich wird die Spaltung, während wir diese Zeilen schreiben, durch zwei Fraktionen der Arbeitspartei ausgedrückt, dem zentristischen, geschäftsfreundlichen ‚Blairite'-Flügel

1. Die *Hobsons Choice* ist eine freie Wahl, bei der nur eine Sache angeboten wird. Da die Person sich nur weigern kann, das Angebot anzunehmen, bleiben nur die beiden Optionen, nämlich das Angebotene zu nehmen oder gar nichts zu bekommen. Mit anderen Worten: ‚take it or leave it!". Der Satz stammt von Thomas Hobson (1544–1631). Anm. d. Ü.

und dem traditionellen sozialistischen ‚Corbynite'-Flügel. Die ersteren bestehen darauf, dass die letzteren unrealistisch und unwählbar sind, während diese wiederum darauf bestehen, dass die Blairiten nicht mehr für die echten Werte der Labour-Partei stehen.

Beide Seiten haben Recht mit ihrer Kritik, aber beide irren sich auch zutiefst in ihrer Makroanalyse. Die Wahl einer Blairite-Laborpartei oder einer Präsidentin Clinton würde nur mehr von der gleichen markt- und unternehmensfreundlichen Politik hervorbringen, die der DGW fordert; Politik wie üblich, während die Welt fest auf ihrem derzeitig katastrophalen Kurs verbleibt. Doch wenn wir einen Jeremy Corbyn, einen Bernie Sanders oder eine Grüne Partei wählen würden, würden wir nur feststellen, dass sie – wie François Hollande – keine andere Wahl hätten, als schnell zu einer Politik zurückzukehren, die das Land wettbewerbsfähig hält. Welcher Weg auch immer gewählt wird, bestimmt der DGW ruhig und selbstbewusst beide Seiten.

Eine ähnliche Enttäuschung und ein ähnliches Gefühl des Verrats, so meinen wir, muss auf die britischen Bürger zukommen, die für den Austritt aus der EU gestimmt haben, insbesondere auf die Armen und Marginalisierten, die sich im Zuge der Globalisierung zurückgelassen fühlen. Denn ob Großbritannien nun in oder außerhalb der EU ist, so ist die unausweichliche Realität, dass jeder, der an der Regierung ist, kaum eine andere Wahl hat, als die britische Wirtschaft so wettbewerbsfähig wie möglich zu halten. Die Kluft zwischen Arm und Reich wird sich daher weiter vergrößern, während die Einwanderung, die den Bedarf der Unternehmen an billigen Arbeitskräften im Dienste des internationalen Wettbewerbs decken wird, wahrscheinlich fortschreiten wird wie bisher. Das Ergebnis ist, dass sich die Brexit-Wähler am Ende weiter verraten und weiter in die Arme der extremistischen populistischen Parteien der äußeren Rechten getrieben fühlen werden.

Aber nicht nur die Linke wurde durch den DGW gespalten. Ein ähnlicher Keil wurde zwischen gemäßigten Mitte-Rechts-Parteien, die sich für die Agenda der marktwirtschaftlichen Wettbewerbsfähigkeit einsetzen, und denen der extremen oder populistischen Rechten, die dies offenbar ablehnen, getrieben. Letzteres ist in den USA mit der

Wahl von Donald Trump bereits geschehen. Trotz seiner Wahlrhetorik gegen den Freihandel könnte er jedoch letztlich feststellen, dass er kaum eine andere Wahl hat, als ihn generell aufrechtzuerhalten, um die internationale Wettbewerbsfähigkeit der US-Wirtschaft zu bewahren. Wie ein asiatischer Finanzmarktanalyst unmittelbar nach der Wahl kommentierte:

> *Die Globalisierung hat die Welt so stark erfasst, dass eine Umkehrung dieses Prozesses fast unmöglich ist. Keine ‚protektionistische' Regierung wird die nächste ‚Meile' überstehen, geschweige denn vier Jahre im Amt, und besonders nicht eine, die in der Führung von Unternehmen geschult ist.*[7]

Die Wahl extremerer Kandidaten, ob aus der politischen Rechten oder Linken, wird kaum einen positiven Effekt haben. Der DGW behält wie immer die volle Kontrolle.

Die Tatsache, dass wir Wahlen haben und dass diese frei und fair bleiben, appelliert an unser rationales Denken nach der Aufklärung, und doch hat sie einige schwerwiegende Nebenwirkungen. Sie trägt dazu bei, unser idealisiertes, aber illusorisches Bild der Demokratie am Leben zu erhalten; sie hält uns in dem Glauben, dass unsere Stimmen zählen. Sie bestärkt den Mythos der souveränen Nation und bewahrt die Denklücke, die wir früher identifiziert haben. Sobald wir die Funktionsweise des DGW vollständig erfasst haben, erkennen wir die Wahrheit, dass die Qualität der Demokratie subtil, aber substantiell verschlechtert und auf das reduziert wurde, was wir Pseudodemokratie genannt haben.

Hier tritt der katastrophale Fehler unserer tiefen Verbundenheit mit dem Mythos der souveränen Nation am stärksten in den Vordergrund. Während wir weiter an der Vorstellung festhalten, dass die Nationen souverän sind und die Politiker über beträchtliche Macht und Autonomie verfügen, machen wir uns weiter vor, dass ‚wenn wir nur für den richtigen Politiker oder die richtige Partei abstimmen, auch unsere Probleme gelöst werden'. Bleiben wir dem Mythos treu, begehen wir auch weiterhin den grundlegendsten und verheerendsten

Akt des politischen Selbstverrats. Nur wenn wir uns der Realität des DGW bewusst werden, können wir beginnen, die Demokratie als die Pseudodemokratie zu erkennen, die sie jetzt ist. Nur wenn wir anerkennen, dass die nationale Parteipolitik keinen Ausweg aus dem DGW bieten kann – mit dem man nicht verhandeln kann –, haben wir die Hoffnung auf echte politische Aufklärung und Erneuerung.

Angesichts des neuen Kontextes für Governance, die den DGW darstellt, ist es kein Wunder, dass die heutigen modernen Pseudo-Demokratien einerseits durch chronische Wählerapathie und andererseits durch ein Wiederaufleben rechtsextremer politischer Parteien gekennzeichnet sind.[8] Die unsichtbare Kraft des DGW hat unsere Fähigkeit, Lösungen für viele nationale und globale Probleme durch konventionelle demokratische Prozesse zu finden, umfassend eingeschränkt. Denn egal, ob wir die Machtparteien wechseln oder an unserem Wahlsystemen herumbasteln, so müssen die Ergebnisse am Ende die gleichen bleiben: Wer an der Macht ist, und wie auch immer sie gewählt werden mögen, so haben sie keine andere Wahl, als im engen Bereich der lichtdurchfluteten Bühne zu verbleiben. Der DGW hat die Kontrolle. Man kann nicht mit ihm verhandelt oder ihm entkommen, was damit die Regierungen und diejenigen, die sie wählen, natürlich untergräbt.

Diese Situation entspricht dem, was der zeitgenössische deutsche Philosoph Jürgen Habermas als ‚Legitimationskrise' bezeichnet hat, nämlich dem Zusammenbruch der Fähigkeit der bestehenden, nationalzentrierten Weltanschauung und ihrer Regierungs-Systeme, unsere Loyalität zu erreichen.[9] Regierungen stecken nicht nur in einem Teufelskreis, dem sie nicht entkommen können. Eine Pseudodemokratie impliziert auch, dass uns die konventionelle Parteipolitik nicht mehr helfen kann. Der Versuch, mit dem inneren Ansatz zu verhandeln, ist auch keine Möglichkeit. Die Auswirkungen sind erschreckend klar: Unsere Regierungen sind machtlos, und wir sind es auch.

Eine europäische Antwort?

Einige Politiker, die dem Druck wettbewerbsfähiger Weltmärkte nicht widerstehen können, halten immer noch an der Idee fest, dass die Stärkung der Europäischen Union eine Lösung bieten könnte. In einer Zeit, in der die Vereinten Nationen mit dem Klimawandel zu kämpfen haben und auch die Gruppen der G8 und G20 der größten Ökonomien der Welt sich als schwach erweisen, scheint die EU das vielversprechendste verfügbare Modell dafür zu sein, wie Nationen enger zusammenarbeiten könnten, um die globalen Problemen zu überwinden.

Die europäische Lösung wurde in George Papandreous bereits erwähnter TED-Präsentation deutlich zum Ausdruck gebracht, in der er anschaulich beschrieb, wie „die globalen Märkte eine Waffe an unseren Kopf halten". Später in seinem Vortrag betonte er, dass die Lösung in einer erweiterten und gestärkten EU liegt. In einer Fernsehdebatte, die 2014 über die Zukunft Großbritanniens in der EU stattfand, betonte der ehemalige stellvertretende britische Premierminister Nick Clegg die Rolle der EU, um sich mit den heutigen globalen Problemen auseinanderzusetzen, anstatt auf Fantasien über eine Welt unabhängiger Nationen zurückzugreifen, die es nicht mehr gibt.[10]

Papandreou und Clegg sind keine isolierten Stimmen, auch wenn ihre Botschaft zum Zeitpunkt des Schreibens dieses Buches kaum populär ist. Für viele Mainstream-Politiker wird Europa immer noch als *die* Lösung für ein erfolgreiches Management der Globalisierung angesehen, wenn nicht gar als ein wichtiges Modell oder Sprungbrett in diese Richtung. Ebenso hoffen Politiker in anderen Teilen der Welt, dass es andere aufstrebende regionale Staatenverbände, wie die Association of Southeast Asian Nations (ASEAN), die North American Free Trade Association (NAFTA) und der Mercosur in Südamerika, der EU nachmachen können. Aber passt dieser regionale Ansatz zum aktuellen *globalen* Kontext? Folgt man der Analyse scheint es eine eklatante Inkonsistenz in Papandreou's Argument zu geben.

Wenn die ‚Waffe an unserem Kopf' eine globale Waffe ist, wie die Eurokrise gezeigt hat, und wenn zudem die gesamte Gruppe der Nationen der Eurozone gemeinsam nach den Regeln der globalen Anleihemärkte tanzen müsste, würde selbst eine noch enger integrierte EU letztlich nicht ausreichen. Denn wenn die Waffe global ist, muss logischerweise auch die Antwort global sein. Eine rein europäische Reaktion oder jede Reaktion, die nicht global ist, wird sich immer als anfällig gegenüber einer bereits globalen Kraft erweisen.

Wir müssen hier auf eines unserer Prinzipien zurückkommen: Ein rein nationales (oder regionales) Regierungs-System kann unmöglich einem neuen Kontext für eine bereits globale politische Steuerung entsprechen. Es ist kein Wunder, dass unter dem Druck des bereits funktionierenden neuen globalen Kontexts für Governance viele der Schlüsselwerte der EU, insbesondere der freien Bewegung der Menschen, ernsthaft in Frage gestellt werden, was wiederum das Engagement ihrer Mitglieder zu untergraben droht.

In Wirklichkeit wird es kaum einen Unterschied machen, ob sich eine Nation in der EU befindet oder nicht, denn in jedem Fall behält der DGW die Kontrolle. Wie der niederländische Politologe Joris Luyendijk zum sogenannten „Unabhängigkeitstag" in Großbritannien sagte:

> *Diese Entscheidungen den europäischen Technokraten zu überlassen, bedeutet, dass wir die Kontrolle über unsere Gesellschaft effektiv den Unternehmenslobbys überlassen, die direkten Zugang zu diesen Technokraten haben. Heutzutage agieren globale Banken und andere multinationale Unternehmen auf europäischer Ebene, während die Politik immer noch auf nationaler Ebene stattfindet. Die Folge ist, dass Großkonzerne in einem Regulierungswettlauf nach unten ein europäisches Land gegen das andere ausspielen können und immer niedrigere, wenn nicht gar gerade homöopathische Steuersätze fordern.*[11]

Wenn sie überleben und zusammenarbeiten, können die EU und andere regionale Verbände dazu beitragen, die Weltmärkte wieder unter eine angemessene demokratische Kontrolle und Rechenschaftspflicht zu bringen. Aber der wirklich globale Charakter des DGW und der dringende Handlungsbedarf zeigen, dass wir nicht die Zeit haben, auf die Entwicklung eines soliden globalen Netzwerks solcher Verbände zu warten. Wie die Eurokrise, Brexit und die Wahl von Trump zeigen, dürften weder die EU, die USA noch ein regionaler Staatenbund dem neuen und höchst bedrohlichen Kontext für politische Steuerung, den der DGW vertritt, gewachsen sein.

Um auf unsere Phasen der Trauerstufen zurückzukommen, kann es auch sein, dass sich der Glaube, den einige in die EU haben, als ein weiteres Verhandlungsinstrument oder sogar als psychologische Kompensation erweisen wird, die eingesetzt wird, um sich vor den Folgen von eine sehr unangenehme Realität zu schützen. Während ein Rückzug zu einer unabhängigeren, chauvinistischeren und protektionistischeren Form der Regierungsführung – wie sie von rechtsgerichteten Parteien wie der UKIP und Donald Trump vorgeschlagen wird – zunächst attraktiv erscheint (und doch realistischerweise überhaupt keine Lösung bietet), ist die Realität doch die, dass die EU immer noch zu klein ist, um dem neuen Kontext für Governance zu entsprechen, den der DGW darstellt. Die EU und andere regionale Verbände der Nationen können daher auch keine effektive Lösung bieten.

Stattdessen glauben wir, dass ein mutigerer, globalerer Ansatz notwendig ist, und der letzte Teil dieses Buches wird der Darstellung unserer eigenen Ideen gewidmet sein.

Wie du mir, so ich dir

Bevor wir den äußeren Ansatz der direkten Zusammenarbeit mit dem Unternehmenssektor in Betracht ziehen, schließen wir unsere Überprüfung des inneren Ansatzes damit ab, indem wir kurz prüfen, ob eine weltweite Verschiebung der Regierungen weg von den heutigen Globalisierungstrends und hin zu protektionistischeren Strategien tatsächlich eine Lösung bieten könnte. Was wäre zum Beispiel das wahrscheinliche Ergebnis, wenn Präsident Trump trotz des DGW eine entschieden protektionistische Haltung einnehmen würde?

Wie wir argumentiert haben, halten Freihandel und Globalisierung alle Nationen fest im Teufelskreis des DGW, so dass eine gewisse Logik darin liegt, sich vorzustellen, dass Protektionismus – die tatsächliche Auferlegung nationaler Zollschranken zum Schutz der einheimischen Industrie und der Arbeitnehmer vor kostengünstigeren ausländischen Importen – eine Lösung darstellen könnte. Protektionismus ist genau das, was sich ergeben würde, wenn sich die Welt vom gegenwärtigen Freihandelsparadigma abwenden würde. Aber würde er eine brauchbare oder dauerhafte Alternative bieten?

Unserer Meinung nach verspricht eine stärker national geschützte Welt lediglich eine andere, aber ebenso destruktive Version des DGW. Der Freihandel und der globale freie Kapitalverkehr führen, wie wir gesehen haben, zu einer destruktiven ,Wie du mir so ich dir'-Reduzierung der Vorschriften oder zu der Regierungslähmung, die wir als regulatorische Kälte bezeichnet haben. Dies hält die Welt auf ihrem derzeitig ruinösen Weg. Aber ein Rückgriff irgendeines Landes auf Handelszölle und andere protektionistische Maßnahmen kann nur zu ähnlichen Vergeltungsmaßnahmen seitens anderer Nationen führen, denn der Schutz einer Nation bedeutet zwangsläufig, andere zu benachteiligen. Ohne eine globale Einigung darüber, welche Zölle als fair und welche als ungerecht angesehen werden, und ohne Mittel zur Entschädigung benachteiligter Nationen, ist ein sich verschlimmernder ,Wie du mir so ich Dir'-Zyklus mit steigenden Zollschranken letztlich unvermeidlich. Diese Dynamik ist eine, die die Welt schon mehrfach erlebt und die in der Vergangenheit zu vielen zerstörerischen Kriegen geführt hat.

Um den französischen Ökonomen Frédéric Bastiat aus dem 19. Jahrhundert zu zitieren: Wenn Waren daran gehindert werden, die Landesgrenzen zu überschreiten, werden es die Soldaten bald tun.[12]

Inzwischen werden die Leser diese Dynamik der Anhebung der Zollschranken als unseren alten Freund in anderen Kleidern erkennen: DGW. Unabhängig davon, ob sich die Welt für Freihandel oder Protektionismus entscheidet, besteht das grundlegende Problem darin, dass *keines* von beiden kooperativ reguliert würde, so dass wir dem DGW unterliegen, welches Modell wir nun auch wählen. Den

Modus des Welthandels zu ändern, wie der Rest des inneren Ansatzes, erweist sich als ein weiterer vergeblicher Versuch, mit dem DGW zu verhandeln.

Wenn sich innere Ansätze als falsche Wege erweisen, wäre es dann nicht sinnvoller, einen äußeren Ansatz auszuprobieren – zum Beispiel indem Unternehmen durch direktes Engagement mehr soziale und ökologische Verantwortung übernehmen?

Unternehmen dazu verpflichten, sich zu kümmern

Die Förderung zu einer größeren Verantwortlichkeit der Unternehmen wird manchmal als Corporate Social Responsibility (CSR) bezeichnet. Zusätzlich zur CSR selbst umfasst der so genannte CSR-Ansatz auch andere Initiativen wie Social Responsible Investing (SRI), *Shareholder Activism, Conscious Capitalism,*[13] *Ethical Consumerism* und viele andere. Wir unterschätzen nicht die ausgezeichnete und wertvolle Arbeit von Nachhaltigkeitsberatern, NGOs und anderen, die sich für die Verbesserung der sozialen und ökologischen Leistungen von Unternehmen einsetzen. Aber wenn es um die Überwindung des DGW geht: Welche Art von Handel stellen wir uns vor? Wie realistisch sind unsere Erwartungen?

Lassen Sie uns zur Veranschaulichung für einen Moment auf den 24. November 2012 zurückkommen, als in der Tazreen Fashion Factory am Stadtrand von Dhaka, Bangladesch, ein Feuer ausbrach. Die 2009 eröffnete Fabrik beschäftigte 1.630 Mitarbeiter und produzierte Kleidung für verschiedene Unternehmen, darunter die US-Marine, C&A, Walmart und andere. Mindestens 117 Menschen starben und weitere 200 wurden verletzt, was es zum tödlichsten Fabrikbrand in der Geschichte des Landes macht, aber nur zu einem von vielen Unfällen, die sich jedes Jahr in den gefährlichen Fabriken von Dhaka ereignen.

Wenige Monate nach einer Serie solcher Unfälle und trotz zahlreicher öffentlicher Gelöbnisse verschiedener multinationaler Konzerne, ihre Lieferketten zu verbessern, berichtete *The Independent*, dass sich tatsächlich nur wenig verändert hatte. Eine *Panorama*-Sendung der

BBC, die den Zustand der Bekleidungsindustrie in Bangladesch untersuchte, fand heraus, dass die Mitarbeiter anscheinend neunzehn Stunden am Tag arbeiteten – während sie von Sicherheitskräften in Fabriken eingesperrt werden – um Kleidung für den Billiganbieter Lidl herzustellen, und dafür mit ca. £2 pro Tag entlohnt wurden. Aber als Reporter die Fabrik von Ha Meem Sportswear besuchten und sich als westliche Käufer ausgaben, wurden ihnen Arbeitszeitblätter gezeigt, die in keinem Zusammenhang mit der tatsächlichen Arbeitszeit standen.[14]

Die Bekleidungsindustrie in Bangladesch ist ein Mikrokosmos, der die Grenzen beider Regierungen und den CSR-Ansatz im Angesicht des DGW aufzeigt. Auf der einen Seite hat die Regierung eines relativ armen Entwicklungslandes wie Bangladesch kaum eine andere Wahl, als die Sicherheitsvorschriften und die Durchsetzung so lasch wie möglich zu halten, um seine Bekleidungsindustrie international wettbewerbsfähig zu halten; auf der anderen Seite müssen die Fabrikbesitzer in Dhaka – weil sie befürchten, die Wettbewerbsfähigkeit entweder gegeneinander oder gegen Hersteller in anderen Niedriglohnländern zu verlieren –, sparen oder die Sicherheitsvorschriften opfern, um die Kosten auf ein Minimum zu beschränken.

Die multinationalen unternehmerischen Käufer, die bestrebt sind, den westlichen Kunden ihre ethischen Qualitäten zu vermitteln, haben sich schließlich zu einer Vereinbarung über Brand- und Gebäudesicherheit in Bangladesch bekannt.[15] So wertvoll wie es ist, ist es auch wichtig, die beiden Worte, „in Bangladesch", zu beachten, die zeigen, dass die Vereinbarung nur für dieses Land gelten. Und das ist natürlich die ‚aus dem Gefängnis frei kommen'-Spielkarte des DGW. Sollte Bangladesch durch die im Rahmen des Abkommens vorzunehmenden Verbesserungen zu teuer werden – mit anderen Worten, nicht wettbewerbsfähig –, würden die Unternehmen einfach billigere Kleidung anderswo kaufen.

Auf diese Weise scheitern häufig lobenswerte nationale Versuche zur Verbesserung der Arbeitsbedingungen als Reaktion auf ein faktisch globales Problem. Sie zeigen das derzeit unzureichende Maß an veraltetem nationalzentriertem Denken bei der Arbeit. Die CSR-

Bewegung muss noch anerkennen, dass der DGW den Kontext für politische Führung verändert hat und man daher nicht mit ihm verhandeln kann, und daher muss es sein Denken ändern.

Zwei Schwalben

Dies ist keine Schlussfolgerung, die Befürworter vom CSR, vom Bewussten Kapitalismus und dergleichen gerne hören. Da CSR im Einzelfall erfolgreich sein kann, zitieren sie Forschungsergebnisse, die zeigen, dass Unternehmen, die eine sozial und ökologisch verantwortungsvollere Geschäftsstrategie – das so genannte ‚Stakeholder Value'-Geschäftsmodell – verfolgen, längerfristig diejenigen übertreffen, die beim traditionelleren, gewinnmaximierenden ‚Shareholder Value'-Modell bleiben.[16] Ihre Annahme ist daher konsequenterweise die, dass alle Unternehmen dem Stakeholder-Modell folgen sollten und letztlich folgen werden, weil es in ihrem eigenen Interesse liegt.

In Wirklichkeit scheint es jedoch in jedem Marktsegment nur ein großes Unternehmen zu geben, das die Stakeholder-Strategie in den Mittelpunkt seines Geschäftsmodells und Markenimages stellt. Im britischen Kosmetikbereich zum Beispiel gibt es nur den *Body Shop*, der diesen Ansatz verfolgt; im US-Eiscreme-Bereich gibt es nur *Ben & Jerry's*; im US-Supermarktbereich gibt es nur *Whole Foods Market*; bei Bodenbelägen gibt es nur *Interface*. Warum ist das so? Wenn die Annahme eines Stakeholder-Ansatzes eine Leistungssteigerung bedeutet, müssten sich die Unternehmen sich doch darin überschlagen, um einander nachzuahmen?

Die CSR-Fürsprecher neigen dazu, zu übersehen, dass es zwar für ein großes Unternehmen in einem bestimmten Marktsegment attraktiv und profitabel sein kann, die ökologische und soziale Verantwortung in eine profitable Marktnische zu verwandeln; dies macht es aber für Konkurrenten nur schwieriger, dem Ansatz zu folgen, anstatt es zu erleichtern. Die finanziellen Investitionen, die ein Konkurrent benötigt, um einen ethisch einwandfreien Marktführer zu übertreffen, können besser und profitabler eingesetzt werden, indem seine Produkte auf andere Weise differenziert werden: zum Beispiel durch

Investitionen in überlegene Produktqualität, oder in Markenbildung, in eingängigere Werbung, niedrigere Preise oder besseren Kundenservice. Zumindest in diesem Punkt haben die Befürworter des Wettbewerbs wie Professor Porter Recht. „Bei der Wettbewerbsstrategie geht es darum, anders zu sein. Es bedeutet, bewusst einen anderen Satz von Aktivitäten zu wählen, um eine einzigartige Mischung von Werten zu liefern."[17]

Ein oder zwei Beispiele für gutes Unternehmensverhalten dafür zu nehmen, dass andere dem unbedingt folgen werden, heißt vergleichsweise, zwei Schwalben als Beweis dafür zu nehmen, dass der Sommer in England endlich angekommen ist! CSR-Ansätze laufen Gefahr, ein falsches Sicherheitsgefühl zu erzeugen, indem sie die Illusion erwecken, ein angemessener Ausgleich für den gegenwärtigen Mangel an einem erforderlichen neuen Regierungs-System zu sein. Wieder einmal erweisen sich Verhandlungen als illusorisch.

Was hinzu kommt ist: Wenn die Anwendung eines Stakeholder-Ansatzes in den meisten Fällen einen Wettbewerbsvorteil bringt, gäbe es überhaupt keine Notwendigkeit für den CSR-Ansatz. Allein die Kräfte des Marktes hätten das Problem bereits automatisch gelöst. Sie hätten Unternehmen, die einen Shareholder-Value-Ansatz verfolgen, dazu gebracht, gegenüber denen, die den Stakeholder-Ansatz verfolgen, zu verlieren und schließlich ganz auszusterben.

CSR-Fürsprecher, darunter auch Professor Porter selbst, können jedoch darauf bestehen, dass Umweltfreundlichkeit und Wettbewerbsfähigkeit nicht die sich gegenseitig ausschließenden Ziele sind, wie wir, die Autoren, meinen. Porter argumentiert, dass Unternehmen ihre Wettbewerbsfähigkeit oft dadurch verbessern können, dass sie ihr Denken weiterentwickeln und nicht gegen höhere Umweltstandards kämpfen. Er zitiert die Kohlenteer-Destillation in den USA, wo 1991 neue Vorschriften erhebliche Verringerung der Benzolemissionen erforderten. Die einzige Lösung bestand damals darin, die Teerspeichertanks mit teuren Gasschutzpolstern abzudecken. Aber ein Unternehmen, Aristech Chemical Corporation aus Pittsburgh, wurde durch die Verordnung angeregt, eine Methode zu entwickeln, um Benzol im ersten Verarbeitungsschritt aus dem Teer zu entfernen. Anstatt eine Kostenerhöhung zu erleiden, sparte Aristech 3,3 Millionen Dollar, da durch die neue Methode die Notwendigkeit von Gasschutzpolstern wegfiel.[18]

Schön und gut, könnte man meinen, aber das Problem ist, dass der Ansatz von Porter gradualistisch ist, wie solche Vorschläge genannt werden: mit anderen Worten, zu langsam. Nachdem er nachdrücklich argumentiert hat, dass strengere Vorschriften eine größere Wettbewerbsfähigkeit der Unternehmen durch Kosteneinsparungen fördern können, schmuggelt er im gleichen Artikel die Warnung ein, dass Regierungen

> *Vorschriften entwickeln sollten, die mit anderen Ländern synchronisiert sind oder ihnen etwas voraus sind. Es ist wichtig, mögliche Wettbewerbsnachteile gegenüber ausländischen Unternehmen, die noch nicht dem gleichen Standard unterliegen, zu minimieren.*[19]

Und hier strandet Porters Argument auf dem Grund. Denn auch wenn es wahr ist, dass strengere Vorschriften einige wenige Unternehmen dazu bringen können, Kosten zu sparen, ändert dies nichts daran, dass die Regierungen, die weiterhin um die Wettbewerbsfähigkeit ihrer Industrien fürchten, nichts anderes als die schüchternsten regulatorischen Änderungen umsetzen können. Unser alter Freund DGW – hier in Form von regulatorischer Kälte – beschränkt die Regulierung auf ein eisiges langsames Tempo. In der Zwischenzeit werden sie von den globalen Problemen, die sich viel schneller entwickeln, überholt. Das Dilemma, das sich daraus ergibt, ‚Grün' zu werden und doch Wettbewerbsfähigkeit zu bleiben, wird aufgrund der Dringlichkeit des Problems nicht gelöst. Die Zeit ist nicht auf unserer Seite.

Die harte Realität ist, dass Bemühungen, einzelne Unternehmen zu ermutigen, sich verantwortungsbewusster zu verhalten, zwar lobenswert sind, aber niemals ausreichend sein können. Die Tatsache, dass einige wenige Unternehmen in der Lage sind, sich ethisch zu verhalten und andere in ihrem Markt zu übertreffen, ändert nichts an der anderen Tatsache, dass der DGW insgesamt immer noch den größeren Rahmen der Dinge bestimmt, den der CSR-Ansatz selbst nicht angemessen adressieren kann. Wie bei Regierungen ist es nicht so, dass sich die meisten Führungskräfte nicht verantwortungsbewusster verhalten wollen, sondern dass es ihnen der DGW nicht erlaubt.

Ebenso wenig wird auch der ethisch-verbraucherorientierte Ansatz, mit dem die Verbraucher ihre Kaufkraft nutzen, um Unternehmen zu mehr ethischem und verantwortungsvollem Verhalten zu drängen, wahrscheinlich nicht wirksam sein. George Monbiot erklärte diesbezüglich, dass wir Produkte boykottieren können, aber wenn wir uns nicht die Mühe machen, unsere Entscheidungen den Herstellern der Waren, die wir nicht bevormunden wollen, zu erklären, wird das Unternehmen keine Möglichkeit haben zu entdecken, dass wir diese Entscheidung überhaupt gemacht haben, geschweige denn warum wir sie gemacht haben. Solange nicht unsere Maßnahmen nicht mit denen von Hundert oder Tausenden anderer Verbraucher abgestimmt sind, werden unsere Entscheidungen wahrscheinlich unwirksam sein. Verbraucher-Boykotte sind bekanntlich schwer aufrechtzuerhalten, und verschiedene Organisationen berichten, dass maximal ein oder zwei Boykotte pro Nation pro Jahr zu funktionieren scheinen. Darüber hinaus ist die Verbrauchermacht zu diffus, um eine realistische Alternative zu sein.[20]

Die Realität ist also, dass noch keine wirkliche Abmachung möglich ist. Die traurige Schlussfolgerung, zu der wir gezwungen sind, lautet, dass letztlich jeder auf der Welt durch den neuen Kontext für Governance, den der DGW vertritt, unterlaufen wird. Der DGW vereitelt nicht nur alle Versuche einer sinnvollen Reform, die aus dem etablierten politischen System kommen, sondern er begrenzt auch diejenigen, die wie der CSR-Ansatz versuchen, außerhalb des politischen Systems zu arbeiten. Keiner der beiden Ansätze bietet einen zufriedenstellenden Ausweg aus der Falle.

Eine Handlungs-Krise

Die zweite Strategie des äußeren Ansatzes besteht darin, Lösungen durch Nichtregierungsorganisationen (NGOs) zu suchen, insbesondere solche, die sich für globale Gerechtigkeit einsetzen, wie Greenpeace, Friends of the Earth, Avaaz, Occupy und andere. Viele engagierte und inspirierte Menschen helfen, die Hoffnung durch ihre unermüdlichen Aktivitäten am Leben zu erhalten, wie der folgende Bericht von Kirsty Wright von Global Justice Now zeigt:[21]

> *Ich habe diese Woche auf dem World Social Forum in Tunis verbracht. Unter der Leitung einer Gruppe von Aktivisten ohne Büro oder bezahltes Personal ist es dem World Social Forum immer noch gelungen, Tausende von Aktivisten – einige Berichte sagen bis zu 70.000 – aus der ganzen Welt zusammenzubringen, um darüber zu diskutieren, wo wir uns auf der Suche nach echten Lösungen für die Armut, Ungleichheit und Ungerechtigkeit, die wir heute in der Welt beobachten, befinden. Eine der Schlüsselfragen, auf die ich mich hier konzentriert habe, ist die Frage, wie wir im Kampf gegen die Klimagerechtigkeit vorankommen sollten, da sich die sich vertiefende Klimakrise in immer schlechteren Ergebnissen der UN-Klimagespräche widerspiegelt.*[22]

Das World Social Forum (WSF) ist eine große globale Veranstaltung, die seit 2001 jährlich als Kontrapunkt zum Weltwirtschaftsforum in Davos stattfindet. Das WSF, das erstmals in Porto Alegre, Brasilien, und dann an vielen anderen Orten stattfand, dient seitdem als Treffpunkt für die vielen tausend Nichtregierungsorganisationen und Aktivistengruppen der Welt, die wir die Bewegung für globalen Gerechtigkeit (*global justice movement* - GJM) bezeichnen. Die Zahl der Menschen, die in den letzten Jahrzehnten NGOs beigetreten sind oder sie unterstützen, hat dramatisch zugenommen, da sie die Redundanz konventioneller Parteipolitiken spüren, um Lösungen für die heutigen Probleme zu finden. Diesen Menschen fehlen weder Werte noch eine starke Motivation, wie Wright zeigt:

Neben dem Start der Global Campaign to Demand Climate Justice (Globale Kampagne zur Forderung von Klimagerechtigkeit), die im Oktober einen Aktionsmonat zum Thema schmutzige Energie durchführen wird, gab es auf dem Weltsozialforum erstmals einen spezifischen ‚Climate Space' … Es ist ein langer Weg, der aber nicht allein zurückgelegt werden sollte, da wir den Klimakampf mit denen anderer sozialer Bewegungen verbinden, die sich um Hunger, Beschäftigung, Schuldenkrise, Demokratie, Wasser und Privatisierung kümmern.[23]

Die GJM hat eine entscheidende Rolle dabei gespielt, viele dringende globale Probleme in der Öffentlichkeit bekannt zu machen und leistet Pionierarbeit bei vielen verschiedenen und wichtigen Lösungen. Ihr schnelles Wachstum erscheint jedoch manchmal eher als eine instinktive Reaktion auf die Redundanz etablierter politischer Systeme als eine überlegte Reaktion. Das ist unvermeidlich, denn die Menschen wenden sich wegen der Unzulänglichkeit des etablierten politischen Systems an die NGOs. Starke Gefühle der Ablehnung motivieren und mobilisieren daher die GJM, verhindern aber gleichzeitig die Erkenntnis, wie ihre eigenen Ansätze durch den neuen Kontext des DGW grundlegend untergraben werden.

Die *Vorgehensweise* der GJM könnte vereinfacht auch durch den Wunsch beschrieben werden:

Wenn wir nur die Regierungen stark genug beeinflussen, wenn wir nur laut genug über schlechte Unternehmen Lärm machen und wenn wir nur genügend das öffentliche Bewusstsein über diese Dinge erweitern, werden die Regierungen am Ende unseren Forderungen nachkommen.

Lobbyarbeit, Protest, Petition, Beschuldigung (und manchmal auch Anprangern) bilden den Kern des Ansatzes der GJM – und wir alle haben das Recht, unsere Empörung auf diese Weise auszudrücken. Es ist ein verständlicher und oft attraktiver Ansatz, aber inzwischen wird der Leser ihn einfach als Stufe 2, Wut, erkennen, ein Schritt, der nicht unbedingt zu einer nachhaltigen Veränderung führt. Die Kolumnistin Michele Hanson berichtete von ihren eigenen Bemühungen:

> *Die meisten meiner Freunde haben ihr Leben damit verbracht, zu protestieren. Was auch immer es war, wir haben es gemacht: Sitzstreiks, Boykotte, Spenden, Märsche und Kundgebungen. Wir tun es auch online: wir unterschreiben Briefe, Petitionen für weitere Proteste, gegen Vergewaltigung, Gewalt, Haftanstalten, Grausamkeiten, Rassismus, Umweltverschmutzung, Korruption – eine Flut von Bosheit, die nie zu enden scheint. Kein Wunder, dass einige von uns erschöpft sind.*[24]

Es ist eine wichtige Arbeit, aber ihre Wirksamkeit ist nicht gewährleistet. Hanson fährt fort:

> *Ich bin nicht fanatisch. Ich will nur, dass die Dinge ein wenig besser werden. Aber das tun sie nicht, also habe ich aufgegeben. Ich habe mein Leben verschwendet. Alles, wofür ich gekämpft habe, ist gescheitert. Die Welt ist nur weiter in all das hineingetappt, was ich nicht wollte.*[25]

Inzwischen wird einem die Angelegenheit bekannt sein: Während der DGW und die Grenzen des Mythos der souveränen Nation unangetastet bleiben, wird der Protest nie ausreichen, um die Aufgabe zu erfüllen. Weil es sich auf das falsche Ziel konzentriert. Die schmerzhafte Realität ist, dass es der DGW nicht zulässt, dass Regierungen und Unternehmen angemessen reagieren können. Wie wir gesehen haben, erlaubt ihnen der DGW nur insoweit zu reagieren, solange ihre Wettbewerbsfähigkeit unbeeinträchtigt bleibt. Eine solche Reaktion, wie wir gesehen haben, bleibt weit hinter dem zurück, was notwendig ist, um wesentliche Auswirkungen auf die globalen Probleme zu haben.

Die Erkenntnis, dass Protest eine Reise ohne Ende und im Wesentlichen wirkungslos geworden ist, wird von einigen wenigen radikalen Aktivisten anerkannt, auch wenn sie die entscheidende Rolle, die der

DGW spielt, noch nicht vollständig verstanden haben. Zum Beispiel argumentiert Micah White, einer der Initiatoren der Occupy-Bewegung, dass es beruhigend sein mag zu glauben, dass sich Occupy in „tausend Lichtschattierungen" erweitert hat, doch in Wirklichkeit wurde sie ihrem revolutionären Potenzial nicht gerecht. Es war nicht in der Lage, den Einfluss des Geldes auf die Demokratie zu beenden, die Korporatokratie der 1 Prozent zu stürzen oder die Einkommensungleichheit zu lösen.[26]

Um wieder auf den neuesten Stand zu kommen, müssen wir alle anerkennen, dass die Existenz des DGW und der Wunsch, globale Probleme zu lösen, in entgegengesetzte Richtungen streben: Man kann das eine oder das andere haben, aber nicht beides. Die übergreifende und unausweichliche Tatsache ist, dass die Umsetzung von sozialer Gerechtigkeit und ökologischer Nachhaltigkeit für jede Nation zwangsläufig bedeutet, dass die Kosten und Vorschriften für Unternehmen steigen müssen, was die nationale Wettbewerbsfähigkeit gefährdet. Infolgedessen ist kein Druck oder Protest geeignet, eine Regierung dazu zu bringen, den Forderungen der Bewegung nachzukommen. Ebenso wenig können Schuldzuweisungen und Anprangerungen von Unternehmen mehr als nur eine vorübergehende Wirkung haben.

Für die GJM würde ein Schritt in Richtung Stufe 5, Akzeptanz, bedeuten, diese Einschränkungen anzuerkennen. Aber zuerst würde es Phase 4, Depressionen, mit sich bringen: die Trauer, anzuerkennen, dass der eigene *modus operandi* keine realistische Chance auf einen Erfolg hat. Kein Wunder, dass es der GJM nicht besser als dem Rest von uns ergeht, und zögert, aus der Verleugnung herauszukommen. Einige Politiker haben sogar diese unbeliebte Realität laut und deutlich artikuliert, darunter auch der ehemalige britische Premierminister Tony Blair, der keinen Zweifel daran hatte, dass die Realität der Politik des Klimawandels darin besteht, dass kein Land bereit sein wird, seine Wirtschaft zu opfern, um der Anforderungen zu entsprechen.[27]

Die meisten Bürger, und insbesondere die GJM, zögern, diese herzlose Botschaft zu hören. Die Erkenntnis, die die GJM und die breitere Gesellschaft vermeiden, ist, dass die Mutter aller Probleme nicht die globale Erwärmung, raue Finanzmärkte, laxe Regierungen, Umweltverschmutzung, Fracking,[28] die Macht der Unternehmen oder ein anderes einzelnes Thema ist, um das sich die Menschen zu Recht sorgen. Das Problem, das gelöst werden muss, ist der DGW, denn das ist es, was uns daran hindert, *irgendeins* dieser Probleme tatsächlich anzugehen.

Leider versucht die GJM, unfähig den DGW zu benennen, mit einem unsichtbaren Gegner zu verhandeln, hat aber keine Antwort auf den DGW und findet auch keinen Weg an ihm vorbei. Diese Realität zu akzeptieren wäre eine bittere Pille, denn sie würde eine völlige Veränderung ihrer operativen Struktur – und damit ihrer Identität – bedeuten. Und Identität, wie wir nun sehen werden, ist das größte psychologische Problem von allen.

5. Identität und Zugehörigkeit

Nick´s Geschichte

Die alte Scheune war gefegt und geräumt und in der Mitte war ein riesiger Tapeziertisch aufgestellt worden. Der Tisch, der von einigen Holzstühlen umstellt war, stand direkt unter dem alten Eichenfachwerk, dass das mit zufälligen Steinziegeln, *Lauze* genannt, verkleidete Dach in diesem Teil Südwestfrankreichs stützte. Die kleinen Gläser, die wir für unseren Wein verwendet hatten, waren nun mit Kaffee gefüllt, und die Gespräche im Raum wurden langsam ruhiger. Ich lehnte mich auf meinem Stuhl zurück und beobachtete die Szene. Die Sitzgruppe wurde aus drei Familien der Ortschaft sowie einem Paar aus der Stadt etwa eine Autostunde entfernt gebildet. Die meisten waren in den Sechzigern, abgesehen von der Tochter des Bauern, ihrem Mann und ihren beiden Mädchen, die so wirkten, als ob sie lieber zu Hause sein würden. Alle anderen schienen in ihrem Element zu sein.

Und dann gab es noch uns. Obwohl mich ein arthritisches Knie seit meinen fünfzigsten Geburtstag plagte, fühlte ich mich bei diesem Treffen recht jung und freute mich, an der *vendange,* der Weinlese, teilnehmen zu können. Aber nicht, weil mir der Wein oder die Art von Mittagessen besonders am Herzen lag, das hier auf dem Land serviert wurde, bevor wir später die riesigen Holzbehälter, die auf den Anhängern standen, in einen prosaischen Fermentiertank aus Beton leerten. Ich war tief berührt, dass meine Frau und ich – fremd und urban wie wir waren – in ein Ritual einbezogen werden konnten, das so alt und natürlich und so anders war als das, was wir kannten.

Als ich auf den Tisch schaute, konnte ich nicht anders als zu lächeln, als ich bemerkte, wo meine Frau saß – nämlich in der Gruppe von Frauen. Diese Geschlechtertrennung war uns unbekannt, aber sie hatte sich hier natürlich gebildet. Würde es ihr gefallen, Teil dieser weiblichen Erfahrung zu sein, oder würde sie sich durch das sexistische Arrangement begrenzt fühlen, fragte ich mich.

Was mich anging, beschloss ich, nichts über meine Glutenunverträglichkeit oder meine Vermeidung von Alkohol zu sagen, denn viel Trara über das schwere Brot und den kräftigen Wein zu machen, die gewissermaßen das Rückgrat der Mahlzeit bildeten, wäre ungehobelt gewesen. Es würde sicherlich meine eigene Andersartigkeit in dieser Gemeinschaft hervorheben, von der ich mich so willkommen geheißen fühlte. Meine Frau schien weniger besorgt zu sein, die einzige Frau zu sein, die den dunklen und eher sauren Wein – das Ergebnis der Arbeit des letzten Jahres – aus den etikettenlosen Glasflaschen trank, die auf dem Esstisch standen.

Wer bin ich?

Sich zu einer Gruppe zugehörig zu fühlen ist ein grundlegendes menschliches Bedürfnis. Die Zugehörigkeit zur eigenen Familie, zum eigenen Stamm oder zur eigenen Nation verleiht uns Kontext, Stabilität und Orientierung. In vielen alten Gesellschaften wurde die Verbannung – der Verfall des Rechts, in der Gemeinschaft zu leben, zu der man gehörte – als ultimative Sanktion angewendet; sie war eine Strafe, die schlimmer war als der Tod. Die Erweiterung des Zugehörigkeitsgefühls ist ähnlich kraftvoll. Die Freude, als Fremder in eine Gruppe aufgenommen zu werden, kann uns tief berühren, weshalb viele Gesellschaften die Gastfreundschaft gegenüber Außenstehenden für eine hohe Kunst und heilige Pflicht halten. Als Teil einer Versammlung von anderen akzeptiert zu werden, wenn wir von verschiedenen kulturellen Hintergründen kommen, ist ein greifbares Privileg; aber in einem solchen Umfeld anders zu sein, unterstreicht auch die eigene Identität.

Eng mit unserem Bedürfnis, dazuzugehören, verbunden, liegt auch unser Impuls zur Schaffung und Aufrechterhaltung einer Identität. Identität ist eine zentrale Frage in der menschlichen Psychologie und beeinflusst unser gesamtes Denken und Handeln. Ausgestattet mit unserem selbstreflexiven Neokortex (dem neuen Gehirn) ist das menschliche Tier immer auf der Suche nach Identität. Unser Geist stellt sozusagen ständig die Frage: „Wer bin ich?“ Es ist fast unmöglich, diese Funktion auszuschalten. Unser Verstand hat immer eine Antwort, denn er verknüpft unsere Identitäten in endloser Weise mit Eigenschaften. Zum Beispiel erzeugen wir jedes Mal, wenn wir in den Spiegel schauen, in automatischer Weise Kommentare darüber, wen wir sehen und was wir sind, ob wir uns als gut genug für unser Alter betrachten, ob als hässlich oder fett oder ob unsere Frisur einen schlechten Tag erwischt hat. Unser Identitätsgefühl kann mit Adjektiven beschrieben werden, die zum Ausdruck bringen, wer wir zu sein glauben und woher wir kommen.

Diese Wahl der Identität ist das menschlichste aller Probleme. Auch wenn sie intelligent sind, ist es unwahrscheinlich, dass Tiere Identitätskrisen haben. Es ist schwer, sich einen Hund vorzustellen, der denkt: ‚Bin ich wirklich ein Hund? Was bedeutet es, ein Hund zu sein?' Das hässliche Entlein hatte auch eine Identitätskrise, aber Hans Christian Andersen hatte damit lediglich eine Allegorie entwickelt, durch die die Menschen über sich nachdenken konnten. Tatsächlich sind einige der tiefsten spirituellen Übungen jene intensiven Sitzungen, in denen man sich immer wieder diese „Wer bin ich"-Frage stellt. Es heißt, dass entweder Wahnsinn oder Erleuchtung das Resultat davon sein wird.

Identität ist sowohl einfach als auch komplex. Sie ist uns zum Teil gegeben, wie z.B. durch unser Geschlecht bei der Geburt, unsere ursprüngliche Sprachgruppe oder die Religion, in die wir hineingeboren wurden. Sie wird aber zum Teil auch entwickelt, wie mit unserem Alter, unserem sozialen Status oder auch unserem Wohnsitzland. Es ist auch teilweise eine Frage der Wahl, wenn wir etwa in ein anderes Land ziehen und uns bewusst mit dieser Kultur identifizieren können; oder wenn wir eine bestimmte Fußballmannschaft unterstützen, weil wir uns ihr verbunden fühlen; oder wir können auch zu einer anderen Religion überwechseln, weil uns ihre Ideen gefallen oder weil ihr unser Partner angehört. Manchmal gibt es auch Crossover-Identitäts- oder Zugehörigkeitsgruppen; zum Beispiel können Frauen aus verschiedenen Kulturen bestimmte kulturübergreifende Vorstellungen darüber haben, wie Männer sind; ebenso können die Alten ähnliche

Gefühle gegenüber der jüngeren Generation haben, egal ob diese in Andalusien oder Aserbaidschan geboren wurden.

Wie fühlt es sich an?

Identität ist ein heikles Thema, und ruft regelmäßig sehr starke Meinungen hervor. Identität ist eine geistige Eigenschaft, aber unser Verstand ist nicht nur ein Computer. Wegen der selbstreflexiven Qualität dieses evolutionären Wunderwerks des neuen Gehirns kommentiert unser Verstand ständig unsere Erfahrung, und diese Kommentare werden von Emotionen beeinflusst. Wann immer unser Verstand Identitäten schafft, haben wir auch Gefühle über sie: Wie wir über unsere gegenwärtiges Alter denken ist ein universelles Beispiel, aber auch eines, das zeigt, wie vorrübergehend dieser Prozess ist.

Dies wird in der Psychologie als die ‚Kognitiv-Emotive Schleife' bezeichnet, die zyklisch auf folgende Weise funktioniert: Gedanken werden von Gefühlen beeinflusst (auch wenn es keine sichtbaren Emotionen gibt), die dann wieder unsere Gedanken beeinflussen, in Bzug auf die wir weitere Gefühle haben. Ein Beispiel für diese Schleife ist etwa, wenn eine Person öffentlich einen Vortrag halten soll, sich alsdann verspannt und fragt, was gerade passiert ist. Sofort kommen die interne Antworten, „Du hast doch nichts zu sagen" oder „Du bist dumm". Solche Antworten erzeugen dann noch weitere Gefühle, die den Geist erfassen und die Kreativität untergraben – worauf man dann emotional noch mehr reagieren kann.

Unser Geist wird ziemlich leicht von den ‚niederen' Emotionen dominiert: Angst, neurotische Scham, Furcht und Ekel. Wenn wir vorübergehend von Angst ergriffen werden oder wenn wir langfristig über ein geringes Selbstwertgefühl verfügen, können wir ziemlich radikale Entscheidungen treffen, um ein neues Gefühl der Identität oder Zugehörigkeit (oder beides) als Versuch, das emotionale Unbehagen zu lindern, zu erschaffen. Ein Extrembeispiel auf individueller Ebene ist jemand, der sich in seinem oder ihrem Körper nicht wohl fühlt und eine Geschlechtsumwandlung erwägt.

Auf gesellschaftlicher Ebene kann jemand, der sich in seiner Gemeinschaft nicht besonders geschätzt fühlt, seine Identitätsprobleme in eine kommerzielle Marken- oder Freizeitgruppenidentität verlagern. Werbung und Marketing nutzen dies voll aus, so dass diejenigen, die ein T-Shirt mit einem kleinen Krokodil tragen, sich vielleicht zu einer wertvolleren Gruppe gehörend führen, oder diejenigen, die ein bestimmtes Parfüm auftragen, sich attraktiver fühlen, oder diejenigen, die eine bestimmte Fußballmannschaft unterstützen, sich mächtiger fühlen. Die Römer wussten schon vor langer Zeit, dass der Zirkus eine Weise ist, die Unzufriedenheit, die die Menschen mit ihrem Schicksal haben, zu verlagern, und der Sport hat traditionell längst seinen Platz neben der Religion – dem „Opium des Volkes", wie Marx es nannte – als Mittelpunkt der Identitäts- und Zugehörigkeitsbildung eingenommen.

Die Psychologie der Zugehörigkeit

Nur damit es an dieser Stelle kein Missverständnis gibt, wollen wir betonen, dass es nicht falsch ist, sein Land, seine Religion oder seine Fußballmannschaft zu lieben. Wir sind soziale Wesen. Wir alle müssen irgendwo dazugehören, um uns sicher und geschätzt und nicht allein zu fühlen. Daher lieben wir das, dem wir angehören. Das Problem der Zugehörigkeitsidentität entsteht, wenn sie zu starr wird, wenn wir unsere Identität begrenzen, anstatt sie zu erweitern, und wenn wir nicht die vielfältigen Identitäten annehmen, die uns möglich sind. Und diese Beschränkungen der Identität sind genau das, womit sich dieses Buch befasst. Besonders problematisch wird es, wenn wir eine Identität auf Kosten anderer Identitäten verteidigen müssen, von denen wir meinen, dass sie zu ihr in Konkurrenz stehen. Auch wenn es ein ziemlich gewöhnliches Ereignis ist, sich an eine bestimmte Identität zu klammern, die man als ‚gut' begreift, während man andere ‚schlecht' macht – wie z.B. Ausländer, Immigranten oder Menschen mit einer anderen Religion – hat das Ganze doch auch eine dunkle Seite und kann schnell pathologisch werden.

Hier ist ein Beispiel von Nick, das zeigt, wie uns Identitätsprobleme in entgegengesetzte Richtungen ziehen können, nämlich zwischen dem Gefühl, dass wir dazugehören wollen und dabei gleichzeitig andere ausschließen:

> *Mir wurde einmal die Möglichkeit geboten, Arsenal, meine Lieblings-Fußballmannschaft, aus nächster Nähe zusehen zu können. Ich hatte erstklassige Plätze für ein Champions-League-Spiel im brandneuen Emirates Stadion im Norden Londons ergattert. Wir konnten ganz vorne sitzen. Großartig! Die Erfahrung, mein Team so hautnah zu erleben, war bemerkenswert. Wann immer ein großes Gebrüll der Überraschung oder Freude aus der 75.000 Mann starken Menge aufkam, konnte ich spüren, wie es buchstäblich in meiner Brust rasselte. Es war fantastisch, zusammen mit dem Rest der Menschen zu singen und diesen massiven Anstieg von Identitäts- und Zugehörigkeitsgefühl zu spüren, der mich fortspülte und von all meinen üblichen nach innen gerichteten Gedanken befreite.*
>
> *Ich kämpfte jedoch ein wenig damit, als die Menge begann, den Anhängern unseres Gegners nach dem ersten Tor von Arsenal „Ihr seid Müll" entgegenzubrüllen. Sie waren eindeutig nicht Müll; das Team hatte sich gut verteidigt und hatte Pech gehabt, das Tor zu kassieren. Aber die eigentliche Schwierigkeit begann für mich, als sich die Menge mit einem Gesang über ihre lokalen Rivalen in Nordlondon aufheizte, der nicht einmal hier: „Wenn ihr Tott-en-ham hasst, steht auf!" Jetzt befand ich mich in einem wirklichen Dilemma, denn das einzige Fußballspiel, zu dem ich als Kind mit meinem Vater je gegangen war, war auf dem Gelände der Tottenham Hotspurs, der White Hart Lane, gewesen. Ich wollte mich nicht mit Arsenal identifizieren, indem ich die Spurs erniedrigte.*
>
> *Aber die Gruppenenergie der ganzen Menge war zu beeindruckend und zu beängstigend, um Widerstand leisten zu können. So stand ich widerwillig mit allen anderen auf, um mich nicht von der Masse abzuheben und auf mich aufmerksam zu machen. Ich*

hatte mich von der aggressiven Seite des menschlichen Bedürfnisses, dazugehören und eine Identität anzulegen, verführen lassen.

Die letzte Zuflucht eines Schurken?

Wie beeinflussen uns diese Bedürfnisse, dazuzugehören und uns zu identifizieren, in der gesellschaftspolitischen Arena?

Wenn sich jemand durch die wirtschaftlichen oder demografischen Veränderungen in seiner Gemeinschaft bedroht fühlt – wie es an vielen Orten im Zuge der Globalisierung auftritt –, mag er oder sie das Gefühl haben, dass seine/ihre Identität bedroht wird. Man mag dann etwa auf Einwanderungsfragen so reagieren, dass man auf nationalistischer Ebene eine eher chauvinistische Haltung und Identität annimmt. Das sind genau die Menschen, die anti-EU-Parteien und populistische Parteien in ganz Europa zu rekrutieren versuchen. Wenn unbewusste Angst bewusst aufgepeitscht und manipuliert wird, kann sie sich leicht in Gewalt gegenüben denjenigen verwandeln, die einer anderen Identitätsgruppe angehören, wie die Welt in den 1930er Jahren gesehen hat. Vielleicht hat sich Samuel Johnson darauf bezogen, als er 1775 seine berühmte Bemerkung machte: „Der Patriotismus ist die letzte Zuflucht eines Schurken".

Die Psychologie hinter des (auf Angst basierenden) Chauvinismus ist klar, obwohl sie typischerweise durch die Liebe zum eigenen Land überdeckt wird: Wenn die zugrunde liegenden Ängste nicht berücksichtigt und bewusst zum Ausdruck gebracht werden, verbleiben sie im Unbewussten und verursachen Chaos. Dies liegt an dem Hauptgesetz der Tiefenpsychologie: *Was unbewusst ist, kontrolliert am Ende unser Verhalten.* Unbewusste Ängste, die eine Facette unserer menschlichen Gebrechlichkeit und Verletzlichkeit sind, werden letztendlich, wenn sie unbewusst bleiben, zum Kommandanten des Schicksals des Einzelnen (und damit der Gesellschaft), weil ihnen die Macht gewährt wird, das Verhalten zu dominieren.

Ein Parallelproblem zum defensiven nationalistischen Chauvinismus, und ein grundlegendes Problem der globalen Migration in der heutigen Welt, liegt in den Identitätsproblemen jener, die sich in dem

Land, in das ihre Familien immigriert sind, nicht voll akzeptiert fühlen, und mit dem sie sich nicht voll identifizieren. Der Zusammenhang zu unseren Sorgen über den Terrorismus ist klar, denn es besteht immer die Möglichkeit, dass sich solche Menschen dem radikalen Fundamentalismus zuwenden, um eine Identität zu bilden, die stark genug ist, um ihre Gefühle von Machtlosigkeit und Isolation auszugleichen.

Alternativ haben diese Impulse das Potenzial, zu großen sozialen Unruhen innerhalb der Nationalstaaten zu führen. Der Kulturhistoriker Andrew Hussey hat die Probleme der unzufriedenen jungen Muslime in den *Banlieues* (Vorstadtghettos) französischer Städte und die Unruhen untersucht, die in diesen Gebieten zyklisch ausbrechen. Frankreich hat sowohl den höchsten Anteil an nordafrikanischen Einwanderern als auch die wohl am strengsten kodifizierte nationale Identität aller modernen westlichen Gesellschaften. Es gibt dort eine massive Zurückhaltung, meint Hussey, die „verheerenden psychologischen Auswirkungen des Kolonialismus" anzuerkennen. In der Folge haben viele junge Muslime begonnen, ihre neu erworbene Identität zu hinterfragen und Frankreich zu hassen. Hussey führt dies auf das Erbe des Kolonialismus zurück, der, so argumentiert er, jeden Sinn für authentische Identität in ihnen zerstört hat und dabei so sehr das Selbstwertgefühl untergräbt, dass sie nicht mehr das Gefühl haben, dass sie wirklich existieren.[1]

Zur menschlichen Erfahrung gehört dazu, viele Identitäten ausdrücken zu können; aber die von Geschlecht, Religion und Nationalität gehören zu den, die uns am meisten definieren, und verleihen das größte Gefühl der Zugehörigkeit. Sie führen auch zur größten Polarität, wenn sie dann aufeinander treffen. Trotz oder gerade wegen ihrer Potenz liegt in solchen Identitätsproblemen gemeinsam mit den starken Gefühlen, die sie hervorrufen, auch immer die Möglichkeit, dass das Unglück vermieden werden kann. Sie können, wie wir bereits gesehen haben, geheilt werden; aber ohne den Vorteil, das Gesamtbild zu sehen, werden die Machthaber wahrscheinlich überreagieren und kopfüber in den Kontrollmodus übergehen.

Da sich die negativen Auswirkungen des destruktiven globalen Wettbewerbs verschärfen, wird dies unvermeidlich sein, denn wie wir heute wissen, kann das bestehende Regierungs-System keine Antwort auf den neuen Kontext für Governance haben. Unterdessen kann sich die Migration, die durch die globale Vermögensungleichheit und die daraus resultierenden interkulturellen Spannungen weiter verstärkt wird, nur noch verschärfen. Solange unsere Identitäten nicht in der Lage sind, sich zu erweitern, um die Notwendigkeit einer kooperativen *Global Governance* zu erfüllen, können wir nur erwarten, dass die nationalen Regierungen mit ihrer Macht, Recht und Ordnung zu erzeugen, energisch und gewaltsam das Privateigentum, die Eigeninteressen und den Status quo schützen werden. Doch diese Handlung ist verschwendete Liebesmüh, da sie in der falschen Richtung angewendet wird: Sie ist wie ein Arzt, der das Symptom und nicht die Ursache behandelt. Da die kausalen Probleme vermieden werden, können Regierungen nicht umhin, sich um *symptomatisches* Verhalten zu kümmern.

Wie wir gesehen haben, setzt die menschliche Psyche unweigerlich Abwehrmechanismen wie die Verleugnung ein, wenn die starre Identität unter Bedrohung zu sein scheint. Klinisch betrachtet wird immer dann, wenn solche Mechanismen bei einem Individuum als starre Verhaltenskontrolle identifiziert werden, eine sofortige und langfristige psychologische Behandlung empfohlen. Gesellschaften befinden sich nicht auf dem gleichen Prüfstand, reagieren aber ähnlich. Das einzige Mittel, damit eine umfassendere Identität angenommen werden kann, besteht darin, die Anerkennung dessen, was verleugnet wurde, zu ermöglichen, und zwar begleitet von einem entsprechenden Trauer- und Integrationsprozess. Das ist zwar schwierig, aber notwendig.

Am anderen Ende des Spektrums ist eine Art *carte blanche* der anti-Chauvinismus-Diversitätspolitik – Multikulturalismus –, die die Ängste der traditionellen indigenen Bevölkerung vor ankommenden Siedlern leugnet, ebenso wirkungslos. Da solche Ansätze dazu tendieren, Menschen dazu zu zwingen, eine neue Situation zu schnell zu akzeptieren, laufen sie Gefahr, einen Rückschlag zu erzeugen und damit der extremen Rechten in die Hände zu spielen. Es ist kein Zufall, dass die rechtsextreme politische Partei Frankreichs, die Front National, derzeit enormen Zuwachs erzielt, ebenso wie ähnliche Parteien in ganz Europa. Auf besorgniserregende Weise hat sie den Diskurs in eine Richtung verschoben, in dem sie an die Massen appelliert, deren Ängste in Bezug auf die postmodernen Agenda, die an ein sehr konservatives Land herangetragen wurde, nicht ausreichend gehört wurden.

Es scheint, dass wir Menschen über zwei ziemlich unterschiedliche Kräfte verfügen, die unsere Identität bestimmen. Eine ist eher statisch: ein unbestreitbares Bedürfnis, dazuzugehören, gemeinsam mit der Tendenz, relativ feste Identitäten und Gefühle in Bezug darauf zu haben, wer wir sind. Aber auch die zweite Kraft, die durch die Evolution erzeugt wird, wirkt auf uns ein: Wir verfügen auch über die *dynamische* Fähigkeit, unsere Identitäten und unseren Zugehörigkeitskreis zu erweitern und damit angstbasierte Identitätskompensationen wie den nationalen Chauvinismus abzuschütteln.

In Kürze werden wir genau sehen, worauf die Menschen bei der Umstellung auf eine neue Identität stoßen werden, aber es ist offensichtlich, dass wir diesen Sprung nur dann machen können, wenn und nur wenn wir bereits das Gefühl haben, uns sicher, geschätzt und gehört zu fühlen. Wir sind jetzt in der Lage zu erkennen, wie stark unbewusste Identitätsprobleme dazu führen können, mit dem DGW weiter verhandeln zu wollen, wenn er das Verfallsdatum bereits überschritten hat.

Mit uns oder gegen uns

Am 17. September 2011 versammelten sich etwa eintausend umherziehende Demonstranten in Manhattan und begannen, die Wall Street auf und ab zu gehen. Ein paar hundert übernachteten im Zuccotti Park, und mindestens achtzig wurden verhaftet, nachdem sie die Absperrung mehrerer Straßen erzwungen hatten. *Occupy Wall Street* hatte begonnen. Am 15. Oktober 2011 veranstalteten Tausende von Demonstranten in 900 Städten wie Auckland, Sydney, Hongkong,

Taipeh, Tokio, São Paulo, Paris, Madrid, Berlin, Hamburg und Leipzig ähnliche Demonstrationen. Es gab auch Proteste in London vor der Börse; die Polizei versuchte, sie zu vereiteln, aber bald versammelten sich fast 3.000 Menschen vor der St. Paul's Cathedral und 250 campierten dort über Nacht. In Frankfurt protestierten 5.000 Menschen vor der Europäischen Zentralbank, und in Zürich, dem finanziellen Dreh- und Angelpunkt der Schweiz, hielten die Demonstranten Banner mit der Aufschrift „Wir sind die 99 Prozent" in die Höhe. Und die Schlagzeilen ließen diesen kraftvollen Klang der Identität bald in der ganzen Welt erklingen.

Eine gut definierte Identität ist nützlich und hilft uns, die Welt erfolgreich zu navigieren. Aber eine ihrer Grenzen, die für diese politische Analyse zutrifft, ist, dass sie das *Denken* über die Welt stark einschränken kann. Psychotherapeuten haben verstanden, dass wir innerhalb unserer Hauptidentität eine Vielzahl von untergeordneten Identitäten besitzen, die als ‚Subpersönlichkeiten' bekannt sind. Eine der stärksten – und damit am wenigsten flexiblen – von ihnen ist jene Identität, die erzeugt und aufrechterhalten wird, wenn man energisch gegen etwas ist. Wenn so eine Subpersönlichkeit übermäßig dominant wird, etwa bis zu dem Punkt, wo sie zu der zentralen Identität wird, dann wurde, dann würde wohl ein Therapeut sagen, die so agierende Person von einer ‚rebellischen Subpersönlichkeit' übernommen wurde.

Die rebellische Subpersönlichkeit ist ein seltsames Tier. Sie scheint auf der Seite der Freiheit zu stehen und gegen die Unterdrückung zu sein, aber immer wenn sie als unbeweglicher Bezugspunkt in der Psyche kristallisiert wird, werden ihre Grenzen deutlich. Da sie den Charakter ihre Identität als ‚gut' oder ‚frei' bewahren muss und gegen das rebelliert, was sie als ‚schlecht' oder ‚repressiv' betrachtet, hat sie eine recht begrenzte Reichweite, was praktisch eine starke Einschränkung ihrer Kreativität bedeutet. Bei genauerer Betrachtung stellt sich heraus, dass sie eigentlich gar nicht frei ist, denn sie muss in einer wechselseitigen Beziehung zu einem oder etwas anderen stehen, der oder die das Schlechte ist. Sie befindet sich also ewig in einem Spiel, einer Art Tanz, und braucht immer eine Wand, um abzuprallen;

oder es findet eben kein Spiel statt. Es ist daher immer ein Spiel zu zweit, denn ohne das Spiel kann es keine Identität geben.

Diese Art von Identitätsdynamik behindert diejenigen, die einen Krieg gegen den Terror führen, ebenso wie diejenigen, die gegen das Establishment oder die ‚strukturelle Elite' kämpfen. In diesem Zusammenhang können wir sehen, dass es für die globale Gerechtigkeitsbewegung äußerst schwierig wäre, den DGW zu erkennen und zu benennen, da sie das Spiel der ‚freien Rebellen' gegen die ‚repressiven Tyrannen' völlig verändern und die Stärke ihrer Identität untergraben würde. Aber eine solche integrative, nicht urteilsfähige Anerkennung bleibt eine Herausforderung für die GJM, da sie nicht die Notwendigkeit anerkennt, sich als die gute Anti-Gruppe zu identifizieren.

Um die Identität zu bewahren, verwenden wir denselben psychologischen Trick, den wir zuvor im Falle von Verleugnung – Dissoziation oder Spaltung – untersucht haben. Weil wir uns selbst als ‚gut' betrachten wollen, verlagern wir jene Aspekte von uns selbst, die wir als beschämend empfinden, auf eine andere Person oder eine andere Gruppe. Mit einer solchen Spaltung verringern wir tatsächlich unsere Selbsterkenntnis.

Die Logik der Dissoziation funktioniert so: Bequem in der Identität des ‚Ich bin gut' zu verweilen, bedeutet, dass ich auch die Identität ‚Ich bin nicht derjenige, der schlecht ist' bewahren muss. Folglich muss das jemand anderes für mich sein, oder diese Identität für mich tragen. Wie wir bereits gesehen haben, ist die Dissoziation der Grundstein für selbstschützende Persönlichkeitsstrukturen. Überraschenderweise beherrschen dissoziative Abwehrmaßnahmen – wie Objektivierung, Projektion und Schubladendenken – unbewusst den humansten Anti-Establishment-Denker genauso wie den Unterstützer des hyper-rationalen Establishments. Denn während die grüne Bewegung nach dem Bewusstsein einer vereinten Welt ruft, ist die Psychodynamik in Wirklichkeit in einer ‚wir-und-sie'-Mentalität verwurzelt, bei die grüne Bewegung gut und alle anderen schlecht sind.

Solange wir jemand anderes brauchen, der es für uns übernimmt, eine dominierende schlechte Identität zu tragen, stecken wir in der polarisierten Psychodynamik, dass wir diese Person oder Gruppe unbewusst brauchen. Das ist für unseren Fall wichtig zu begreifen. Der klassische GJM-Aktivist bewahrt sich eine ungestörte Identität, frei von den Unannehmlichkeiten kognitiver Dissonanzen, indem er seine Empörung über die schlechten Behörden, die schlechte Gesellschaft, den schlechten Klimawandel und so weiter zum Ausdruck bringt. Auf diese Weise kann er eine Identität von ‚Ich bin nicht derjenige, der unsere Welt zerstört' aufrechterhalten, und zwar dadurch, dass die verleugnete Identität auf andere übertragen wird.

Psychologisch spielt es keine Rolle, dass der Aktivist die Früchte der Globalisierung wie etwa Mobilgeräte und das Internet genießen kann, denn die Notwendigkeit, den anderen als den NICHT ICH zu identifizieren, indem man diese Abwehrmechanismen einsetzt, bedeutet, dass sich das Gehirn gewissermaßen in einem Teilabschaltmodus befindet. Die Denkplattform erscheint daher hoch energetisiert, verliert aber in der Tat an Flexibilität und Kreativität.

Die postmoderne Falle

Falls Ihnen diese Identitäts- und Zugehörigkeitsfragen herausfordernd oder nebensächlich erscheinen, laden wir Sie – den Leser –, ein, die Weisen zu betrachten, in denen Sie sich selbst vermittels dieser ‚für-oder-gegen'-Polarisierung politischer Ansichten identifizieren, die die Identität und damit den Denkstil stark beeinflussen. Wir denken, dass sich eine solche Übung lohnt, denn wir mussten es selbst durchmachen und über ähnliche Prozesse nachdenken. Die Ergebnisse sind oft überraschend und manchmal etwas schockierend!

Diese ‚wir-und-sie'-Mentalität ist sehr verbreitet, aber funktionell sehr statisch. Es hindert die GJM daran, die übergreifenden Realitäten anzuerkennen, auf die wir hingewiesen haben, denn ihr Denkstil ist in ihrer Weltanschauung eingebettet. Diese ist vorranging *postmodern*; und tatsächlich ist die Tendenz, sich selbst in Abgrenzung gegenüber etwas zu definieren, eines der Merkmale der Postmoderne, der Weltanschauung, die heutzutage die Wissenschaft dominiert.

Die Postmoderne ist per Definition eine Reaktion auf den *modernistischen* Lebensansatz; sie ist eine hoch aufgeladene Kritik an dem, was sie als herrschsüchtig, anachronistisch und zugunsten der Wohlhabenden gegenüber den Besitzlosen betrachtet. Ihre Stärke liegt in ihrer Fähigkeit, vielfältige Perspektiven einzunehmen und die starren sozialen Strukturen unserer traditionellen Gesellschaft zu durchschauen und die früher als selbstverständlich empfundene Machtdynamik zu dekonstruieren. Die markantesten Merkmale des postmodernen Denkens sind daher die Dekonstruktion von Macht, die Förderung von Vielfalt und Gleichheit, der daraus resultierende Verdacht auf alle Hierarchien und die Ablehnung von großen Meta-Narrativen (wie wir sie in diesem Buch vorstellen). So denken zu können war eine Offenbarung, die das Gesicht der Soziologie und Politik – wenn nicht auch der Wirtschaft – seit den 1970er Jahren verändert hat.

Sobald jedoch eine Welt, die durch einen neuen Kontext für Governance bestimmt wird, anerkannt wird, werden auch die Grenzen dieses Denkstils deutlich. Sowohl die Postmoderne als auch die Moderne wurzeln in rationalen, linearen ‚entweder-oder'-Denkprozessen, die die Aufklärung kennzeichneten und die sich auf Nationalstaaten als autonome Akteure verlassen, die entweder Fortschritt oder Gerechtigkeit oder beides umsetzen wollten.[2] In ihren extremen oder hoch engagierten Formen greifen beide, wie alle Identitäten, auf dieselben psychodynamischen Prozesse zurück, um ihre Identität zu erhalten und zu stärken. Wir haben schon einige der Abwehrmechanismen der Dissoziation sowie den sekundären Abwehrmechanismen der Normalisierung angesprochen. Aber auch andere Facetten der Dissoziation, wie *Projektion*, *Abschottung* und *Objektivierung*, unterstützen diese Mechanismen. Die Mängel liegen nicht nur bei der GJM, sondern auch in den Institutionen, die sie regelmäßig kritisieren.

Das besondere Kennzeichen der Postmoderne ist jedoch die Ablehnung der Idee der Hierarchie. In der Praxis wird daraus für die GJM ein unerschütterliches Identitätsgebäude: Alle globalen Probleme werden als unzählig und gleichwertig angesehen, so dass kein einziges

Thema mehr Bedeutung beanspruchen darf als jedes andere, denn das wäre eine hierarchische Betrachtung. Ebenso müssen auch die Lösungen unzählig und gleich sein, wie der oft wiederholte Satz „Es gibt keine Einzellösungen" beweist. Auf diese Weise erweist sich die postmoderne Perspektive des GJM als katastrophal, indem sie ihre Fähigkeit, Einheit zu erreichen, beeinträchtigt und effektiv verhindert, dass man sich um einen bestimmten Aktionsplan versammelt. Dies spiegelt sich auch in dem klaren Aufruf ‚Global denken, lokal handeln', der zwar in Richtung eines systemischen globalen Denkens weist, aber dennoch alles auf lokales fragmentiertes Handeln reduziert. Das Ergebnis wird oft lauten: „Du nimmst deine Lösung und gehst deinen Weg, und ich nehme meine Lösung und gehe meinen." Ironischerweise sind die einzigen Begünstigten die Kapitalinteressen, die vom DGW profitieren; während die GJM weiterhin fragmentiert und in viele Einzelfragen diversifiziert verbleibt, behält der DGW die globale Kontrolle.

Ein Kollege von uns, der einst eine weltweit führende NGO konsultierte, erzählte uns, dass es unmöglich sei, Meetings zu organisieren, da es den Exekutivmitgliedern nicht gelingt, Themen zu priorisieren. In einer nicht unähnlichen Weise beschreibt ein Kommentator die Vorgehensweise beim *World Social Forum*:

> *Die Vielfalt der Meinungen und Ansätze ist sowohl eine Stärke des Forums als auch seine größte Schwäche. Das Forum schöpft seine Stärke aus dieser Vielfalt, da es die Möglichkeit bietet, dass sich eine sehr große Anzahl von Bewegungen und Organisationen zusammenfinden, die das Gefühl haben, dass ihre Ansichten einen Platz im Freiraum des Forums haben. Gleichzeitig führen die unterschiedlichen Trends und Meinungen oft zu einem Gefühl der Frustration, da das Forum nicht in der Lage ist, einen Konsens über ein strategisches Verständnis und eine anzuwendende Taktik zu erzielen.*[3]

Anhänger des GJM mögen einwenden, dass sich die Bewegung sehr wohl des DGW bewusst ist, oder zumindest jenes Aspekts, der einem

Wettlauf nach unten ähnelt. Die Schwierigkeit besteht darin, dass die postmoderne Verweigerung der Hierarchie verhindert, dass die GJM den DGW als ein Thema priorisiert, das alle anderen Themen übertrifft. Stattdessen wird es nur als ein weiteres globales Problem unter anderen verwiesen und bleibt daher praktisch unsichtbar. Während der DGW still dafür sorgt, dass die Welt fest auf dem Weg in einer möglichen Katastrophe bleibt, begnügt sich die GJM damit, mit seinen Symptomen zu verhandeln, und glaubt, dass die kleinen Zugeständnisse, die sie gelegentlich erreicht, eines Tages zu einem Gesamtsieg führen werden. Gelegentliche kurzlebige Zugeständnisse werden so zu einem psychologischen Ausgleich für die fundamentale Impotenz der Bewegung. Sie reichen gerade aus, um die Bewegung den Glauben zu bewahren, dass Verhandlungen letztlich funktionieren könnten, wenn doch das klare Tageslicht zeigt, dass das nicht der Fall ist.

Von der Depression zur Akzeptanz

Kein Wunder also, dass die globalen Probleme ungelöst bleiben und wir uns in einer Pattsituation befinden. Und kein Wunder, dass wir uns – zusammen mit Regierungen, Unternehmen und Demonstranten – weiterhin um die ersten drei Phasen der Trauer drehen: Verhandlungen, Wut und zurück zur Verleugnung.

Hier können wir sehen, wie die nächste Phase – Depression (oder Trauer) – einsetzten könnte. Wenn wir unsere Impotenz wirklich anerkennen, werden wir zunächst natürlich depressiv. Es gibt nicht viel, was wir sagen können, um Ihnen durch diese Phase zu helfen, aber es ist wichtig, auf der Hut zu sein vor dem, was wie diese Phase aussieht, aber in Wirklichkeit ein Rückzug aus dem Leben ist. Die Depression wird von Psychotherapeuten manchmal als nach innen gerichtete Wut verstanden, so dass sich depressiv zu fühlen möglicherweise nicht von dem Stadium der Depression stammt, sondern statt dessen zurückgehaltene Wut ist. Alternativ könnte es sich auch um Resignation handeln, was eine Art Bitterkeit ist, ein Aufgeben, das nicht zu Handlungen führt, die auf der realistischen Einschätzung eines neuen, wenn auch unwillkommenen Kontextes beruhen – was wir eben erreichen, wenn wir wirklich durch die Depressionsphase hindurch gehen. Trauer auszuhalten hat einen Wert. Das erfordert jedoch Hingabe, während Bitterkeit letztlich eine Abwendung von der Welt ist. Der Dichter Robert Bly hat einmal gesagt, dass, wenn Traurigkeit unvermeidlich ist, die Bitterkeit doch in Schach gehalten werden kann, indem man das, was er eine ‚Trauerpfeife' nennt, zwischen den Zähnen hält; mit diesem Bild, einer indianischen Friedenspfeife ähnlich, weist der Dichter auf die Entschlossenheit hin, die nötig ist, um den Prozess zu seinem letztendlichen friedlichen Ausgang zu führen.[4]

Wenn die Trauer tatsächlich konfrontiert wird, ohne dass man dabei in die vorherigen Phasen zurückfällt, kann sie einer transformierenden Erfahrung in der Psyche werden. Er wird für uns zu einer Gelegenheit, die Freiheitsphase – die Akzeptanz – tatsächlich bewusst zuzulassen. Tatsächlich ist Depression als Weg zur Freiheit in der psychoanalytischen Theorie bekannt. Bereits in den 1920er Jahren schlug Melanie Klein vor, dass traumatisierte Kleinkinder durch Zyklen von Hass, Neid, Schuld und Spaltung gehen können, was sie die ‚paranoid-schizoide Position' bezeichnete.[5] Die beobachteten Kleinkinder kamen mit diesem Prozess erst an ein Ende, als sie dorthin kamen, was sie die ‚depressive Position' nannte. Letztendlich, so meinte sie, würde sich das, nach dem man sich sehnt, weil es verloren ging oder durch Hass verletzt wurde, in einen Drang zur Genesung verwandeln. Die Welt würde dann reicher und realistischer wahrgenommen werden, wenn sich ein realistisches Ego entwickeln könnte. Reifung, so argumentierte sie, ist daher eng mit Verlust und Trauer verbunden.[6] Im Laufe der Jahre wurde ihr Schema, wie das Kübler-Ross-Modell, mit dem es in vielen Punkten übereinstimmt, auf alle möglichen menschlichen Prozesse angewendet, insbesondere auch in der Paartherapie.[7]

Einige Leser werden wahrscheinlich immer noch nicht davon überzeugt sein, dass die Depression irgendeinen Wert hat. Wenn Sie unsere Einladung, eine alte Denkweise abzulehnen, eher unattraktiv finden, könnte es an einer kognitiven Dissonanz liegen oder daran, dass die Realität einfach zu erschreckend ist. Keine Sorge, ‚auch das wird vorübergehen', wie die Sufi-Mystiker sagen.

Auch Rumpelstilzchen kann hier helfen. Wie viele mentale Phänomene ist das Erkennen und Benennen einer neuen Realität ein einfacher und kraftvoller Weg, um ihren Einfluss auf einen selbst zu überwinden. Man kann dann die Gefühle spüren, die Realität akzeptieren und bereit sein für eine neue Plattform, von der aus man handeln kann, wenn sie erscheint. Wie die Geschichte andeutet, ist die einzig angemessene Antwort auf einen neuen Kontext für politische Steuerung weder Verleugnung noch Wut noch Verhandlung, sondern Akzeptanz. Und Akzeptanz bedeutet, die Trauer- und Depressionsphase zu durchlaufen. Wir müssen die Realität des DGW und der Pseudodemokratie akzeptieren und zu einer neuen Denkweise und einem neuen Regierungs-System übergehen.

Indem wir auf eine gesunde Weise die Dinge betrachten, wie sie wirklich sind, erhalten wir die Möglichkeit, uns auf einer anderen Ebene wieder zu engagieren. Mit der hilfreichen Unterscheidung des Bewusstseinstheoretikers Ken Wilber können wir uns der Aufgabe widmen, das Paradigma oder System vertikal auf eine neue, höhere Ebene zu transformieren, anstatt es einfach horizontal zu verlagern, was nur mehr des Gleichen bedeutet und das gleiche Problem auf einen anderen und doch ähnlichen Ort verlagert.[8]

Loslassen

Inzwischen können die Leser unseren Titelsong mitsummen: Eine Voraussetzung für ein neues und kraftvolleres Denken und Handeln ist, dass wir unsere Machtlosigkeit gegenüber dem DGW voll und ganz akzeptieren. Obwohl wir, die Autoren, dies als einen wesentlichen Schritt anerkennen, geben wir uns nicht der Illusion hin, dass dies einfach sein wird. Zunächst scheint es sogar kontraintuitiv zu sein. Es kann sich anfühlen wie Kapitulation, als wenn man den Kampf für globale Gerechtigkeit aufgibt, was einen zwingt, eine unerträgliche Situation zu tolerieren.

Und doch gibt es gute Gründe, warum ein solcher Prozess stattfinden muss. Der menschliche Verstand wehrt sich dagegen, bekannte Realitäten aufzugeben, und dies scheint ein fest verdrahtetes Merkmal unserer Selbsterhaltung zu sein. Und doch wissen wir, dass eine neue Erkenntnis oder Lösung eines Problems nur dann auftauchen kann, wenn es Phasen der Frustration gibt, die dann vergehen können, wenn eine Aufgabe- oder Kapitulationsphase stattgefunden hat. Das ist wahrscheinlich der Grund, warum Archimedes einige der Probleme der Physik nicht lösen konnte, bis er sich in einem schönen heißen Bad entspannt hatte.

Ebenso wissen wir Psychotherapeuten aus klinischer Erfahrung, wie Emotionen die Gedanken eines Menschen dominieren können, so dass er nicht in der Lage ist, eine neue oder angemessenere Realität zu sehen, bis er diese Emotionen vollständig losgelassen hat. Das liegt an unserem alten Freund, der Kognitiv-Emotiven-Schleife. Wenn unser Geist von den normalen, aber anhaftenden Emotionen der Hoffnung, Frustration, Angst oder Ressentiments dominiert wird, sind wir selten in der Lage, klar oder kreativ zu denken. Unsere Gedanken – und unsere Fähigkeit, neue Gedanken zu denken – werden von diesen Emotionen bestimmt. Bis wir nicht in der Lage waren, zu trauern und auf ein viel tieferes Spektrum von Gefühlen zuzugreifen, bleiben wir oft stecken.

Mit den jüngsten Entdeckungen aus den Neurowissenschaften, insbesondere dem breiteren Verständnis des Nervensystems – dank der Verfügbarkeit von Daten aus fMRT-Scannern –, beginnen wir nun, die Physiologie solcher Prozesse zu verstehen. Die weit verbreitete Schwierigkeit, eine bekannte, aber schmerzhafte Situation loszulassen, mag darin liegen, dass die linke Gehirnhälfte, die der detaillierten, kurzsichtigen Aufmerksamkeit den Vorrang vor dem Gesamtbild gibt, dazu neigt, die Wahrnehmung in Zeiten von Stress zu dominieren. Häufig ist ein Prozess des Loslassens erforderlich, bei dem die tiefsten menschlichen Emotionen der Trauer, der Akzeptanz und der Hingabe beginnen, das Herz zu öffnen und es dem Körper ermöglichen, sich zu entspannen und die parasympathische Seite des vegetativen Nervensystems zu aktivieren, um es der rechten Hemisphäre des Gehirn erlauben, viel umfassendere Zusammenhänge zu erfassen.

Die Akzeptanz der Realität des DGW und die Aufgabe unserer Versuche, mit ihm zu verhandeln, erfordern einen solchen Prozess des Loslassens. Das ist stets eine Herausforderung, aber wir haben keine große Wahl; es ist der entscheidende Wandel, den ein neuer Kontext für die politische Steuerung früher oder später von uns allen verlangt.

Die eigene Machtlosigkeit zu akzeptieren, wie etwa den Tod eines geliebten Menschen, ist nie einfach. Es lohnt sich daher, sich Zeit zu nehmen, um unseren Weg durch diese Situation zu ergründen. Es kann hilfreich sein, sich an den mythologischen Phönix zu erinnern, der zuerst sterben und sich in Asche verwandeln musste, bevor er wiedergeboren werden konnte. Ebenso kann eine echte und vollständige Akzeptanz unserer Machtlosigkeit gegenüber dem DGW ein tiefes Paradoxon enthüllen, das uns zu einem kraftvollen neuen Denken öffnet. Und das kann eine Transformation bewirken.

Der Empathie-Test

Wir sind bei der Akzeptanz angekommen. Was bedeutet echte Akzeptanz und wie fühlt sie sich an?

Vielleicht liegt der beste Weg, dies anzugehen, darin zu versuchen, uns in die Lage derjenigen zu versetzen, die wir normalerweise für den Zustand der Welt verantwortlich machen und zu erkennen, wie sie denken. Wenn ich zum Beispiel ein desillusionierter Bürger oder ein Global-Justice-Aktivist wäre, dessen Identität zum großen Teil durch die Auseinandersetzung mit Politikern und Unternehmen geformt wird, wie würde ich mich verhalten, wenn ich mich plötzlich in die Lage eines CEOs versetzen würde? Wäre ich in der Lage, den Forderungen nachzukommen, die Aktivisten wie ich immer wieder an multinationale Unternehmen gestellt haben?

Stellen Sie sich vor, Sie sind CEO eines Unternehmens. Was bedeutet es für Sie, sich nachhaltig für Gesellschaft und die Umwelt zu verhalten? Es würde bedeuten, letztlich gegen die eigenen Interessen zu handeln! Es würde bedeuten, dass die Kosten Ihres Unternehmens drastisch steigen würden, was wiederum dazu führen würde, dass man gegen Konkurrenten verliert, die Ihre ethischen Werte möglicherweise nicht teilen oder in weniger kostspieligen Teilen der Welt tätig sind.

Ihr Unternehmen würde die Rentabilität verlieren und der Aktienkurs würde sinken. Irgendwann würde es übernommen werden oder pleite gehen. Doch viel früher noch würden Sie Ihren Job verlieren, nur um durch jemanden mit weniger Skrupeln ersetzt zu werden. Ihre Versuche, verantwortungsbewusst zu handeln, wären also sinnlos. Zu wissen, dass ehrenhaftes Verhalten bedeutet, gegen die Interessen Ihres Unternehmens zu handeln, was würden *Sie* also tun?

Das gleiche gilt, wenn ich mich in die Lage eines Premierministers oder Präsidenten versetzen würde. Wäre ich in der Lage, strengere Marktregulierungen durchzusetzen und die Steuern für Unternehmen und Reiche zu erhöhen, wenn dies nur dazu führen würde, dass sie in andere, weniger regulierte Länder ziehen werden? Nun, lassen Sie uns das Szenario ausprobieren.

Sie sind ein Premierminister oder Präsident. Sobald Sie versuchen, strengere Marktregeln durchzusetzen und die Körperschaftssteuer zu erheben – und zwar, sobald man überhaupt eine solche Idee erwähnt hat – würden die Märkte schlecht reagieren und das Land als geschäftsunfreundlich betrachten. Die Märkte würden anfangen zu rutschen, die Währung würde an Wert verlieren, während Kapital und Investitionen sofort woanders hingehen. In kürzester Zeit würde dies der Wirtschaft Ihres Landes schaden, die Arbeitslosigkeit erhöhen und Sie würden höchstwahrscheinlich die nächste Wahl verlieren.

Wohl wissend, dass dies dem Interesse Ihres Landes, geschweige Ihrer Partei, zuwiderlaufen würde, was würden *Sie* also tun?

Sobald wir erkennen, dass wir gezwungen wären, uns in ähnlicher Weise zu verhalten wie diejenigen, die wir gewöhnlich beschuldigen, müssen wir uns damit abfinden, dass es falsch wäre, ihnen auch weiterhin die Schuld zu geben. Wenn jedoch ein großer Teil unserer Identität oder Weltanschauung auf unserer schrillen Ansicht basiert, dass „wenn nur diese Idioten vernünftig wären und sich um den Planeten usw. kümmern würden, etc.“, dann bedeutet das Loslassen dieser

Weltanschauung, eine Art Sterbeprozess zu durchlaufen. Wenn ich meine geschätzten Überzeugungen loslassen muss, fühlt es sich so an, als müsste auch etwas davon sterben, wer ich bin und wofür ich stehe.

Sobald ich mich diesem Sterbeprozess unterworfen habe, offenbaren mein Mitgefühl und mein neues Denken eine neue Erkenntnis: Obwohl es zwar immer einige skrupellose und egoistische Akteure geben wird, so ist es nicht der Fall, dass Politiker und Unternehmen die globalen Probleme nicht erkennen oder gewillt sind, etwas gegen sie zu unternehmen. Vielmehr ist es der DGW, der sie daran hindert, sinnvoll zu handeln. Mein Glaube an meine eigene überlegene Position, so erkenne ich jetzt, ist falsch und muss aufgegeben werden. Lass ihn sterben.

Eine Welt

Wenn Empathie Schuldgefühle und ein neues Denken den Mythos der souveränen Nation überwinden, erkennen wir unsere Verwandlung. Wir erkennen jetzt, dass wir alle in einem mächtigen globalen Whirlpool gefangen sind, dem wir uns erst jetzt voll bewusst werden. Bis jetzt konnten wir nicht verstehen, warum alle Fische in so seltsamen zerstörerischen Kreisen herumschwammen; wir dachten, mit den Fischen sei etwas nicht in Ordnung – und gaben ihnen die Schuld dafür. Es ist kaum verwunderlich, dass wir es vorher nicht bemerkt haben, denn, wie Einstein einmal sagte: „Was weiß ein Fisch über das Wasser, in dem er sein ganzes Leben lang geschwommen ist?“[9]

Aber jetzt, da wir die allgegenwärtige Realität des DGW erkannt haben, jetzt, da wir den Whirlpool sehen, in dem alle Fische – zu dem natürlich auch wir gehören – hilflos gefangen sind, können wir aufhören, uns gegenseitig die Schuld zu geben, und uns auf den wahren Täter konzentrieren. In dieser neuen Atmosphäre der unvoreingenommenen gegenseitigen Akzeptanz erkennen wir an, dass das Problem *systemisch* ist: Wir alle sind die Gefangenen des DGW.

Obwohl es wahr ist, dass die Reichen und die weltweit mobilen Menschen zunehmend und unverhältnismäßig vom DGW profitieren, während die Armen zunehmend enteignet werden, dürfen wir nicht vergessen, dass dies nicht bedeutet, dass sie die Macht haben, ihn zu stoppen. Keine einzelne Person, Gesellschaft oder Nation hat die Macht, dies zu tun. Zu glauben, dass irgendeine bestimmte Gruppe die Kontrolle über diesen Prozess hat oder ihn umkehren könnte, bedeutet, zu unterschätzen, womit wir es tatsächlich zu tun haben. Tatsache ist, dass das Kapital global geworden ist, und ein neuer Kontext für Governance liegt uns bereits vor. Jede Schuldzuweisung ist daher fehlgeleitet; sie ist sinnlos, wie der Wunsch, die Stalltür abzuschließen, nachdem das Pferd bereits ausgerissen ist. Dies spielt nur dem DGW in die Hände und lenkt uns davon ab, den neuen Kontext anzuerkennen und darauf angemessen zu reagieren.

Die Erkenntnis, dass das *System* schuld ist und nicht irgendeine Einzelperson oder Gruppe, bedeutet, dass wir alle im selben Boot sitzen. Dies ist eine tief psychologische und spirituelle Einsicht, und zuzulassen, dass sie uns berührt, führt uns auf eine ganz anderen Ebene des kollektiven Bewusstseins und der Verantwortung. Vielleicht lässt es sich am besten mit den Bemerkungen von Mahatma Gandhi zusammenfassen:

> *Es ist völlig richtig, sich einem System zu widersetzen und anzugreifen, aber sich zu widersetzen oder seinen Urheber anzugreifen ist gleichbedeutend mit Widerstand und Angriff auf sich selbst. Denn wir alle sind vom gleichen Schlag und sind Kinder ein und desselben Schöpfers, und daher sind die göttlichen Kräfte auch in uns unendlich. Einen einzelnen Menschen zu kränken bedeutet, diese göttlichen Kräfte zu kränken und damit nicht nur diesem Wesen, sondern mit ihm der ganzen Welt zu schaden.*[10]

Die Annahme der Realität des DGW bedeutet eine radikale Vergebung sowohl des anderen als auch unserer selbst. Das bedeutet, endlich auf das Schuldzuweisungsspiel zu verzichten und die gemeinsame Verantwortung für die Lösungsfindung zu übernehmen. Dies ist ein wichtiger psychologischer Schritt, denn ohne ihn werden wir feststellen, dass wir unbewusst an die alten Wegen der Schuldzuweisung und des Glaubens gebunden bleiben, dass Verhandlungen mit dem

DGW funktionieren könnten. Den DGW zu akzeptieren bedeutet, dass es keine Wir-Gruppe und Fremd-Gruppe mehr gibt, keine ‚uns' und ‚sie' und keine 99 Prozent mehr gegenüber dem 1 Prozent. Die neue Realität ist, dass es nur eine Menschheit gibt. Wir sind die 100 Prozent.

Pragmatisch bedeutet die Annahme der Realität des DGW nicht, dass all die vielen Kampagnen zur Sensibilisierung für globale Probleme und Ungerechtigkeiten aufhören sollten, noch dass wir aufhören sollten, sie zu unterstützen. Vielmehr impliziert es etwas viel Wichtigeres: dass wir aufhören sollten zu *glauben*, dass diese Kampagnen die erforderliche Arbeit leisten können, während der DGW aktiv bleibt. Selbst wenn wir also mit den so genannten ‚Verhandlungsstrategien' fortfahren, muss sich unsere Aufmerksamkeit, die jetzt von unseren Herzen und Seelen gespeist wird, auf ein einziges Schlüsselthema konzentrieren: die Frage, wie wir den DGW entwaffnen und überwinden können.

Dem werden wir uns in Kürze wenden, aber zuerst müssen wir herausfinden, wie sich unser Denken nebst unseren Gefühlen verändern kann.

6. Eine neue Denkplattform

Den Rat von Einstein befolgen

Bevor wir in der Lage sind, dem destruktiven globalen Wettbewerb wirksam zu begegnen, muss ein Übergang zu einer neuen Denkweise zumindest begonnen haben. Die ersten zaghaften Schritte werden schwierig sein. Indem wir uns in die Lage derjenigen versetzen, die wir einmal beschuldigt haben, müssen wir die Schuldzuweisung beenden und die Tatsache integrieren, dass der Mythos der souveränen Nation nicht mehr relevant ist. Weil er seine Macht verloren hat, kann er uns nicht weiter in Zukunft führen. Wenn wir beginnen, die Allgegenwart des DGW und die Supermobilität des Kapitals voll und ganz anzuerkennen, akzeptieren wir auch, dass die nationalen Regierungen nicht mehr die autonomen, mächtigen Akteure sind, auf die wir früher gezählt haben. Wir erkennen jetzt, wie sehr sie dem DGW verpflichtet sind und, obwohl sie immer noch wichtig sind, wie machtlos sie sind, ihn zu überwinden. Die Nationen sind nicht mehr souverän – der DGW ist es.

Auch wenn wir nicht genau wissen, wie die neue politische Ordnung aussehen wird, können wir voraussagen, dass die nationale Politik einen tiefgreifenden Wandel durchlaufen muss. Es geht nicht darum, dass die nationale Politik am Ende ist, sondern dass ihre Rolle jetzt weit weniger wichtig ist, als wir dachten. Souveränität ist nur noch zu einem Sammelbegriff derjenigen geworden, die ihr Land wieder „groß“ machen wollen. In unserer globalisierten, voneinander abhängigen Welt können solche Rufe und die soziale Bewegungen, die hinter ihnen stehen, jetzt als verzweifelte und regressive Akte der Verweigerung oder des Verhandelns mit dem DGW erkannt werden. Die nationale Politik wird überleben, aber sie muss sich jetzt an die bescheidenere und realistischere Rolle der Bestimmung und Umsetzung jener Entscheidungen, Gesetze und Maßnahmen anpassen, die noch auf nationaler Ebene getroffen werden können, während sie gleichzeitig die Entscheidungen koordiniert, die auf globaler Ebene getroffen werden müssen. Es kann sogar sein, dass sich die Politik auf kommunaler oder lokaler Ebene stärker mit dem Globalen verbindet.

Sobald wir diese schmerzhafte Realität verdaut haben, wird es leicht zu erkennen sein, wie sehr wir in einer veralteten Weltanschauung stecken geblieben sind. Wir beginnen zu bemerken, wie gebunden die meisten Menschen (wie auch die Medien) noch immer an diese Perspektive sind und wie oberflächlich und einseitig alles geworden ist. Das Denken der westlichen Gesellschaft verbleibt auf einer *national-zentrierten* Ebene, ein Denken, dass sowohl enorme Vorteile als auch massive globale Probleme mit sich gebracht hat. Es hat aber auch jüngst zu einer enormen Polarisierung geführt. Die nationale politische Szene ruft bei vielen jungen digital vernetzten Menschen gleichzeitig Langeweile und Apathie hervor, während die Angst die alten industriellen Arbeiterklassen – die Verlierer der Globalisierung – gleichzeitig in die Hände rechtsextremer Parteien treibt, was ein enormes Risiko von schweren Bürgerkriegen darstellt.

Die Wahrheit ist, dass sowohl moderne als auch postmoderne Denkgewohnheiten veraltet sind. Wir erinnern uns, dass uns Einstein davor gewarnt hat, dass wir größere Probleme nie mit dem gleichen Denken lösen können, das sie überhaupt erst geschaffen hat. Wir treten nun in eine neue Ära ein, in der uns das, was wir einst als ‚die Wahrheit' kannten, nicht mehr dienen kann. Anstatt aber zu versuchen, sie als etwas anderes zu bezeichnen – als Post-Postmoderne oder das Informationszeitalter zum Beispiel –, sollten wir doch besser ihre zentrale Wahrheit betrachten: Unsere alte Sichtweise auf die Welt ist veraltet und schädlich geworden, und was jetzt eindeutig erforderlich ist, ist die *Fähigkeit, auf eine Weise zu denken und zu handeln, die so frei von nationalen Grenzen ist wie der DGW und das supermobile Kapital.*

Höhere Denkebenen, die auf einer postnationalen Ebene operieren, existieren und können einbezogen werden. Diese Ebenen sind das, was wir als ‚weltzentrische' Ebenen bezeichnen. Eine weltorientierte Denkplattform hat eine viel umfassendere Perspektive als traditionelle, modernistische und sogar postmoderne Denkweisen über die Welt. Es bietet eine völlig neue kontextbezogene Identität, belebt durch eine umfassendere Art des Verstehens und Denkens. Um zu unserer früheren Metapher zurückzukehren: Wo die Moderne und die Postmoderne nur die Fische sehen, sieht der Weltzentrismus auch den Strudel, der sie umgibt.

Der Weltzentrismus umfasst eine wirklich globale und systemische Sichtweise. Daher ermöglicht uns diese Sichtweise, die Dynamik des Ganzen zu verstehen und deshalb kreativ über seine Zukunft nachzudenken. Wie ein Kletterer auf einem Berggipfel, der dort einen besseren Panoramablick genießt als auf dem Weg nach oben, bringt eine weltzentrierte Perspektive die Fähigkeit mit sich, den breiteren globalen Kontext zu berücksichtigen – einschließlich destruktiver Phänomene wie dem DGW. Nur der Weltzentrismus verfügt über das Potenzial, diese Phänomene zu überwinden.

Weltzentriertes Denken mag für viele Leser nicht sofort attraktiv klingen. Einige, auf unsere Historie reagierend, werden Alarmglocken hören. Aber das weltorientierte Denken ist nicht zu verwechseln mit den Ideen des globalen Imperialismus oder mit dem gegenwärtigen machtlosen Status der Vereinten Nationen oder ihres Vorläufers, dem Völkerbund. Tatsächlich waren und sind beide Organe Ausdruck des Nationalzentrismus, der nur befugt ist, die Befehle der Nationalstaaten zu befolgen, die sie geschaffen haben.[1] Es sollen auch keine Ängste vor einem übergreifenden Weltparlament oder einer kontrollierenden Weltregierung hervorgerufen werden. Weltzentriertes Denken ist kein strukturelles Unterfangen, es ist ein Aspekt des *Bewusstseins*, der uns allen zugänglich ist, ein Aspekt, der aber erst in jüngster Zeit den Menschen im Laufe ihrer Entwicklung möglich geworden ist. Weltzentriertes Denken ist eine *innere* Eigenschaft, die das Gegenstück zu den äußeren Formen globaler Technologien wie dem Internet und sogar dem DGW ist, und sie hat darauf gewartet, dass wir sie annehmen und integrieren.

Die Entwicklung des Denkens

In den letzten fünfzig Jahren haben einige Philosophen, Sozialwissenschaftler, Psychologen, Biologen und Theologen die Idee untersucht, dass nicht nur die physische Materie der Evolution unterliegt, sondern auch das Bewusstsein. Im Laufe der Geschichte zeigt sich die Fähigkeit der Menschheit, immer komplexere Gedanken und Perspektiven zu halten, in vielen Bereichen, sei es künstlerisch, literarisch und wissenschaftlich. Die Art und Weise, wie wir denken, entwickelte sich selbst, und sogar unser Gehirn könnte in der Lage sein, sich an diese neuen Potenziale anzupassen.

Die Vorstellung des sich entwickelnden Bewusstseins mag für einige Leser neu sein. Sie hat sicherlich eine untergeordnete Rolle im Kontext die Evolution materieller Formen gespielt, da sich die meisten Wissenschaftler immer noch mit den Auswirkungen der Gentheorie usw. befassen, während Politiker und Ökonomen selbst – wie wir zu unseren Lasten wissen – durch das Leuchtfeuer des Neoliberalismus zu sehr geblendet wurden, um zu bemerken, was sonst noch vor sich geht. Um genauer zu erklären, wie sich das Denken entwickelt, haben die Forscher auf diesem Gebiet begonnen, verschiedene Ebenen des Denkens zu kategorisieren, die sich beim Menschen während seiner Lebenszeit entwickeln können. Einige dieser Ansätze zielen darauf ab, als allumfassende Modelle alle Denkebenen zu umfassen, die sich bis zu diesem Zeitpunkt in der Menschheitsgeschichte entwickelt haben. Viele dieser Modelle beschreiben die Entwicklung des Denkens im Menschen und wie diese mit unserer Psychologie, Ethik und unserem Verhalten zusammenhängt.

Es ist nicht unser Ziel, hier ein neues Modell der Entwicklung von Bewusstsein vorzustellen, sondern wir wollen lediglich darauf hinweisen, dass diese Modelle immer relevanter werden, da die Notwendigkeit eines transformativen Wandels zu einer neuen Denkplattform deutlich wird. Es gibt mehrere sehr nützliche Modelle verschiedener Philosophen und Sozialpsychologen, unter ihnen James Mark Baldwin, Jean Piaget, Thomas Kuhn, Jürgen Habermas, Lawrence Kohlberg, Carol Gilligan, Robert Kegan, Clare Graves, Robert Pirsig und Ken Wilber, um nur einige Schlüsselpersonen zu nennen. Wir versuchen also nicht, hier das Rad neu zu erfinden. Unser besonderer Beitrag zu dieser Wissenschaft besteht darin, zu veranschaulichen, wie die *Identität* in diesem Prozess kompromittiert (und potenziell erweitert) wird und wie die menschlichen Organisationen, zu der auch

Wirtschaft und Politik gehören, gezwungen sind, auf veränderte Umweltbedingungen und Technologien zu reagieren und insbesondere auf neue Kontexte für politische Führung.

Bisher haben wir in diesem Buch beschrieben, dass unsere Zivilisation verschiedene Stadien durchlaufen hat, die meist durch technologische Veränderungen hervorgerufen wurden, und dass diese Übergänge unsere Perspektiven und unsere Notwendigkeit, uns in Bezug auf die Umwelt und unsere sich ändernden Bedürfnisse und Wünsche neu zu organisieren, radikal verändert haben. Wir haben kurz über den Übergang von den Jäger-Sammler-Gesellschaften zur Landwirtschaft nachgedacht; wir haben darüber nachgedacht, wie sich die Welt im Mittelalter verändert hat, indem wir den Würgegriff der kirchlichen Kontrolle über das neue Medium Druck abgeschafft haben. Wir spielten darauf an, wie sich diese Erweiterung der Denkfreiheit bis in die Renaissance, die Reformation und das Zeitalter der Erforschung fortsetzte, die die Ära des kolonialen Expansionismus einleitete und schließlich zur Aufklärung führte, die die industriellen und wissenschaftlichen Revolutionen hervorbrachte. Die fortschreitende Komplexität der begleitenden Weltanschauungen bedeutete das schnelle Aufkommen der Moderne, gefolgt von der aktuellen postmodernen Weltanschauung, um die Fehler ihrer Vorgängerzeit zu korrigieren.

Viele Historiker und Psychohistoriker haben nach Mustern in der Entwicklung der menschlichen Aktivität und der Art und Weise gesucht, wie wir die Welt betrachten. Der amerikanische Wirtschaftshistoriker und Kapitalismuskritiker Brooks Adams, geboren 1848, glaubte, dass die Handelszivilisationen durch das Zusammenspiel der menschlich emotionalen Impulse wie Gier und Angst in vorhersehbaren Zyklen aufstiegen und fielen.[2] Die Gier förderte die kommerzielle Geisteshaltung der Kreditvergabe und -aufnahme, die, wie er sagt, das Römische Reich schließlich von innen heraus untergrub und Skepsis hervorrief, was die Römer dazu veranlasste, sich von ihren Göttern und ihren militärischen Traditionen abzuwenden und sich auf Söldner zu verlassen, um das Reich zu verwalten. Am Ende des Mittelalters regierte die angstgetriebene Phantasie diesen Zyklus, und die Menschen wandten sich der abergläubischen Verehrung christlicher Relikte und dem Glauben an wundersame Absolutionen zu. Dies führte zu einem eingeschränkten Denken des frühmittelalterlichen Zeitalters und dem kultischen Fundamentalismus der Kreuzzüge, bevor der Aufstieg des westlichen Merkantilismus die Menschen zurück zum Handel und zur Änderung der etablierten Religion führte. Indem er die Wege des Geldes nachspürte, bemerkte Adams, wie sich die Zentren des Welthandels zuerst nach Konstantinopel, dann nach Venedig, dann nach Amsterdam und dann nach London verlagerten. Im Jahr 1900 sagte er voraus, dass sich der Schwerpunkt nach New York verlagern würde.

Ein bahnbrechender Überblick über die wechselseitige Beziehung zwischen Denken und Geschichte stammt von dem britischen Wissenschaftler und Psychiater Iain McGilchrist.[3] Er versucht, die Geschichte der Zivilisation durch ein anderes menschliches Zusammenspiel zu verstehen: die beiden unterschiedlichen Betrachtungsweisen, die unser Gehirn erzeugt. McGilchrist zeichnet die sich wiederholenden Zyklen auf, die von der konzeptuellen Realität der linken Hemisphäre des menschlichen Gehirns dominiert werden, wie auch der allmählichen Rückkehr jener der rechten Hemisphäre. Die Perspektive der Linken beinhaltet eine Konzentration auf Details (auf Kosten größerer Perspektiven) und führt zu Materialismus, Wettbewerb sowie militärischen und technischen Errungenschaften. Die Perspektive der rechten Hemisphäre, die es schaffte, in Perioden wie der klassische Periode des griechischen Dramas oder der Romantik des frühen 19. Jahrhunderts oder die 1960er Jahre dominant zu sein, ist jedoch fähig, das Gesamtbild und das Beziehungsgeflecht zu betrachten. Sie scheint das Klima zu bevorzugen, in dem Kunst und Zusammenarbeit tendenziell gedeihen können.

Wenn wir andererseits – im Alltag und in der Politik – heute an verschiedene Menschen oder Kulturen denken, gehen wir eher davon aus, dass ihre unterschiedlichen Weltanschauungen relativ stabil bleiben. „Die Menschen sind unterschiedlich", sagen wir mit einem Achselzucken. Wir fügen uns den Konflikten, die diese Unterschiede zwangsläufig mit sich bringen: politisch Rechts vs. politisch Links, traditionelle religiöse Gesellschaften vs. säkulare moderne Gesellschaften, globalisierend-unternehmerische Modernisten vs. egalitäre Postmodernisten und so weiter.

Wie Samuel P. Huntington in seinem einflussreichen Buch *Der Kampf der Kulturen* beschreibt, neigen wir dazu, unterschiedliche Denkweisen und Kulturen als unterschiedlich, getrennt und unveränderlich zu betrachten, als wären es harte Billardkugeln, die miteinander in Konflikt stehen und aufeinandertreffen. Wenn wir es jedoch wagen, die Menschheitsgeschichte umfassender zu betrachten, erkennen wir, dass sich Individuen und ganze Kulturen allmählich von einer Denkebene zur nächsten entwickeln. Wir stellen auch fest, dass es eine klare und vorhersehbare Abfolge dieser Veränderungen gibt. Auf diese Weise können Denkebenen weniger wie Billardkugeln als vielmehr wie Wendungen in einer Spirale betrachtet werden, die Einzelpersonen und ganze Gesellschaften durchlaufen.

Um sicherzustellen, dass wir in die richtige Richtung schauen, müssen wir einen Blick darauf werfen, wie andere Experten versucht haben, sich verändernde Weltanschauungen, Denkweisen oder Bewusstseinsebenen darzustellen – wir verwenden diese Begriffe austauschbar, auch unter dem Risiko der Ungenauigkeit –, die sich im Laufe der Menschheitsgeschichte in Individuen und in ganzen Kulturen entwickelt haben. Wir suchen nach einem universellen – wenn auch sehr allgemeinen – Überblick darüber, wie verschiedene Menschen und Kulturen denken, einschließlich der Richtung, in die sich ihre Denkweise im Laufe der Zeit entwickeln wird, um uns zu helfen, den großen Sprung nach vorne zu verstehen, den wir in unserem Denken machen müssen, und welche Hindernisse es dabei geben kann. Aus diesem Grund wenden wir uns nun der Entwicklungspsychologie zu: Wie sich das menschliche Denken selbst verändert und entwickelt.

Über Veränderungen im Denken nachdenken

Der große Vater der Entwicklungspsychologie war der Schweizer klinische Psychologe Jean Piaget, der 1896 geboren und 1980 gestorben ist. Piaget führte bahnbrechende Forschungen durch, wie Kinder ihre kognitiven Fähigkeiten im Laufe der Zeit entwickeln. Insbesondere berücksichtigt Piagets Entwicklungsmodell das kumulative Denken auf der Grundlage früher identifizierbarer Bausteine. Durch wiederholte Forschung zeigte Piaget, dass Kinder ihr Verständnis schrittweise erweitern, indem sie auf die Auswirkungen ihres eigenen Vorwissens reagieren und darüber nachdenken. Auf diese Weise lernen sie, ihr Wissen in immer komplexeren Strukturen zu organisieren. Piagets System, die so genannte ‚genetische Epistemologie', versuchte, das anzugehen, was er später ‚das zentrale Problem der intellektuellen Entwicklung' nannte. Sein Modell entwickelte sich zu einer umfassenden Theorie der kognitiven Entwicklungsstadien, in der Individuen identifizierbare Denk- und Erkenntnismuster in vorhersehbaren Entwicklungsphasen aufweisen, die in einer hierarchischen Struktur enthalten sind.[4]

Clare W. Graves war Professor für Psychologie in Schenectady, New York. Er baute auf der Arbeit von Piaget auf, wurde aber auch von Max Weber, Abraham Maslow und Jane Loevinger beeinflusst, und seine Forschung und sein Schreiben konzentrierten sich eher auf die Prozesse der menschlichen psychologischen Reifung. Sein Hauptinteresse galt nicht der frühen Entwicklung, sondern der Frage, wie der Mensch neue ‚bio-psycho-soziale Bewältigungssysteme' entwickelt, um existenzielle Probleme zu lösen und mit Veränderungen in seiner Umwelt umzugehen. Graves erkannte, dass Bewältigungssysteme mit der Entwicklung der menschlichen Kultur und der individuellen Entwicklung zusammenhängen und sich auf individueller, kultureller und sogar Artenebene nachvollziehen lassen. Er meinte, dass sich unser Gehirn stets an unsere sich verändernde Welt anpassen und entwickeln würde und dass die Natur des Menschen keine feststehende Sache sei; sie würde sich stets entwickeln, und sei ein offenes und nicht geschlossenes System.[5]

Graves argumentierte, dass der Mensch auf äußere Bedingungen reagiert, indem er in einem hierarchischen Rahmen denkt und Systeme schafft, die sowohl Progression als auch Regression unterliegen. Die Bewegung würde sich im Laufe der Zeit in Sprüngen und

Abstiegen fortsetzen, um das menschliche Bewusstsein in eine weitere Expansion auszudehnen, wie er erklärte:

> *Kurz gesagt, was ich vorschlage, ist, dass die Psychologie des reifen Menschen ein sich entfaltender, auftauchender, oszillierender, spiralförmiger Prozess ist, der durch eine fortschreitende Unterordnung älterer, niederer Verhaltenssysteme unter neuere, höherwertige Systeme gekennzeichnet ist, während sich die existentiellen Probleme des Menschen ändern.*[6]

In seiner Theorie der auftauchenden zyklischen Ebenen der Existenz unterschied Graves in dieser Spirale des Fortschritts acht verschiedenen Ebenen zunehmend komplexer werdender Systeme von Kontext, Bedeutung und Werten. Hierarchisch geordnet sind diese Denkebenen einem Wandel unterworfen, und, folgt man Piaget, die Werte jeder Ebene konnten als Antworten auf die Lösung der Probleme der vorherigen Ebene identifiziert werden. Wenn diese Wertesysteme etabliert sind, würden Gruppen, Gesellschaften und Kulturen Strukturen erschaffen, die der Einzelne integrieren könnte. Graves unterschied zwischen Verschiebungen von einer Ebene zur anderen, die entweder schrittweise oder durch einen Durchbruch erfolgten; die Qualität dieser letztgenannten Art von Veränderung ist das, was wir heute, nach Thomas Kuhn, als ‚Paradigmenwechsel' bezeichnen könnten.

Jede der ersten sechs Denkebenen von Graves baut ihren eigenen Status dadurch auf, die Mängel der vorherigen Ebene durchschaut und überwunden zu haben. Graves nannten sie Ebenen ‚Erster Ordnung', weil sie über eine enge Perspektive verfügen, die an McGilchrist´s Analyse der linken Hemisphäre erinnert. Wir werden jede dieser Ebenen in Kürze etwas ausführlicher erläutern. Der Übergang vom Denken Erster Ordnung zum Denken Zweiter Ordnung, der sich an McGilchrist´s globaleren Kontext der rechten Hemisphäre erinnerte, beinhaltete das, was Graves einen ‚Sprung' in der Perspektive nannte. Ebenen Zweiter Ordnung, die wir als weltzentrisch bezeichnen, haben den großen Vorteil, dass sie das gesamte

System im Kontext sehen können, so dass sie die den vorherigen Ebenen innewohnenden Werte integrieren, ihre Fehler verwerfen und eine neue *nicht-polarisierte* Synthese erstellen können. Das Denken Erster Ordnung weicht jedoch nicht so leicht der Zweiten Ordnung, gerade wegen der Größe des erforderlichen Sprungs.

Es ist diese Spannung zwischen den Bewusstseinsebenen der ersten und zweiten Ordnung, die die Begeisterung der Autoren hervorrief. Es trug dazu bei, zu erklären, dass die Notwendigkeit, in einen neuen Kontext zu wechseln, in dem kooperative Global Governance funktioniert, um globale Probleme wie DGW und Klimawandel anzugehen, absolut logisch, vernünftig und offensichtlich erscheint, und warum doch wie so viele gut meinende Menschen es einfach nicht sehen konnten und tatsächlich negativ auf die Idee reagieren. Mit der Linse von Graves' Schema wurde es klar und einfach: Dieser neue Kontext für Global Governance kann *nur* aus einer weltzentrierten Perspektive Zweiter Ordnung betrachtet werden, während die nationalzentrierte Perspektive Erster Ordnung in einer ‚sie-und-wir' und ‚entweder/oder'-Dialektik stecken bleibt und die neue Idee nicht einmal sehen kann, weil sie auf einer anderen und höheren Ebene existiert. Das Denken der Ersten Ordnung stellt sich vor, dass seine Ebene der Höhepunkt der Schöpfung ist; es ist daher gegen jeden Sprung resistent. Die Zweite Ordnung ist weitaus flexibler und kreativer, weil die Möglichkeiten der Umsetzung des neuen Idee über Werte und Strukturen, die bereits auf anderen Ebenen existieren, eine pragmatische Realität ist.

Wie wir bereits angedeutet haben, sind wir in diesem Buch nicht auf der Suche nach einem neuen Weg, die gesamte menschliche Erfahrung zu verstehen, noch nach einer Theorie, auf der wir unsere Argumente aufbauen können. Aber wir sind überzeugt, dass die wirtschaftlichen und politischen Veränderungen, die in dieser entscheidenden Zeit der Weltgeschichte notwendig sind, auf der Fähigkeit von genügend Menschen in der Welt beruhen, ihr Denken zu ändern und die größten Hindernisse für die Lösung globaler Probleme zu identifizieren, damit wir alle mit der Lösung dieser Probleme fortfahren können. Das Modell von Graves, und insbesondere, wie es nachfolgende Theoretiker weiterentwickelt haben, könnte ein sehr nützliches Werkzeug sein, um zu sehen, wie Veränderungen im Denken tatsächlich funktionieren und wie es manchmal stecken bleibt.

Denken auf einer aufsteigenden Spirale

Zunächst in den 1960ern von Graves formuliert, wurde die Idee, das sich entwickelnde Bewusstsein anhand einer aufsteigenden Spirale (oder Doppelhelix, wie er es ursprünglich vorgeschlagen hatte) zu begreifen, von mehreren Theoretikern weiterentwickelt, zunächst von zwei seiner Studenten, Don Beck und Chris Cowan, die es als Spiral Dynamics auf die Unternehmensführung und Führungskräfteentwicklung anwandten.[7] Auch wurde es vom Bewusstseinstheoretiker Ken Wilber übernommen, der sich der Kartierung aller psychologischen und spirituellen Entwicklungsmöglichkeiten gewidmet hatte. Er übernahm das Modell dann in sein ‚Alle Quadranten, Alle Ebenen' (AQAL)-Modell, das die intellektuelle Grundlage des Integral Institute in Boulder, Colorado, bildet.[8] Da es die Forschung anderer Theoretiker, einschließlich der von Graves, berücksichtigte, zeigt Wilbers AQAL-Rahmen, dass Werte oder Weltanschauungen – die Aspekte des Bewusstseins, mit denen wir uns in diesem Buch hauptsächlich befassen – nur eine von vielen Linien oder Möglichkeiten der menschlichen psychologischen Entwicklung umfassen, wenn auch eine wichtige. Im Kontext dieses Buches interessieren wir uns dafür, wie die sich entwickelnde Spirale der Weltanschauungen zeigt, wie die zunehmende Komplexität des Kontextes ein natürlicher Teil der menschlichen Entwicklung zu sein scheint, in dem die umfassendere Perspektive ein reiferes Verständnis der menschlichen Angelegenheiten und damit Potenziale zur Problemlösung bietet.

Der Nutzen jedes Modells, dass die Stufen und Bewusstseinsebenen identifiziert, erfüllt die unten aufgeführten Bedingungen:

- Sie sollte die Kluft zwischen der Art und Weise, wie Menschen als Individuen agieren, und der Art und Weise, wie sie in Gruppen, Gesellschaften und Kulturen agieren, schließen.

- Es sollte sich sowohl auf die Entwicklung der *inneren* emotionalen und kognitiven Fähigkeiten als auch auf die *äußeren* Organisations- und Handlungsfelder erstrecken, wie etwa die wirtschaftlichen und politischen Aktivitäten, die wir in diesem Buch besprechen.
- Es sollte systematisch zeigen, wie Individuen durch eine Reihe von Veränderungen im Verständnis, im Sinn, in den Werten und im Verhalten während ihrer Entwicklungsgeschichte fortschreiten.
- Es sollte die Verbindung herstellen, dass sich die menschliche Kultur auf einem vergleichbaren Entwicklungspfad bewegt, da Gesellschaften aus Individuen auf unterschiedlichen Bewusstseinsebenen bestehen.
- Es sollte zeigen, dass, wenn eine ausreichende Anzahl von Individuen eine bestimmte Bewusstseinsebene erreicht hat, eine kontextuelle Verschiebung stattfinden kann.
- Es sollte zeigen, wie eine nachfolgende Ebene die Bedeutung die vorherigen Ebene aufnimmt, aber auch negiert, indem sie ihre Perspektive und Komplexität erweitert.
- Es sollte uns helfen zu verstehen, wie, wenn Ebenen von Bedeutung und Kontext auf einer Ebene zu versagen beginnen, es zu einem Widerstand gegen den Übergang zur nächsten Ebene geben kann, die versucht, sie zu umfassen und zu überschreiten.

Die aufsteigende Spirale funktioniert in diesem Zusammenhang sehr gut, daher werden wir ihre verschiedenen Stufen oder Ebenen hier vorstellen, um zu sehen, was für unser Argument relevant sein könnte. Entsprechend der für uns nützlichsten Kombination von Beschreibungen, die von einigen der von uns bereits erwähnten Theoretiker verwendet wurden, können diese acht Stufen wie folgt beschrieben werden.

Die aufsteigende Spirale der Weltanschauungen

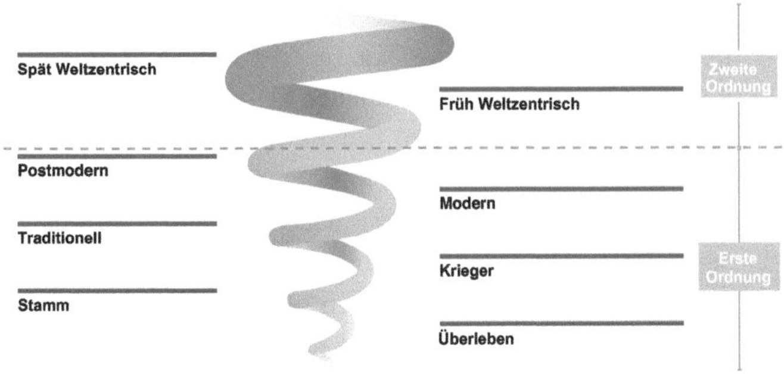

Stufen der Ersten Ordnung

1. **Überleben**/ Archaisch/ Instinktiv
2. **Stamm**/Animistisch/Mythisch
3. **Krieger**/ Macht/ Dominant/Egozentrisch
4. **Traditionell**/ Autoritär/ Konformistisch
5. **Modern**/ Technokratisch/ Rational/ Meritokratisch
6. **Postmodern**/ Egalitär/ Pluralistisch

Stufen der Zweiten Odnung

7. **Früh-Weltzentrisch**/ Systemisch /Funktional /Integrativ
8. **Spät-Weltzentrisch**/ Ganzheitlich / Global, geschichtet

Die Ebenen, die uns in diesem Buch am meisten beschäftigen, sind Modern, Postmodern und vor allem der Sprung der Zweiten-Ordnung zu Früh-Weltzentrisch, wo weltzentrisches Denken ins Spiel zu kommen beginnt. Aber zuerst werden wir kurz die gesamte Spiralbewegung skizzieren, wie sie sich im Laufe der Menschheitsgeschichte entwickelt hat.[9]

- *Überleben*

In der fundamentalsten Weltsicht dreht es sich um das grundlegende Überleben. Für die ersten Menschen überwiegt das Bedürfnis nach Nahrung, Wasser, Wärme, Sicherheit und Sex. Das Gefühl für ein individuelles Selbst ist kaum vorhanden und das Denken geschieht fast automatisch; die soziale Struktur besteht aus losen Gruppen von Menschen, die auf das Überleben bedacht sind; ihr wirtschaftlicher Modus ist das Jagen und Sammeln. Die Grundbedürfnisse bestimmen alle Entscheidungen. Psychologisch gesehen ist dies die Weltanschauung eines Neugeborenen oder eines stark traumatisierten Menschen.

- *Stammesangehörig*

Jetzt bezieht sich das Bewusstsein auf den Stamm, und das Selbst wird als Teil der Gruppe erlebt. Das grundlegende Überleben muss gesichert werden, und diese Weltanschauung wird durch Bedeutung und Sinn belebt, die von außerhalb der Gruppe kommen – Geister und mystische Zeichen, die von Schamanen interpretiert werden. Den Geistern sind zu gehorchen, wie auch dem Häuptling und den Stammesältesten. Übergangsrituale, saisonale Zyklen und Stammeszeremonien bestimmen den Lebenszyklus. Das Denken ist animistisch, verankert in Blutschwüren, Flüchen, ethnischen Überzeugungen und mystischem Aberglauben. Wirtschaftlich gesehen ist der Modus die Nahrungssuche. Heute kann Tribalismus sowohl in ländlichen Gebieten der Entwicklungsländer als auch in Ghetto-Straßenbanden, bei Fußballanhängern und Unternehmensloyalität beobachtet werden.

- *Krieger*

Hier erwacht das Selbst zunehmend und spürt nun seine eigene Kraft, seine Umgebung zu beeinflussen und zu kontrollieren. Die Welt ist voller Bedrohungen; es gibt viele Raubtiere, die überwunden und unterworfen werden müssen. Dieses Bewusstsein ist im Willen verwurzelt, gefällt sich selbst und dominiert andere. Es verlangt Respekt, bestimmt für anderen und tut, was es will. In der europäischen Geschichte war seine Blütezeit das Zeitalter der großen Reiche, die diejenigen unterwarfen, die ‚anders' waren. Beim heranwachsenden Kind ist es das Alter der ‚schreckliche Zwei'. Sein Denken ist egozentrisch, ihr *Modus operandi* ausbeuterisch.

- *Traditionell*

Als Reaktion darauf ist ein scharfes Ziehen an den Zügeln erforderlich. Eine Weltanschauung von Respekt und Autorität entsteht. Jetzt hat das Leben Sinn und Zweck und wird durch eine höhere Macht oder eine absolutistische Religion oder Ursache definiert. Das persönliche Selbst wird einer höheren Sache oder der Erlösung durch die eine und einzige Wahrheit geopfert. Gut und Böse innerhalb der Psyche werden nach außen in Form von Archetypen projiziert: Gott, der Teufel und ihre Vertreter auf Erden. Die Gesellschaft ist in der Ordnung verwurzelt; ein strenger Verhaltenskodex ist hier gegeben, denn schließlich werden Gehorsam und Disziplin ihren Lohn bringen. Denken ist absolutistisch – alles oder nichts, schwarz oder weiß.

Traditionelle soziale Strukturen neigen dazu, starr, hierarchisch und autoritär zu sein. In extremer Form strotzt es von Fundamentalismus; in Maßen geht es um Zugehörigkeit. Wirtschaftlich ist sein Modus landwirtschaftlich. Politisch drückt es sich im Konservatismus und Patriotismus aus, etwa ‚für Gott, König und Land'. Heute wäre China ein Beispiel für eine solche nationale Gesellschaft, auch wenn es sich schnell verändert. Psychologisch passt sich ein sich entwickelndes Kind an Regeln, Eltern oder Schule an, weil es dazugehören will.

- *Modern*

Die Konformität wird schließlich durch Individualität entbunden. Die moderne Denkweise geht davon aus, dass die Welt durch Strategie, Eigeninteresse und Wettbewerbsfähigkeit zu meistern ist. Die europäische Aufklärung war das erste große Auftauchen der modernen Denkweise. Sie war der Vorbote des Nationalstaates, der Demokratie und des Gesellschaftsvertrages und unterstützte gleichzeitig den Kolonialismus und den Expansionismus des Industriezeitalters. Das rationale egoistische Selbst ist eigennützig, aber mit seiner Fähigkeit zur Logik ist es in der Lage, sich in die Lage anderer zu versetzen. Unter dem Motto ‚Fortschritt' sind Natur und andere Kulturen jedoch Ressourcen, die durch Wissenschaft und Technologie genutzt werden können. Sein Denken ist linear – entweder/oder, Subjekt-Objekt –, das sich mit Leistung, Selbstverwirklichung, Wettbewerb und Erfolg durch Leistung beschäftigt.

- *Postmodern*

Als Reaktion auf diese Selbstbezogenheit entsteht nun eine neue Sensibilität, die davon ausgeht, dass alle Wesen und Interessen Einbeziehung und Respekt verdienen und dass alle Standpunkte gehört werden sollten. Gleichheit ist selbstverständlich, und jeder muss von Dogma, Gier und Herrschaft befreit werden; Hierarchien jeglicher Art sind zu dekonstruieren. Durch die Eliminierung der Hierarchie strebt der Postmoderne nach Harmonie, Fürsorge und Austausch und orientiert sich nach Gleichgesinnten, jedoch gegen diejenigen, die er als im Gegensatz dazu stehend empfindet. Sein Denken findet sich in Multi-Kulturalismus, politischer Korrektheit, Umweltschutz, Global-Justiz-Aktivismus, Occupy und *Web of Life*-Theorien. Wirtschaftlich gesehen ist der Modus postindustriell und informatorisch. Die Falle für die postmoderne Ebene ist der Glaube, dass diese Weltanschauung das letzte

Wort ist; ihr Mantra lautet: ‚Niemand sagt *mir*, was ich tun soll'.

Ein Übergangspunkt für neue Augen

Der Übergang von der postmodernen zur frühweltzentrischen Ebene ist auch der Übergang von der Ersten zur Zweiten Ordnung, vom nationalzentrischen zum weltzentrischen Denken, und ein viel größerer Sprung als jeder der vorherigen Übergänge. Wie Graves erklärt:

> *Nachdem sie von den engeren tierähnlichen Bedürfnissen, den zwingenden Notwendigkeiten des Überlebens, der Angst vor Geistern und anderen gefährlichen Menschen, von der Angst, die Ordnung zu stören, von der Gier sowie der Angst vor sozialer Missbilligung behindert wurde, ist die menschliche Kognition plötzlich frei. Jetzt, da ihre Energien frei für die kognitive Aktivierung sind, konzentriert sich der Mensch auf sich selbst und seine Welt.*[10]

In der Antike wurde die Schwierigkeit des Übergangs von einer großen kontextuellen Ebene zur anderen zwar erkannt, aber sie wurde in verschiedenen – mythischen – Begriffe ausgedrückt. Bewusstseinsebenen wurden als verschiedene Welten oder Domänen betrachtet. Diese wurden von bestimmten (oft weiblichen) Wächtergottheiten, wie der Sphinx im alten Ägypten, bewacht. Um an der Sphinx vorbeizukommen, musste der Held – der sich laut dem Ethnologen Joseph Campbell auf einer Reifungsreise befand – ein Rätsel lösen.[11] In unserer gegenwärtigen Situation bedeutet das nicht, dass wir gut im Lösen von Kreuzworträtseln werden müssen, sondern dass wir das dualistische oder polarisierte Denken überwinden müssen.

Der Übergang zur Zweiten Ordnung bedeutet, dass wir auch jene Identität aufgeben, die darin besteht, dass wir annehmen, dass der andere etwas falsch gemacht hat oder indem wir meinen, dass ‚niemand mir sagen soll, was ich zu tun habe'. Stattdessen müssen wir die Weisheit aller früheren Ebenen, die wir vielleicht einmal abgelehnt haben, mit den Erkenntnissen des Neuen integrieren. Diese Bewusstseinsverschiebung ist so mächtig, dass es kein Wunder ist, dass die Alten diese Schwelle als von Machtfiguren bewacht dargestellt haben. Wenn der Übergang vom Denken der Ersten zur Zweiten Ordnung der große Bewusstseinswandel ist, der jetzt erforderlich ist – wie die Autoren glauben –, so es ist keine Überraschung, dass wir hier auf Probleme stoßen. Unsere Welt, die sich auf ihrem zerstörerischen Weg bewegt und keinen Ausweg findet, scheint ein Beweis für die Schwierigkeit zu sein, diesen großen Sprung von der Ersten zur Zweiten Ordnung, vom nationalzentrischen Denken zum weltzentrischen Denken zu schaffen. Tatsächlich scheint die postmoderne Ebene der Ort zu sein, an dem die Bewegung auf der Spirale stecken bleibt. Es mag sein, dass es sich um eine eingebaute *Reculer pour mieux sauter* Stufe handelt, die sich vor einem Sprung zurückzieht, aber deshalb haben wir der Erkenntnis in den letzten beiden Kapiteln viel Raum gewidmet, warum die globale Gerechtigkeitsbewegung ein besonders schwer zu verstehendes Hindernis für die weitere Entwicklung darstellt. Unsere Herzen stimmen voll und ganz mit ihren Zielen überein, aber weil sie die Realität des DGW nicht richtig anerkennen kann, bleibt ihr Denken stecken und darum kämpft sie damit, zur weltzentrierten Denkplattform zu gelangen, die in den nächsten Phasen eingeführt wird.

Die postmoderne Ebene neigt in der Tat dazu, Schwierigkeiten mit der gesamten Idee der Bewusstseinsebenen zu haben. Da seine eigene Bewusstseinsebene auf der Dekonstruktion der Machtdynamik basiert und allem misstraut, was einer Hierarchie ähnelt, ist dies vielleicht auch keine Überraschung. Wenn Gruppen, die sich auf der Ebene der Postmoderne befinden, mit einer frühweltzentrischen Perspektive konfrontiert werden, werden sie sich häufig weigern, diese Perspektiven zu verstehen und stattdessen Werte wie Vielfalt, Geschlechtergleichheit, Frieden und andere Versionen von Pluralität betonen. Was die postmoderne Ebene nur schwer versteht, ist, dass diese Werte mit in die *frühweltzentrische* Ebene aufgenommen werden, ohne sich dadurch durch sie zu definieren. Daher können solche Einwände eine Ablenkung darstellen, besonders wenn ein starker Konflikt entsteht oder wenn einige traditionelle Elemente wie Ordnung, Struktur und Disziplin erforderlich sein könnten. Die postmoderne Gruppe widersetzt sich dabei dem schwierigen Übergang auf die nächste Ebene, indem sie sich in ihrem bekannten und vertrauten Gebiet aufhält, und das verhindert schließlich den weiteren Fortschritt.

Mit dem Aufkommen der frühweltzentrischen Ebene weicht die postmoderne Ablehnung der Hierarchien der Erkenntnis, dass Hierarchien natürlich vorkommende Phänomene sind und nun differenziert werden können: Einige sind gesund, andere nicht. Die wichtigste Hierarchie, derer sie sich bewusst wird, ist die Spirale des Bewusstseins selbst. Ob explizit oder implizit, die frühweltzentrische Ebene erkennt an, dass jede Ebene eine gültige, wenn auch nur partielle, Art und Weise ist, die Welt zu betrachten. Das Leben wird hier als ein Kaleidoskop natürlicher Hierarchien, Systeme und Formen anerkannt. Im Gegensatz zur Moderne und Postmoderne, deren Denkmodus ein ‚entweder/oder' ist, macht die frühweltzentrische Weltsicht den Schritt zu ‚sowohl/als auch'. Ihr Denken ist systemisch und integrativ; hier dominieren Flexibilität, Spontaneität und Funktionalität.

Hier gilt hervorzuheben, dass sich frühweltzentrische und in geringerem Maße die spätweltzentrische Ebene erst jetzt in der Welt zu manifestieren beginnen, so dass es schwieriger ist, sich über ihre Eigenschaften im Klaren zu sein. Um nicht zu riskieren, Vorhersagen über Fachgebiet zu machen, die über unser Fachgebiet hinausgehen, werden wir uns darauf beschränken, einige Beispiele aufzuzeigen, wie sich diese Ebenen in der Politik in Bezug auf globale Probleme manifestieren und wie diese Ebenen sie zu lösen versuchen. Der Kürze halber werden wir die frühe und späte weltzentrische Ebene einfach als ‚Früh' und ‚Spät' bezeichnen.

Politisches Bewusstsein der zweiten Ordnung

Früh ist sich der Spirale bewusst und sieht die verschiedenen Ebenen, auf denen sich Menschen und Kulturen befinden, und versucht, mit ihnen auf eine Weise zusammenzuarbeiten, die ihnen hilft, sich zu entwickeln. Im Mittelpunkt steht jedoch tendenziell der *Einzelne*, sei es eine Einzelperson, ein Unternehmen oder ein Land. Früh sieht die verschiedenen Denkstufen, die im Spiel sind, und versucht, sie kooperativ auszurichten, um optimale Ergebnisse zu erzielen. In Bezug auf globale Probleme, bei denen sich Postmoderne auf die Bekämpfung des Systems konzentrieren, versuchen Frühe, mit dem System zu arbeiten, um bessere Ergebnisse zu erzielen. Beispiele finden sich in den Bereichen soziale Verantwortlichkeit von Unternehmen, Chaostheorie, Bewusster Kapitalismus,[12] Organisations- und Nachhaltigkeitsberatung, Paul Rays ‚Kulturell Kreative'[13] und Don Becks Arbeit zur Unterstützung der Beendigung der Apartheid in Südafrika.[14]

Im Gegensatz zu Früh geht die späte Ebene über einen individualistischen Fokus hinaus und umfasst die kollektive Dimension. Sie betrachtet die ganze Welt als einen dynamischen Organismus. Ausgehend von dem gleichen Bewusstsein der Spirale ist das späte Denken intuitiv und seine Perspektive global und kooperativ. Im Gegensatz zu den Ebenen Erster Ordnung (und teilweise Früh)[15] ist Spät in der Lage, kollektive globale Phänomene – wie z.B. den DGW – zu erkennen und globale Lösungen zu erarbeiten, wo immer diese notwendig sind. Sein Denken ist ganzheitlich, und doch sind seine Lösungen so geschichtet, dass jede der vorherigen Ebenen angemessen berücksichtigt wird. Es ist also die erste Ebene, die völlig weltzentriert ist. Beispiele für spätweltorientiertes Denken gibt es nur wenige, aber schließen die Schriften von Ken Wilber, Otto Laske und dem Theologen Pierre Teilhard de Chardin ein.

Was die Politik auf dieser Ebene betrifft, so befinden wir uns im Neuland. Der Hauptunterschied zwischen Früh und Spät besteht, wie wir es sehen, jedoch darin, dass Früh versucht, die einzelne Person, das Unternehmen oder die Nation zu transformieren, während es

Spät darum geht, die Welt zu transformieren. Dies würde nicht den bisherigen Versuchen von herrschsüchtigen Imperien, der Kirche oder dem Neoliberalismus ähneln, sondern wäre eher im Sinne dessen, was Wilber ‚die Erste Direktive' nennt,[16] einer Form kooperativer Global Governance, die alle *Kulturen in ihrem eigenen Kontext*, unabhängig von ihrem Entwicklungsstand, respektiert, und die sicherstellt, dass jede von ihnen auch gerecht von einer kooperativ gesteuerten Weltwirtschaft unterstützt wird, die wirklich fair für alle ist.

Der blinde Fleck eines *individuellen* Fokus auf die Wertezusammensetzung einzelner Unternehmen oder Nationen ist es, die kollektive globale Dynamik nicht zu sehen. Zum Beispiel kann sich jemand auf Früh bewusst sein, dass in einem bestimmten Land der postmoderne Multikulturalismus und die Normen für Vielfalt beginnen können, ein gesundes Gefühl der traditionellen nationalen Identität zu bedrohen, und dass dies etwas ist, das Abhilfe schaffen kann, vielleicht durch Verringerung der Einwanderung. Aber nur jemand auf Spät wird erkennen, dass die kollektive globale Dynamik des DGW dieses Phänomen in allen Ländern praktisch unvermeidlich macht, da eine Tendenz zum Nationalismus und zur extremen Rechten sowie eine allgemeine Desillusionierung mit Mainstream-Politik nicht auf wenige einzelne Nationen beschränkt ist, sondern einen transnationaler Trend darstellt.

So kann keine werteorientierte Arbeit innerhalb einer einzelnen Nation möglicherweise eine dauerhafte positive Wirkung haben, *wenn nicht auch* die globale Dynamik des DGW berücksichtigt wird. Wir werden in Kürze eine solche Kampagne vorstellen, die ein solches Potenzial bietet.[17]

Dynamik in der Spirale

Nachdem wir die Ebenen in der Spirale beschrieben haben, gibt es nun wichtige Punkte zu beachten, wie sich die Ebenen zueinander verhalten und wie sie sich sowohl in Einzelpersonen als auch in ganzen Gesellschaften manifestieren. Wir listen kurz die wichtigsten auf:

- *Nicht was, sondern wie.*

Die Ebenen bestimmen nicht, was Menschen denken, sondern wie sie denken. Ein Anhänger einer fundamentalistischen Religion zum Beispiel agiert auf der gleichen Bewusstseinsebene (Traditionell) wie der Anhänger einer anderen fundamentalistischen Religion. Der Konflikt zwischen ihnen basiert nicht auf dem *Kontext*, sondern auf dem *Inhalt*. Ihre Denkweisen sind einfach verschiedene Versionen auf derselben Ebene.

- *Die Ebenen entfalten sich nacheinander und können nicht übersprungen werden.*

Die Forschung deutet darauf hin, dass sowohl Einzelpersonen als auch ganze Gesellschaften dazu neigen, die Ebenen in der im Diagramm dargestellten Reihenfolge aufzusteigen. Da jede Stufe als Reaktion auf ihren Vorgänger entsteht, kann keine Stufe übersprungen oder vermieden werden. Individuen und Gesellschaften müssen jede Stufe nacheinander durchlaufen, auch wenn einige schneller navigiert werden können als andere. Da sich das Tempo des Wandels jedoch unter der Globalisierung exponentiell beschleunigt, kann die spätweltzentrische Stufe sehr schnell auf die frühweltzentrische Stufe folgen.

- *Jede höhere Ebene transzendiert und integriert ihren Vorgänger.*

Jede neue Denkebene repräsentiert eine neue und umfassendere Sichtweise und ein tieferes Verständnis der Welt. Jede neue Wendung in der Spirale beinhaltet mehr und sieht umfassender als ihr Vorgänger. Aber eine neue Ebene ersetzt ihren Vorgänger nicht, sondern sie integriert sie. Sie berücksichtigt die wichtigen Wahrheiten ihrer Vorgänger und geht dennoch über sie hinaus, um ihre eigene, vollständigere Perspektive anzubieten. So transzendiert, negiert und schließt jede neue Ebene (unter Verwendung von Wilbers unschätzbarer Terminologie) ihre Vorgänger ein.[18]

- *Kein Individuum und keine Gesellschaft befindet sich nur auf einer Ebene.*

  Da jede Ebene ihren Vorgänger transzendiert und miteinschließt, haben wir unabhängig von der Ebene, auf der wir uns gerade befinden, immer noch Zugang zu allen Ebenen unterhalb unserer aktuellen Ebene. Während wir durch sie hindurchgehen, werden sie ein Teil von uns.
  Obwohl wir dazu neigen, von der *höchsten* Ebene aus zu arbeiten, die wir erreicht haben, haben wir immer noch Zugang zu früheren Denkweisen und können trotzdem auf sie zurückgreifen, insbesondere wenn wir uns bedroht oder unter Stress fühlen.

- *Die Entwicklung in der Spirale ist keine lineare Affäre.*

  Der Fortschritt in der Spirale ist weder unvermeidlich noch linear, sondern zeichnet sich durch Perioden des Stillstands und Regression sowie durch Momente des schnellen Fortschritts aus. Die Bewegung scheint jedoch auf immer größere Perspektiven, auf größere kognitive Raffinesse und zunehmende Kreise von Fürsorge, Mitgefühl und Umarmung ausgerichtet zu sein.

- *Jede Ebene hat ihre gesunden und ihre ungesunden Aspekte.*

  So wie jede Technologie für Gutes oder Schlechtes eingesetzt werden kann, hat jede Ebene in der Spirale ihre gesunden und pathologischen Seiten. Zum Beispiel beinhaltet die gesunde traditionelle Ebene die Loyalität zu Freunden und Familie, einen maßvollen Stolz auf die eigene kulturelle und nationale Identität, toleranten religiösen Glauben, Respekt vor dem Gesetz und so weiter. Pathologisches auf der traditionellen

Ebene hingegen zeigt sich im religiösen Fundamentalismus, in der Fremdenfeindlichkeit, im Patriarchat und in der Unfähigkeit, Unterschiede zu tolerieren. Die Leser werden sich vielleicht daran erinnern, dass wir in früheren Kapiteln einige der Pathologien im Zusammenhang mit der Moderne und Postmoderne berührt haben.

- *Die Ebenen entwickeln sich als Reaktion auf sich ändernde Lebensbedingungen.*

Eine neue Denkebene entsteht nicht einfach aus dem Nichts, sondern entwickelt sich als Reaktion auf veränderte Lebensbedingungen. Dies ist eine der Botschaften, die Einsteins Ratschlägen innewohnen, dass gegenwärtige Probleme ein neues Denken erfordern, denn jede Ebene löst nicht nur die Probleme der vorherigen Ebene, sondern schafft auch ihre eigenen neuen Probleme, und diese neuen Bedingungen wiederum treiben das Entstehen der nächsten Ebene an. Eine sich ständig entwickelnde Spirale des Bewusstseins ist das Ergebnis.

Genau das geschieht jetzt mit uns allen. Im Zuge der Globalisierung sind neue Lebensbedingungen entstanden – insbesondere der neue Kontext für politische Steuerung, den wir den DGW nennen. Die gegenwärtige Denkebene kann nicht verstehen, was passiert, weil sie zu partiell und zu begrenzt und zu nationalzentriert ist. Aber diese ungesunden Einschränkungen haben einen Zweck. Wie Robert Pirsig in seinem Modell konkurrierender Wertmuster begründete, lädt ihre übermäßige *statische* Qualität tendenziell zu einer chaotischen Dynamik ein, die schließlich die Entwicklung der nächsten umfassenderen Ebene stimuliert.[19]

In Zeiten des Übergangs und des Stresses neigen wir Menschen jedoch dazu, uns von unserer grundlegenden Angst vor Veränderungen und unserem fest verdrahteten Misstrauen gegenüber Fremden motivieren zu lassen, und dann *fallen* wir auf frühere Ebenen zurück. Da die globale Ungleichheit des Reichtums die Massenmigration der Menschen aus den Entwicklungsländern in die entwickelten Länder antreibt, geben die Bürger ihren modernen/postmodernen Regierungen unweigerlich die Schuld, dass sie dies zulassen und die ihre Ängste nicht lindern. Da sie nicht sehen, dass der DGW der eigentliche Täter ist, geben sie ihre Stimmen rechten Parteien, die die Weltanschauungen der untersten vier Ebenen besser berücksichtigen. Die Notwendigkeit, ein globaleres Bewusstsein zu entwickeln, wird dabei heftig bekämpft, obwohl es die einzige Ebene ist, auf der das Problem letztlich gelöst werden kann.

Aus Sicht der Spirale untergraben die Lebensbedingungen der Globalisierung die traditionelle Ebene in praktisch allen Nationen erheblich, da der DGW nationale Identitäten und Kulturen einer schweren Bedrohung aussetzt. Vertraute moderne/postmoderne Regierungs-Strategien, die beide national ausgerichtet sind, haben keine Antwort auf den neuen Kontext, den der DGW repräsentiert. Die einzige Lösung besteht darin, zu einem neuen, spätweltorientierten Regierungssystem überzugehen, einer neuen Form der Global Governance, das in der Lage ist, eine globale Wirtschaft zu schaffen, die wirklich fair für alle ist und es den Bürgern in Entwicklungsländern ermöglicht, ein menschenwürdiges Leben auf heimischem Boden zu führen. Nur so kann die Massenmigration in tragbaren Grenzen gehalten werden, so dass die Menschen auf der traditionellen Ebene wieder Stabilität erlangen können. Nur dann kann ein gesundes Gefühl der nationalen Identität wiederhergestellt und für *alle* Länder und ihre Kulturen bewahrt werden. Im Gegensatz zum fehlerhaften postmodernen Konzept des Multikulturalismus könnte man dies als ‚Simulkulturalismus' bezeichnen.

- *Verschiedene Menschen, aber auch verschiedene Gesellschaften, sind weiter entwickelt als andere.*

Aufgrund ihrer unterschiedlichen historischen, geografischen und kulturellen Gegebenheiten haben sich die verschiedenen Gesellschaften auf der ganzen Welt mit unterschiedlicher Geschwindigkeit auf der Spirale bewegt. Diejenigen, die sich schneller entwickelten, haben andere Kulturen dominiert und ihre Entwicklung zum Teil in wichtiger Weise behindert. Diese Unterschiede und Interaktionen erklären die unterschiedlichen Weltanschauungen, die wir heute in verschiedenen Teilen der Welt sehen, was zwangsläufig zu Konflikten zwischen ihnen führt.

Dies sollte auch nicht sehr überraschend sein, wenn man es im Kontext der globalen Psychohistorie betrachtet. In *Guns, Germs, and Steel* erklärte Jared Diamond, wie geografische Unterschiede in der Welt dazu geführt haben, dass sich europäische Gesellschaften schneller entwickeln konnten als andere Gesellschaften, was zu technologischen Fortschritten führte und die europäische Kolonisierung eines Großteils der übrigen Welt erleichterte.[20] Da die Art und Weise, wie die Menschen denken, untrennbar mit ihrer materiellen und wirtschaftlichen Entwicklung verbunden ist, sind die westlichen Gesellschaften schneller in der Spirale aufgestiegen als andere Gesellschaften. Die rücksichtslose Kolonisierung der sogenannten ‚Völker der Neuen Welt' wird auch diese Bevölkerungsgruppen traumatisiert und ihren Fortschritt in der Spirale verzögert haben.

Dennoch spiegelt die Position einer Gesellschaft in der Spirale nicht ihren Wert wider, sondern ihre Komplexität. So wie wir erkennen, dass einige Kinder entwicklungsfähiger sind als andere, bedeutet das nicht, dass wir sie unterschiedlich bewerten. Die Identifizierung der Ebene einer Gesellschaft hilft uns einfach, die Art und Weise, wie sie die Welt sieht und was ihre gegenwärtigen Bedürfnisse sind, besser zu verstehen, und was ihr am besten helfen wird, sich weiter zu entwickeln. Trotz ihrer fortschrittsorientierten Geschichte sind westliche Gesellschaften gleichermaßen in der Lage, die Dynamik zu verlieren und irgendwo steckenzubleiben, wie es auch die Hauptthese dieses Buches ist.

- *Widersprüchliche Weltanschauungen.*

Ein besonderes Merkmal von Menschen oder Gesellschaften auf einer der ersten sechs Ebenen der Spirale ist, dass jeder Mensch glaubt, dass seine eigene Perspektive – seine eigene Ebene – die einzig gültige sei. Daher neigen Gesellschaften mit einer traditionellen Weltanschauung dazu, moderne Gesellschaften als dekadent zu betrachten, während moderne Gesellschaften traditionelle Gesellschaften als repressiv betrachten. In der Zwischenzeit neigen postmoderne Umweltschützer dazu, die modernen und unternehmerischen Globalisierer als das Problem zu sehen. Jede der ersten sechs Ebenen sieht alle anderen effektiv als falsch an. Nur die eigene Sichtweise ist richtig. Kein Wunder, dass es so viele Konflikte auf der Welt gibt.

Während gleichzeitig verschiedene Ebenen des Bewusstseins miteinander in Konflikt geraten, da sie unterschiedliche Perspektiven einladen, verhindert dies jedoch nicht unbedingt ihr friedliches Zusammenleben. Zum Beispiel sind die USA eine Gesellschaft, die wie die meisten entwickelten Nationen traditionelle, moderne und postmoderne Ebenen integriert. Die Menschen an der West- und Ostküste haben möglicherweise eher ein modernes oder postmodernes Weltbild, während ein höherer Prozentsatz der Menschen in den Süd- und Binnenstaaten über ein eher traditionelles Weltbild verfügt. Trotz dieser großen Abweichungen, die zu konkurrierenden politischen Ansichten führt, koexistieren sie alle mehr oder weniger friedlich in einer Nation und mit einer nationalen Identität.

Erst auf den weltzentrierten Ebenen beginnen diese Konflikte sich selbst aufzulösen, da wir jetzt in der Lage sind zu erkennen, dass jede Ebene ein gültiger und wertvoller Teil der gesamten Spirale ist. Wir erkennen, dass jede Ebene sowohl ein Element der Wahrheit als auch ihre eigenen besonderen Grenzen mit ihren gesunden und ungesunden Aspekten enthält.

- *In Richtung immer größerer Fürsorge, Mitgefühl und Umarmung.*

Während Einzelpersonen und ganze Gesellschaften allmählich in der Spirale aufsteigen, zeigt sich langsam ein weiterer Trend. Jede neue Ebene repräsentiert eine Erweiterung im Kreis von Fürsorge, Mitgefühl und Umarmung. Während wir die Leiter hinaufsteigen, genau wie bei einer Bergwanderung, wird die Aussicht zunehmend breiter und integrativer, und je mehr wir sehen, desto mehr können wir uns kümmern. Von den egozentrischen Ebenen des Überlebens, des Stammes- und des Kriegerbewusstseins, die sich nur um sich selbst kümmern können, über das ethnozentrische Traditionelle, das sich mit der Gruppe oder Religion beschäftigt, bis hin zu den nationalzentrierten Ebenen der Moderne und Postmoderne, die sich mit der Nation befassen, entwickeln wir uns schließlich auf die weltzentrierten Ebenen, wo sich die Besorgnis auf alles Leben und auf den ganzen Globus auswirkt.
Möglicherweise kann die Menschheit noch eine dritte Ebene, das Kosmozentrische, erreichen, aber im Moment ist es die Schwelle zwischen nationalzentrisch und weltzentrisch, zwischen Erster Ordnung und Zweiter Ordnung, die die heutige Herausforderung darstellt. Wir stehen vor dem notwendigen ‚Tod' der einen und der schwierigen Geburt der nächsten Ebene bevor, mit all der Angst und Beklemmung, die dieser schwierige, aber lebendige evolutionäre Übergang mit sich bringt.

- *Das Muster des transformativen Wandels.*

Bewusstseinstheoretiker weisen darauf hin, dass der Übergang von einer Ebene zur anderen tendenziell eine Reihe von erkennbaren und oft schmerzhaften Schritten beinhaltet, die zusammengenommen eine Transformation darstellen. Es mag den Leser nicht überraschen, dass diese Schritte den fünf Trauerphasen von Elizabeth Kübler Ross sehr ähnlich sind, die wir verwendet haben, um uns an diesen Punkt im Buch zu bringen.

Befürchtungen über die Idee der aufsteigenden Ebenen

Für diejenigen, die mit dem hierarchischen Rahmen des Modell der Spirale zu kämpfen haben, könnte es sich als hilfreich erweisen, sich die verschiedenen Ebenen als konzentrische Kreise oder Kugeln vorzustellen, von denen jede die vorherige umfasst, wie die Schichten einer Zwiebel – das wäre ein ‚weiblicheres' Modell (wie der integrale Denker Indra Adnan vorschlägt) als eine Leiter des Fortschritts.[21] Die Schwierigkeit kann jedoch auch dadurch vermindert werden, indem man erkennt, dass die Hierarchie nicht eine der Machtverhältnisse, sondern eine der *Kontexte* ist, das heißt, etwa wie das Besteigen eines Berges: Je höher man geht, desto mehr bekommt man zu sehen. Einen neuen Kontext zu gewinnen bedeutet, dass die Daten, die wir sehen, die gleichen sind, aber dass wir sie aus einer größeren Perspektive betrachten. So erwerben wir dann sozusagen neue Augen, mit denen wir die gleiche Welt sehen können. Und in der Tat, das ändert alles.

Die Tatsache, dass sich verschiedene Individuen und Gesellschaften mit unterschiedlichen Geschwindigkeiten entwickelt haben und sich so auf verschiedenen Ebenen befinden, mag kontrovers erscheinen, weil es ein Werturteil impliziert, und einige Leser werden vermutlich einen unangenehmen Hauch altmodischen Elitismus vernehmen. Tatsächlich erweist sich das Verständnis dafür, wie diese verschiedenen Ebenen, die Welt zu betrachten, in Individuen und Gesellschaften koexistieren können – in uns, wie auch in Ihnen, dem Leser

– als ein Werkzeug der mitfühlenden Empathie, die einen wichtigen Beitrag zur weltweiten Koexistenz und Kooperation leisten kann.

Um jede Angst vor dem Elitismus auszugleichen, verleiht uns dieses Wissen um die Bewusstseinsebenen einen enormen Vorteil sowie eine besondere Verantwortung, wie auch eine Tiefenschärfe, die uns erklärt, warum wir das Neue manchmal nicht erkennen. Der Bestsellerautor und Franziskanermönch Richard Rohr sagte, dass alle Reifeprozesse, einschließlich des psychologischen und spirituellen Wachstums, in Phasen ablaufen, die einer Dynamik unterliegen, die er ‚nach oben fallen' nennt. Dabei seien bestehende Stufen nicht immer erkennbar, argumentierte Rohr, denn man könne die früheren Stufen nur aus der weiteren Perspektive der späteren Stufen erkennen und verstehen.[22]

Dies ist genau der gleiche Mechanismus, der in der aufsteigenden Spirale der Ebenen wirkt. Eine breitere und höhere Perspektive scheint genau das zu sein, was für die politische Ausrichtung erforderlich ist und was in den meisten Ansätzen heute fehlt, wo wir uns an eine Perspektive des kleinsten gemeinsamen Nenners gewöhnt haben. Das gilt auch für die weltzentrierten Bürgerschaften und den Handlungsformen, die wir als nächstes in Angriff nehmen.

7. Kriterien für weltzentriertes politisches Handeln

Eine brandneue bürgerliche Identität

Wie wir gesehen haben, bringt das psychologische Bedürfnis, sich mit etwas zu identifizieren und irgendwo dazuzugehören, soziale Folgen mit sich, die sich sowohl positiv als auch negativ auswirken können. Wie wir die Welt verstehen und unseren Platz in ihr sehen, beeinflusst im Kontext globaler Probleme radikal die Art und Weise, wie wir an unserer Gesellschaft teilnehmen. Die Annahme einer neuen Denkweise auf einer weltzentrierten Ebene beeinflusst also, wie wir uns selbst auf allen Ebenen erleben. Jetzt können wir über das bekannte Mantra der postmodernen Ebene hinausgehen – ‚denke global, handle lokal', eine Denkweise, die unser Handlungsfeld auf eine hauptsächlich lokale Dimension reduziert – und uns auf das weltzentrische multidimensionale Mantra von ‚denke global, handle global (und national und lokal)' begeben. Während das oppositionelle ‚entweder/oder'-Denken der Postmoderne das Globale und Lokale oft einander gegenüberstellt, sieht das weltzentrische ‚sowohl/als auch'-Denken, wie das Globale auf das Lokale wirkt und umgekehrt; Lösungen werden daher auf allen Ebenen benötigt und ergänzen sich.

Diese sich erweiternde Bewegung der Identität ist Teil des Nutzens der neuen Denkplattform. In den früheren Kapiteln haben wir beobachtet, wie sich die menschlichen sozialen Einheiten im Laufe der Evolution vergrößert haben; damit einhergehend gibt es eine notwendige Entwicklung in der Art und Weise, inwiefern wir uns als zugehörig zu unserer Gesellschaft identifizieren, was wir auch unsere ‚bürgerliche Identität' nennen können.

Bei der bürgerlichen Identität geht es um den Aspekt unserer Werte und Weltanschauung, den wir als ‚Bürgerrecht' bezeichnen. Sie basiert darauf, wie wir die Welt und ihre Probleme verstehen und welche Rolle wir dabei spielen, einschließlich unserer Rechte (was wir sein dürfen), und unserer Verantwortung (was wir beitragen müssen). Aber sie hat eine weitere Dimension, die heutzutage immer wichtiger wird. Funktional basiert unsere bürgerliche Identität auf unserer eigenen persönlichen Einschätzung, ob es von Zusammenarbeit und politische Steuerung erforderlich ist, gesellschaftliche, ökologische oder wirtschaftliche Probleme auf einer bestimmten Ebene zu lösen, sei es lokal, national oder global. Die meisten Menschen in den westlichen Ländern halten ihre lokale und nationale bürgerliche Identität für selbstverständlich. Wir haben keinerlei Schwierigkeiten, die funktionale Notwendigkeit lokalen und nationalen Regierens zu erkennen, und wir nehmen gerne an Wahlen auf beiden Ebenen teil.

Das Ziel dieses Buches ist es, in uns eine dritte, *globale,* Ebene zu erwecken; zu erkennen, dass eine Form der globalen Zusammenarbeit und Governance in funktioneller Weise notwendig ist. Bei der Bürgerkunde, nicht zu verwechseln mit der Politik, geht es grundsätzlich darum, dass die Bürger die Notwendigkeit von Governance *wahrnehmen.* Politik hingegen ist das, was passiert, *nachdem* die Governance (oder formale Regierung) auf jeder Ebene etabliert wurde. In diesem Sinne kommt die Bürgerkunde vor der Politik.

Wie beeinflusst unsere bürgerliche Identität die Art und Weise, wie wir mit unserer Alltagswelt umgehen? Wenn unsere Ebene der bürgerlichen Identität relativ flach wäre – also zum Beispiel *egozentrisch* (Überlebens-, Stammes- oder Kriegerbewusstsein) – würden wir die Probleme, auf die wir stoßen, in rein persönlichen Begriffen verstehen. Stellen Sie sich zum Beispiel vor, Sie wären am Morgen aufgewacht, um festzustellen, dass ein Sturm das Dach Ihres Hauses zerstört hat. Wie würden Sie reagieren, wenn die Ebene ihrer bürgerlichen Identität egozentrisch wäre? Da Sie das Problem nur in persönlicher oder lokaler Weise betrachten können, würden Sie so das erforderliche Handeln oder die erforderliche Governance wie folgt betrachten: Ich muss mein Haus mit einem stärkeren Dach ausstatten.

Wenn sich andererseits ihre bürgerliche Identität auf einer ethnozentrischen Ebene (Traditionell) befinden würde, würde sich Ihr Verständnis auf diejenigen erstrecken, die zu Ihrer Ortschaft, Ihrem Stamm oder Ihrer Religion gehören. In diesem Fall würden Sie und andere in der lokalen Gemeinschaft sich motiviert fühlen, auf dieser Ebene zu handeln, und die lokale Regierung oder religiösen Autoritäten könnten dann die Bauvorschriften oder Bräuche stärken. Wenn sich Ihre bürgerliche Identität auf einer noch tieferen *national*-zentrierten Ebene (Modern oder Postmoderne) befindet, würden Sie das Problem in noch umfassenderer Weise erfassen. Sie könnten zusätzlich kandidieren, um Ihre Regierung dazu zu bringen, Gesetze zu erlassen, um die CO2-Emissionen des Landes zu reduzieren. Und wenn sich Ihre bürgerliche Identität auf einer noch tieferen und breiteren *welt*zentrierten Ebene befände, würden Sie den Teufelskreis des DGW verstehen, und daher würden Sie, zusätzlich zu allen Maßnahmen auf der unteren Ebene, Ihre Aufmerksamkeit vor allem darauf richten, wie der DGW überwunden werden und wie eine Form effektiver internationaler Zusammenarbeit erreicht werden kann. Wenn Sie sich in dieser Weise auf eine realistische Zusammenarbeit konzentrieren (und nicht mehr auf Wettbewerb oder idealistische Zusammenarbeit), bedeutet das, dass Sie, während Sie sich noch für universelle Freiheiten einsetzen, *mehr* politische Steuerung in der Welt als Instrument zur globalen Selbstregulierung willkommen heißen.

So wie die Bewusstseinsebenen auf der ganzen Welt sehr unterschiedlich verteilt sind, so sind auch die Ebenen der bürgerlichen Identität unterschiedlich. Da wir in rund 200 Nationalstaaten aufgeteilt sind, könnten wir annehmen, dass sich die meisten Menschen auf einer nationalzentrierten Ebene bürgerlicher Identität befinden. Aber das ist nicht der Fall. Trotz nationaler Aufteilung befinden sich vor allem in den Entwicklungsländern nach wie vor sehr viele Menschen auf einer weitgehend ethnozentrischen Ebene. Sie identifizieren sich in erster Linie immer noch mit ihrem Stamm, ihrer Religion oder ihrer Ortschaft. Wie die Revolutionen des arabischen Frühlings gezeigt haben, haben diese Gesellschaften immer noch mit den Ideen mit politischer Steuerung und Demokratie auf nationaler Ebene zu kämpfen. Diese Unausgeglichenheit spiegeln sich in der *World Values Survey* wider, die ergab, dass sich 47 Prozent der Befragten in erster Linie mit ihrem Wohnort identifizieren, weitere 38 Prozent mit ihrer Nation. Überwältigende 85 Prozent der Weltbevölkerung besitzen damit entweder eine ethnozentrische oder bestenfalls eine nationalzentrierte bürgerliche Identität.[1]

Unter diesen ungünstigen Umständen ein Buch über die globale Zusammenarbeit zu schreiben, mag weit hergeholt erscheinen, aber, wie wir in der Einleitung erwähnten, braucht es nicht viele Menschen, um die Welt zu verändern; das hat es nie getan. Es erfordert nur eine kritische Zahl, die nach einigen Schätzungen etwa 10 Prozent der Gesamtbevölkerung ausmacht. Deshalb ist es so wichtig, bei einer kleinen, aber kritischen Anzahl von Menschen eine globale Identität zu wecken. Diejenigen auf nationaler Ebene, die den Mythos der souveränen Nation immer noch als ihre bürgerliche Identität betrachten, müssen ihn loslassen und zu einer weltzentrierten Identität übergehen. Aber wie wir gesehen haben, ist unsere überholte Bindung an diesen Mythos genau das, was uns im Weg steht.

Vom weltzentrierten Denken zum weltzentrierten Handeln

Mit der Identifizierung des weltzentrierten Denkens kommen neue lebenswichtige Fragen ins Spiel:

- Welche Formen des praktischen Handelns werden durch diese neue Denkweise offenbart?
- Welche Maßnahmen könnten den tödlichen Griff überwinden, in dem uns der DGW hat?

Von der neuen weltzentrierten Plattform aus sind wir in der Lage, neue Richtlinien für die Beantwortung dieser Fragen zu erkennen, einschließlich:

- Wenn wir akzeptieren, dass der DGW ein wirklich globales Phänomen ist, das sich der Kontrolle einer Regierung entzieht, dann besteht der einzige Weg, ihn zu überwinden, darin, dass wir *welt*zentriert – also *global* – handeln.

- Ein System koordinierter internationaler Aktionen, das alle oder nahezu alle Nationen umfasst, scheint unvermeidlich zu sein.
- Alle Nationen müssten in der Lage sein, Maßnahmen zur Lösung globaler Probleme umzusetzen, ohne befürchten zu müssen, dass Kapital oder Unternehmen woanders hinziehen werden.
- Wenn alle Nationen bei bestimmten kritischen Strategien zusammenkommen würden, müsste keine Nation verlieren, weil weder Kapital noch Investoren an keinen anderen Ort ziehen können.
- Keine Nation braucht Angst davor zu haben, dass sie nicht mehr wettbewerbsfähig ist, und damit könnte der DGW überlistet werden. Wir würden alle gewinnen.

Die Idee, dass praktisch alle Nationen gemeinsam handeln, mag zunächst seltsam und unvorstellbar klingen. Das liegt daran, dass es sich um einen Gedanken der Zweiten Ordnung handelt. Zu akzeptieren, dass dies für unser Überleben jedoch unerlässlich ist, ist jedoch Teil der Schwierigkeit, die wir haben, einen neuen Kontext für politische Steuerung zu akzeptieren, sowie die Herausforderung, vor der wir unweigerlich stehen, wenn wir eine veraltete, aber vertraute Denkweise aufgeben und eine neue Weltanschauung, eine neue Identität annehmen müssen. Es ist die Herausforderung, die Einsteins Ratschlägen innewohnt: nämlich das aktuelle Probleme nur mit einem neuen Denken und umfassenderen Handlungsformen, gelöst werden können.

Fünf Minuten übrig

In diesem Buch haben wir immer wieder argumentiert, dass das aktuelle Wettbewerbsmodell an seine Grenzen gestoßen ist und dass nur die globale Zusammenarbeit den Einfluss des DGW auf uns überwinden kann. Nur eine globale Zusammenarbeit kann eine vernünftige, gerechte und nachhaltige Welt schaffen. Doch wenn der Teufelskreis des DGW durchbrochen wird, wie würde dann die globale Zusammenarbeit tatsächlich aussehen und was würde sie leisten können?

Während die letzten fünf Minuten dieses Buches – wie es Einstein genannt haben könnte – auf uns zukommen, wollen wir auf zwei Themen eingehen: Erstens den potenziellen Nutzen der globalen Zusammenarbeit und zweitens die Kriterien, die ein transformatives Programm weltzentrierten politischen Handelns erfüllen müsste, um es zu erreichen.

Lasst und mit den potenziellen Vorteilen beginnen. Hier schlagen wir zehn konkrete Vorteile vor, die eine reaktionsschnellere Form der Global Governance unserer Welt bringen könnte.

1. Die globale Erwärmung könnte in nachhaltige Grenzen gebracht und das globale Gemeinwesen angemessen für die Zukunft geschützt werden.

2. Multinationale Unternehmen, der Finanzsektor und die Reichen könnten gerechter besteuert und reguliert werden, wodurch Ungleichheiten verringert und die nationalen öffentlichen Finanzen wieder gesund werden können.

3. Das globale Finanzsystem könnte reformiert werden, um den Bedürfnissen der Realwirtschaft zu entsprechen, anstatt dass die Wirtschaft dem Finanzsystem dient.[2]

4. Global Governance könnte, wenn sie kooperativ und angemessen gestaltet wird, interkulturelle und internationale

Spannungen abbauen, Ungleichheit und Migration reduzieren und so die Ursachen des Terrorismus weitgehend beseitigen.

5. So wie die Zusammenarbeit in Europa heute einen Krieg zwischen den EU-Staaten undenkbar gemacht hat, würde dasselbe auf einer globalen Plattform wahrscheinlicher werden und das Risiko großer Konflikte verringern.

6. Infolgedessen könnten die Militärausgaben drastisch reduziert werden, wodurch wiederum enorme Summen für Gesundheit, Bildung und Entwicklung in den Entwicklungsländern freigesetzt werden. Dies könnte dazu beitragen, das Bevölkerungswachstum zu dämpfen um es allmählich wieder ins Gleichgewicht zu bringen.

7. Global Governance könnte sicherstellen, dass die vollen Umweltauswirkungen von Gütern und Dienstleistungen bei den Kosten angemessen berücksichtigt werden. Externalitäten, wie Ökonomen diese Auswirkungen nennen, würden dadurch internalisiert.

8. Der Reichtum könnte schuldenfrei und gerechter über die nationalen Grenzen hinweg verteilt werden, um eine gute Regierungsführung und Wirtschaften in den am stärksten benachteiligten Ländern zu unterstützen.[3] Dies würde es den Menschen ermöglichen, in ihren Heimatländern ein angemessenes Leben zu führen, was die Wirtschaftsmigration und die damit verbundenen interkulturellen Spannungen drastisch reduziert.

9. Nach einem abgestuften Ansatz, der den besonderen Bedürfnissen der ärmeren Länder Rechnung trägt, könnten weltweit viel höhere Umwelt-, Sozial- und Regierungsstandards umgesetzt werden.

10. Global Governance würde die Lokalisierung von Ökonomien und Kulturen überall ermöglichen. So könnten beispielsweise die globalen Steuern so erhöht werden, dass sich der Fernverkehr deutlich verteuert und damit die lokale Produktion und der lokale Konsum begünstigt werden. Da eine solche Steuer weltweit erhoben werden kann, würde das eigene Konkurrenzdenken niemandem schaden.

Diese Vorteile sind im Wesentlichen großflächige Vorteile. Seltsamerweise haben diese – im Prinzip – viel gemeinsam mit jenen, die die Gesellschaften im späten Mittelalter zu genießen begannen, nachdem sie aufgehört hatten, miteinander zu konkurrieren und zu kämpfen und ihre kleinen Staaten in größere Nationalstaaten verwandelt hatten. Denn zusammen waren sie sicherer und stärker; zusammen waren sie wohlhabender; zusammen waren sie größer als die Summe ihrer Teile. Das Gleiche gilt für die Menschheit heute, da wir vor dem Übergang zur globalen Zusammenarbeit stehen.

Zehn Kästchen zum Ankreuzen

Wenn diese zehn Punkte die Möglichkeiten beschreiben, welche Kriterien würden eine weltzentrierte Form der globalen Politik definieren, die den Prozess in Gang setzen könnte, um diese Vorteile zu erzielen? Was sind die Kästchen, die eine erfolgreiche Kampagne für globale Zusammenarbeit abhaken müsste? Aus der breiteren weltzentrierten Perspektive, die wir von unserem neuen Aussichtspunkt auf der Spitze unseres Hügels aus gewinnen, erscheinen viele von ihnen heute selbstverständlich. Aber es lohnt sich, sie kurz aufzuzählen, bevor wir uns im nächsten Kapitel mit der Simpol-Kampagne befassen. Wir haben sie auf zehn wesentliche Kriterien reduziert.

1. Global und gleichzeitig

Die wirtschaftliche Globalisierung ist inzwischen so weit fortgeschritten, dass rein nationale Lösungen nicht mehr funktionieren können. Schlimmer noch: Der destruktive Wettbewerb zwischen den Nationen – was wir den DGW genannt haben – leitet die Show. Um seinen Teufelskreis zu durchbrechen, müssen weltweit geeignete Reformen durchgeführt werden, damit der Umfang der politischen Steuerung dem Ausmaß der Wirtschaft entspricht. Nichts anderes wird ausreichen, wenn wir einen gerechten und nachhaltigen Planeten haben wollen. Nur dann wird unser Regierungs-System wieder mit dem neuen Regierungs-*Kontext*, den der DGW vertritt, in Einklang stehen. Aber da wir nicht die Institutionen einer Weltregierung haben, die in der Lage sind, Lösungen global umzusetzen – und wir brauchen auch keine, wie wir als nächstes zeigen werden –, werden wir stattdessen alle oder zumindest ausreichend Nationalstaaten dafür benötigen.

Wenn alle oder ausreichend gemeinsam handeln, kann eine globale Abdeckung erreicht werden. Und um die Angst jeder Nation vor dem Wettbewerbsnachteil des DGW zu vermeiden, müssen die Nationen die notwendigen Reformen simultan zur gleichen Zeit durchführen.

Wenn das zu seltsam klingt, könnte es sein, dass der Nationalzentrismus immer noch in Ihrer Psyche lauert. Versuchen Sie sich daran zu erinnern, dass es sich nur dann seltsam anhört, wenn wir die neue globalisierte Realität nicht vollständig anerkannt haben. Wenn man diese Realität akzeptiert, kann man beginnen, die globale und gleichzeitige Umsetzung als völlig logisch und notwendig zu betrachten. Wir können freiwillig anerkennen, dass es eine große Herausforderung ist, aber der Punkt ist, dass es nicht mehr eine ist, die uns aus dem Gleichgewicht bringt. Wir wissen, dass eine globale Zusammenarbeit notwendig ist. Wir wissen, dass es schwierig ist. Wir müssen nur weitermachen.

Tatsächlich war die globale und gleichzeitige Umsetzung im Laufe der Geschichte immer die Grundlage für die Regierungssteuerung. So wird beispielsweise jedes neue nationale Gesetz in der Regel global umgesetzt, d.h. es gilt für das gesamte Staatsgebiet und nicht nur für einen Teil davon. Außerdem wird es gleichzeitig umgesetzt, da es zu einem bestimmten Zeitpunkt in Kraft tritt. Nehmen Sie die britische Praxis, auf der linken Straßenseite zu fahren. Wenn Großbritannien beschließen würde, auf Rechtsverkehr umzusteigen, würde es dies kaum nur in einem Teil des Landes umsetzen, aber nicht in anderen. Wenn dies der Fall wäre, so können Sie sich leicht das Ergebnis vorstellen. Vielmehr würde es global und gleichzeitig umgesetzt werden, wie damals, als Schweden diese Änderung am 3. September 1967 um genau 6 Uhr morgens vornahm. Wie wir in unserem letzten Kapitel sehen werden, war die Zusammenarbeit in der Biologie auch die gleiche. Die globale und gleichzeitige Implementierung ist, so werden wir feststellen, steinalt.

Das liegt daran, dass es funktioniert.

2. Angetrieben von Bürgern, nicht Staats- oder UN-abhängig

Die Notwendigkeit eines globalen, simultanen internationalen Handelns veranlasst uns, die bestehenden globalen Institutionen wie die Vereinten Nationen (UNO), den Internationalen Währungsfonds (IWF), die Weltbank (WB) und die Welthandelsorganisation (WTO) zu berücksichtigen. Wenn globales Handeln notwendig ist, sollten wir zunächst davon ausgehen, dass dies die Institutionen sind, die diese Aufgabe übernehmen sollten. Aber können sie das?

Auf den ersten Blick mag der globale Aufgabenbereich dieser Organisationen vermuten lassen, dass sie weltzentrisch sind. Aber ein genauerer Blick zeigt, dass die UNO zu sehr durch das nationalstaatliche System, zu dem sie unausweichlich gehört, eingeschränkt ist. Um die erforderlichen globalen Reformen durchführen zu können, müsste die UNO in der Lage sein, eine gewisse Autorität über die Nationalstaaten zu haben. Aber das Gegenteil ist der Fall, denn die einzigen Befugnisse, die nach der UN-Charta zur Verfügung stehen, sind die Befugnisse der Sanktion und der Anwendung von Gewalt. Diese Befugnisse werden jedoch nicht von der UNO als autonome unabhängige Einheit ausgeübt, sondern vom Sicherheitsrat, d.h. von den USA, Russland, China, Frankreich und Großbritannien, die die fünf ständigen Mitglieder des Sicherheitsrates sind. Die einzigen Befugnisse, die die UNO hat, sind nicht einmal ihre eigenen Befugnisse.

Damit gerät die UNO in einen Widerspruch. Wenn sie jemals ein ausreichendes Maß an autonomer Autorität über Nationalstaaten gewinnen sollte, dann müssten Nationalstaaten – und insbesondere die mächtigsten – ihre bestehende Autorität zunächst freiwillig an die UNO abtreten. Wie die wiederholten Versäumnisse bei der Reform der UNO aber gezeigt haben, wird jede Änderung, die die Macht und Autorität des Sicherheitsrates beeinträchtigen könnte, von dem einen oder anderen seiner ständigen Mitglieder abgelehnt.[4] In einer wettbewerbsorientierten Welt bestehen die mächtigsten Nationen darauf, ihre Autonomie zu bewahren, eine Situation, die als eine weitere Manifestation des DGW angesehen werden kann. Trotz ihrer weltzentrierten Ambitionen bleibt die UNO – ohne eigenes Verschulden – zu sehr den Nationalstaaten verpflichtet, und damit wenn auch subtil, aber doch entschieden nationalzentriert. Während die UNO sicherlich unsere Unterstützung verdient, wäre es unklug, sich auf sie zu verlassen, um die notwendigen Reformen durchzuführen.

Das gleiche Problem gilt für den IWF und die Weltbank. Sie werden nicht von der UNO oder einem gleichwertigen internationalen Konsens regiert, sondern von ihren Hauptaktionären, die wieder einmal die mächtigsten Nationen der Welt sind.[5] Schlimmer noch, diese Institutionen regieren die Weltwirtschaft nicht, sondern reagieren hauptsächlich darauf. Und da ihr Denken derzeit noch von der neoliberalen Orthodoxie bestimmt wird, ist es kaum verwunderlich, dass sie immer dann, wenn etwas schief geht, zwangsläufig noch mehr Wettbewerb vorschreiben und nicht weniger: mehr Einschränkungen, mehr Deregulierung, mehr Privatisierung und so weiter.

Die WTO hingegen hat eine konsensuellere Struktur, da sie von ihren rund 200 Mitgliedsstaaten gleichermaßen regiert wird. Aber in der Praxis sind nur die mächtigsten Nationen in der Lage, ihre Regeln und Streitbeilegungsverfahren zu nutzen, um ihre Interessen zu schützen oder zu vertreten. Darüber hinaus dienen die in der WTO verankerten Regeln wohl nur dazu, ein globales Handelssystem zu regulieren, das, weil es bereits strukturell die mächtigsten Volkswirtschaften begünstigt, lediglich einen Anstrich von Fairness bietet.

Das Problem ist, dass die WTO nur den *Handel* regelt, so dass die lebenswichtigen Faktoren der Gesellschaft, insbesondere Arbeit und Umwelt, nicht Teil ihres Aufgabenbereiches ist. Während der zerstörerische Wettbewerb, der in der Handelsliberalisierungs-Agenda der WTO endemisch ist, das Kapital systematisch den Interessen von Arbeit und Umwelt vorzieht, werden die daraus resultierenden sozialen und ökologischen Krisen wie Wirtschaftsmigration und globale Erwärmung den Nationalstaaten überlassen. Wie wir aber gesehen haben, verhindert der DGW, dass Regierungen angemessen regulieren können.

Es ist daher schwer zu sehen, wie sich die UNO oder die anderen bestehenden globalen Institutionen zu einer Position hin entwickeln könnten, von der aus sie die Nation antreiben könnten, die notwendigen Reformen in einer Weise durchzuführen, die als fair oder akzeptabel bezeichnet werden können, oder in einer Weise, die den Bürgern gegenüber rechenschaftspflichtig ist. Sie sind den Nationalstaaten, vor allem den mächtigsten unter ihnen, einfach zu stark verpflichtet. Unterdessen werden die Nationalstaaten, wie wir gesehen haben, wiederum stark von den globalen Märkten und dem DGW bestimmt. Diese Kombination sorgt nicht nur dafür, dass sich die globalen Probleme weiter verschärfen, sie erinnert uns auch daran, wie traurig die Hoffnung ist, dass entweder die etablierten globalen Institutionen oder die Nationen der Welt jemals globale Probleme lösen könnten, wenn sie ganz auf sich allein gestellt wären.

Deshalb müssen die *Bürger* eine neue Form der weltzentrierten Politik vorantreiben. Die Kampagne muss uns Bürgern genügend Macht geben, um unsere Regierungen zur Zusammenarbeit zu *zwingen*. Ob es uns gefällt oder nicht, wir müssen die Verantwortung für die Lösung globaler Probleme übernehmen, und unsere Kampagne muss uns diese Macht geben.

3. Sofortiges universelles Eigeninteresse

Es liegt auf der Hand, dass die Lösung globaler Probleme wie des Klimawandels im Interesse aller liegt, weshalb Umweltschützer kaum verstehen, warum Regierungen die Zusammenarbeit so schwierig finden. Das Problem ist, dass es nicht im *unmittelbaren* Interesse jeder Nation liegt.

Die Hindernisse sind zweifach. Nicht nur, dass DGW einen Wettbewerbsnachteil für jede Nation bedeuten würde, die den ersten Schritt wagt; es gibt zudem auch das Problem der Gewinner und Verlierer. Der fatale Fehler besteht darin, dass die Welt derzeit versucht, globale Probleme *einzeln* zu lösen. Nehmen wir aber irgendein Thema, wie etwa die Reduzierung der CO2-Emissionen, dann können wir erkennen, dass es einige Nationen gibt, die dabei gewinnen und andere, die dabei verlieren werden. Die großen Umwelt-verschmutzenden Nationen hätten am meisten zu reduzieren und damit die höchsten Kosten, so dass sie am meisten zu verlieren hätten. Das Ergebnis ist, dass es für sie keinen Anreiz zur Zusammenarbeit gibt. Kein Wunder, dass wir nur unzureichende Fortschritte sehen.

Die Lösung besteht deshalb darin, zwei oder mehr komplementäre Themen gemeinsam zu verhandeln, so dass Nationen, die bei einem Thema verlieren könnten, bei einem anderen gewinnen können. Stellen Sie sich zum Beispiel vor, dass sich die Regierungen neben einer Verhandlung zur Reduzierung der CO2-Emissionen auch darauf geeinigt hätten, eine globale Währungstransaktionssteuer auszuhandeln.[6] Die Milliarden Dollar, die selbst ein Bruchteil eines Prozentes, das auf alle Währungsgeschäfte erhoben würde, aufbringen würde, könnten dann aufgeteilt werden, so dass die Verlierer des Klimaabkommens kompensiert würden. Auf diese Weise könnten zumindest im Prinzip Maßnahmen ergriffen werden, die im unmittelbaren Interesse aller Nationen liegen. Es würde sie dazu bringen, *jetzt* handeln zu *wollen.*

Wir sagen nicht, dass das einfach ist. Wir weisen nur darauf hin, dass abgesehen von ziemlich außergewöhnlichen Umständen wie dem Montrealer Protokoll, dass das Verbot ozonabbauender Fluorchlorkohlenwasserstoffe (FCKW) durchgesetzt hat, der ‚ein Problem zur Zeit'-Ansatz scheitern wird. Die Realität ist, dass wir keine substanziellen internationalen Abkommen bekommen werden, die angemessen sind und tatsächlich funktionieren, es sei denn, sie liegen im unmittelbaren Interesse aller Nationen. Und das kann nur geschehen, wenn Abkommen mehrere Themen simultan umfassen. Dies wäre also ein weiteres Kriterium, das eine weltzentrierte globale politische Kampagne erfüllen müsste.

4. Keine Governance vom Typ ‚eine Größe für alles'

Ein Bedenken, dass viele über die Idee der Global Governance haben, ist die Angst vor monolithischer Uniformität: Alle Nationen und Völker müssen sich an die gleichen ‚einheitlichen' globalen Gesetze und Vorschriften halten. Aber das muss und sollte nicht der Fall sein. So wie Regierungen auf nationaler Ebene viele Instrumente wie Ausnahmen, Umverteilungen und Kompensationen anwenden, um zwischen den unterschiedlichen Bedürfnissen und Fähigkeiten verschiedener Teile der Nation zu unterscheiden, kann und sollte das gleiche auf globaler Ebene der Fall sein. Viele nationale Gesetze, wie die Einkommenssteuer, sorgen dafür, dass die Reichen mehr und die Armen weniger bezahlen (oder bezahlen sollten!). Globale Gesetze und Vorschriften könnten in ähnlicher Weise gestaltet werden. Ein internationales Abkommen könnte daher verschiedene Bestimmungen enthalten, um eine angemessene Differenzierung zwischen den Nationen entsprechend den Bedürfnissen und Möglichkeiten jeder einzelnen Nation sicherzustellen.

Darüber hinaus müssen die globalen Einnahmen nicht unbedingt von den Bürgern erhoben werden, sondern könnten vielmehr von den Finanzmärkten und von den nun möglichen höheren Unternehmenssteuern erhoben werden. Diese könnten insbesondere dazu verwendet werden, ärmere Nationen schuldenfrei und zinslos zu unterstützen, auch wenn hier bestimmte Sicherheitsvorkehrungen getroffen werden müssten. Verschiedene Ausgleichsmaßnahmen könnten daher als Teil eines globalen Gesamtabkommens ausgehandelt werden, um sicherzustellen, dass die besonderen Bedürfnisse und Fähigkeiten jeder Nation angemessen berücksichtigt werden. Das Ergebnis wäre Vielfalt innerhalb einer breiteren Einheitlichkeit, von der alle Nationen profitieren würden.

5. Rechtsverbindlich und durchsetzbar

Die Gestaltung internationaler Verhandlungen, um die besten Chancen zu haben, dass alle Nationen gewinnen, ist nicht nur für das Handeln entscheidend, sondern auch notwendig, denn jedes Abkommen, das seinen Wert hat, muss kontinuierlich durchgesetzt werden. Der Trick hier besteht darin, sich daran zu erinnern, dass, wenn eine Vereinbarung von jeder Nation als in ihrem Interesse erkannt wird, daher jede Nation auch die Durchsetzung des Abkommens als in ihrem Interesse sieht. Dies ist ein weiterer Grund, warum ein multidisziplinärer politischer Rahmen so wichtig ist. Die erforderlichen Überprüfungs- und Durchsetzungsmaßnahmen könnten dann als integraler Bestandteil jeder Vereinbarung aufgenommen werden. Damit ein Abkommen für jedes Land rechtsverbindlich wird, müsste jedes Land die erforderlichen Rechtsvorschriften auf nationaler Ebene erlassen, in denen das international vereinbarte Datum und die Uhrzeit für sein Inkrafttreten festgelegt sind.

6. Nicht-demokratische Nationen aufnehmen und gegenüber den Bürgern demokratischer Staaten rechenschaftspflichtig sein.

Wenn die meisten von uns an Global Governance denken, denken wir fast automatisch an ein gewähltes Weltparlament oder etwas Ähnliches. Dies liegt an unserer nationalzentrierten Denkgewohnheit, die uns dazu bringt, unser Bild von nationaler Regierungssteuerung auf die globale Ebene zu übertragen. Aber es besteht wenig Aussicht, dass undemokratische Staaten wie (zum Zeitpunkt des Schreibens) China bereit wären, einem gewählten Weltparlament zuzustimmen. Die Teilnahme seiner Bürger an solchen Wahlen würde sie nur dazu einladen, sich zu fragen, warum sie auf nationaler Ebene nicht die gleichen Rechte genießen. Solche Vorstellungen von demokratischen Weltparlamenten berücksichtigen nicht-demokratische Nationen nicht angemessen, und damit sie funktionieren können, müssen alle oder ausreichende Nationen berücksichtigt werden.

Aus diesem Grund bietet ein globales und gleichzeitig umgesetztes Abkommen eine viel geeignetere Alternative. Wenn man eine *Einigung* erzielen und kooperativ durchsetzen kann, braucht man kein Weltparlament oder gar eine andere neue Institution auf globaler Ebene. Außerdem kann ein Abkommen sowohl demokratische als auch undemokratische Nationen leichter aufnehmen. Während demokratische Nationen aufgrund ihrer eigenen internen demokratischen Prozesse beschließen könnten, sich an dem Abkommen zu beteiligen, können undemokratische Nationen dies durch die einfache Entscheidung ihrer Regierung tun.

So wichtig es ist, einen internationalen Konsens zu erzielen, so wichtig ist es auch, ein weiteres wichtiges Kriterium zu erfüllen. Das heißt, die Bürger – zumindest die in demokratischen Ländern – müssen ein *verbindliches* Mitspracherecht bei den zu verfolgenden Strategien haben. Die alleinige Einbeziehung der Regierungen der Welt in die Gestaltung und Umsetzung globaler Politiken ohne die Beteiligung oder Rechenschaftspflicht der Bürger in demokratischen Ländern würde bedeuten, eine globale Autokratie von oben nach unten einzuladen – genau das Szenario, das einige Verschwörungstheoretiker der Neuen Weltordnung befürchten.[7]

Wir müssen auch sicherstellen, dass die Ansichten der Bürger in bevölkerungsreichen demokratischen Nationen wie Indien nicht dazu führen, dass die Ansichten der Bürger in weniger bevölkerungsreichen Ländern überwältigt werden. Wenn man sich nicht darum kümmert, würden die Bürger in kleinen demokratischen Nationen praktisch überhaupt keinen Einfluss haben. Ein angemessenes Gleichgewicht könnte zunächst von den Bürgern jedes demokratischen Landes erreicht werden, die sich an ihrem eigenen nationalen demokratischen Prozess beteiligen, um die Politik zu formulieren, von der sie wünschen, global vereinbart und umgesetzt zu werden. Wenn es des Weiteren darum geht, eine Einigung über diese Politiken auf internationaler Ebene zu erzielen, dann würde dies der *Gleichberechtigung* aller Nationen unterliegen, unabhängig davon, ob sie demokratisch sind oder nicht.

Damit würde den Stimmen der Bürger in kleineren demokratischen Ländern eindeutig mehr Gewicht verliehen. Aber dies scheint der einzige praktische Weg zu sein, um gegenüber den Bürgern in demokratischen Nationen Rechenschaftspflicht zu gewährleisten, während auch undemokratische Nationen miteinbezogen werden, da diese Gleichberechtigung zwischen den Nationen schließlich dem Konzept innewohnt, dass alle Nationen eben bereit sind, simultan zu handeln.

Im Rahmen dieser Global Governance-Vereinbarung würden also alle Nationen zu ihren eigenen Bedingungen respektiert und keine würde ignoriert werden. In der Zwischenzeit hätten die Bürger in demokratischen Nationen einen verbindlichen Einfluss auf die zu verfolgende Politik.

Einige von uns in demokratischen Ländern mögen einen solchen Vorschlag zunächst als Verrat an der globalen Demokratie sehen, da er irgendwie das Ideal eines jeden Erwachsenen auf der Welt mit gleichberechtigter Stimme gefährdet. Es sei jedoch daran erinnert, dass die Demokratie, als sie mit der europäischen Aufklärung entstand, nicht in der weiterentwickelten Form entstand, wie wir sie heute im Westen kennen, sondern in einer damals nur embryonalen, praktikablen Form. Viele Jahrhunderte waren notwendig, damit sie sich zu ihrer heutigen Form entwickeln konnte. In ähnlicher Weise könnten wir uns vorstellen, dass sich eine strenge globale Demokratie – eine gleichberechtigte Stimme für jeden Erwachsenen auf der Welt – erst einige Zeit entwickeln könnte, *nachdem* eine Global Governance, wie wir sie hier vorschlagen, erreicht wurde. Aber heute wären solche Vereinbarungen aus Gründen, die wir dargelegt haben, extrem verfrüht und nicht realisierbar.

7. Nationale Souveränität: das Subsidiaritätskriterium

Ein weiteres wichtiges Kriterium, das von unserer Global Governance-Kampagne erfüllt werden muss, ist, dass sie das Prinzip der nationalen Souveränität respektieren muss. Nur Fragen, die *nicht* national entschieden werden können, sollten global entschieden werden. Dies ist von entscheidender Bedeutung, um den einzelnen

Nationen und ihren Völkern zu versichern, dass ihre Autonomie bewahrt und nicht mehr als unbedingt notwendig begrenzt wird, um globale Probleme zu lösen. Was auch immer noch auf der unteren, nationalen Ebene funktioniert, würde somit geschützt, während das, was nicht funktioniert oder nicht gelöst werden kann, dann auf der globalen Ebene durch das von uns beschriebene globale Abkommen aufgenommen und behandelt werden kann. Wir brauchen daher ein klares, praktisches Subsidiaritätskriterium für die Unterscheidung zwischen nationalen und globalen Politiken.

Hier begegnen wir einer Überraschung. Diese Anforderung, so erkennen wir, wird von Natur aus durch die Logik der Notwendigkeit gleichzeitigen Handelns erfüllt. Eine zufriedenstellende Unterscheidung zwischen nationalen und globalen Strategien ist bereits erreicht, wenn wir Strategien unterscheiden, die *simultane* Maßnahmen erfordern, von solchen, die dies *nicht tun.* Was dazugehört, wird deutlich, wenn wir die folgende Frage, das Subsidiaritätskriterium, auf jeden Politikvorschlag anwenden:

> *Würde die einseitige Umsetzung der politischen Maßnahme (d.h. ihre Umsetzung durch eine einzelne Nation oder durch eine relativ kleine Gruppe von Nationen) wahrscheinlich negative Auswirkungen auf die Wettbewerbsfähigkeit der Nation (oder Gruppe) haben?*[8]

Wenn die Antwort *nein* lautet, dann handelt es sich eindeutig um eine Strategie, die einzelne Nationen oder eingeschränkte Gruppen von Nationen gerne selbstständig umsetzen können, wie sie es heute meist tun.[9] Politische Vorgehensweisen in dieser Kategorie könnten solche wie die nationale Wohnungspolitik, die Gesundheits- und Bildungspolitik oder kulturell definierte Themen wie Todesstrafe oder Abtreibung sein. Bei politischen Vorgehensweisen, bei denen die Antwort *ja* lautet, müssten diese – und nur diese – auf globaler Ebene behandelt werden, denn nur die simultane Umsetzung kann die Barriere überwinden, die der destruktive globale Wettbewerb darstellt.

Dementsprechend werden die Richtlinien in zwei verschiedene Kategorien unterteilt: *unilaterale* Richtlinien oder *simultane* Richtlinien. Einseitige Strategien gehören effektiv zum nationalen Kontext, während simultane Strategien zum aufkommenden Kontext der globalen Zusammenarbeit gehören, den wir hier beschreiben. Der simultane Modus der politischen Umsetzung stellt somit potenziell die neue, höhere, authentischere Ebene der weltzentrierten zivil-politischen Komplexität dar, den nächsten evolutionären Schritt der Menschheit, nämlich die neue Ebene der kooperativen Global Governance.

Weit davon entfernt, die nationale Souveränität einzuschränken, würde die simultane Umsetzung von politischen Strategien diese sogar noch verstärken. Derzeit würden die einzelnen Nationen *gerne* viele Politiken umsetzen, aber ihre Angst, gegenüber anderen zu verlieren, bedeutet, dass sie es nicht können. Indem wir solche Strategien wieder möglich machen, würde die simultane Umsetzung die nationale Souveränität stärken, indem wir eine größere Bandbreite an Möglichkeiten wieder in unsere Hände bekommen. Die Anwendung des Subsidiaritätskriteriums würde es nämlich ermöglichen, alle Arten von globalen Problemen viel effektiver und wirkungsvoller zu behandeln, was uns allen mehr relative Autonomie gibt: mehr Macht und Flexibilität auf unserem gemeinsamen Weg in die Zukunft.

8. Weder NGO noch politische Partei

Wir kommen nun zu dem vielleicht interessantesten und herausforderndsten Kriterium von allen. Weiter oben haben wir gesehen, dass zu verhandeln nicht funktioniert, ob sie nun innerhalb oder außerhalb des etablierten politischen Systems geschieht. Das bedeutet, dass es keinen Sinn macht, eine globale politische Kampagne nach dem Vorbild einer NGO wie Greenpeace, Avaaz oder Occupy zu entwickeln. Protest und der CSR-Ansatz, so wichtig sie auch sind, können diese Arbeit nicht leisten. Wenn es nicht in jedem Land simultan geschieht, wäre selbst eine blutige Revolution nutzlos. Das Kapital würde sofort Länder verlassen, in denen die Revolution stattfand, nur um an anderer Stelle genau wie bisher weiterzumachen.

Ebenso, wie wir in Kapitel 4 gesehen haben, bedeutet das Problem der Pseudodemokratie, dass die Parteipolitik eine Idee ist, die über ihr Verfallsdatum hinausgeht, so dass die Gründung einer neuen ethischen politischen Partei, die Änderung des Wahlsystems oder andere interne Ansätze nicht funktionieren werden. Selbst transnationale politische Parteien haben wenig Erfolgsaussichten, weil es höchst unwahrscheinlich ist, dass genügend nationale Zweigstellen einer solchen Partei simultan im Amt wären, um es ihnen zu ermöglichen, ihre Politik zu koordinieren.[10] Selbst wenn sie an der Macht wäre, könnte sich jede nationale Zweigstelle einer transnationalen Partei nicht ihrer Hauptverantwortung für den Schutz ihrer nationalen Interessen entziehen. Da nur wenige ihrer Schwesterparteien in anderen Ländern an der Macht sind und die globalen Märkte stark konkurrenzbezogen funktionieren, müsste sie ihre globalen Bestrebungen dem Hauptziel unterordnen, die Interessen ihrer eigenen Nation zu verfolgen, die im Teufelskreis des DGW gefangen sind, so wie es heute eben alle bestehenden Parteien sind.[11]

Eine echte und effektive weltzentrische politische Kampagne kann daher nicht eine konventionelle NGO oder eine politische Partei sein, und doch muss sie in der Lage sein, beträchtliche politische Macht auszuüben. Denn wie wir in Kriterium 2 gesehen haben, muss sie den Bürgern eine wirksame Möglichkeit bieten, ihre Regierungen zur globalen Zusammenarbeit zu bewegen. Sie muss die *Bürger* wieder auf den Fahrersitz bringen. Unsere Fähigkeit in demokratischen Ländern, unsere Regierungen zur Zusammenarbeit zu zwingen, ist von entscheidender Bedeutung. Als Umsetzer von Veränderungen, bleiben Regierungen der Schlüssel, aber heute sind sie den globalen Märkten und dem DGW verpflichtet und nicht den Menschen.

Das bedeutet, dass es einfach nicht ausreicht, großartige Vorschläge darüber zu haben, welche Reformen notwendig sind, um die Wirtschaft, das Klima, das Abstimmungssystem und so weiter zu verbessern. Paul Mason hat gute Empfehlungen zur Unterdrückung von Monopolen und zur Sozialisierung des Finanzsystems,[12] Thomas

Piketty schlägt eine progressive globale Besteuerung des Kapitals vor,[13] die globale Justizbewegung hat verschiedene Vorschriften für Nachhaltigkeit und die UNO hat immer eine Reihe von Entwicklungszielen. Aber alle diese Ansätze scheitern an der Vermeidung der Umsetzung. Die verbindende Voraussetzung ist, dass wir über ein Mittel verfügen, um solche Reformen in einer globalisierten Welt durchzusetzen. Mit anderen Worten, wir brauchen zunächst ein Mittel, um Regierungen aus den Fängen des DGW, aus den eigenen Interessen und aus der Pseudodemokratie zu befreien, und sie zur kooperativen Umsetzung der erforderlichen Maßnahmen zu bewegen.

Das bedeutet, dass wir trotz allem gezwungen sind, den inneren Ansatz zu überdenken. Wir *müssen* einfach einen neuen und starken Weg finden, um unsere hart erkämpften demokratischen Prozesse zu nutzen, um die Regierungen zur globalen Zusammenarbeit zu bewegen, aber dies auf eine völlig neue, transzendente und weltzentrische Weise. Das zentrale Rätsel, das jede angeblich weltzentrische politische Kampagne lösen muss, ist folgendes: Um die nationalen Regierungen zur Zusammenarbeit zu bewegen, muss sie sich irgendwie *direkt* mit unserem Wahlrecht verbinden, *ohne* jedoch eine politische Partei zu sein.

Auf den ersten Blick scheint es, dass wir unser eigenes Argument schachmatt gesetzt haben. Aber im nächsten Kapitel werden wir sehen, dass in der Tat das Gegenteil der Fall ist. Denn weltzentrisches Denken transzendiert dieses Dilemma. Wir sind bereits radikal frei, und unsere Stimmen sind, wenn sie angemessen eingesetzt werden, bereits unvorstellbar mächtig – wir müssen das nur erkennen. Und im nächsten Kapitel werden wir es tun.

9. Eine kooperativ entwickelte Politikplattform, die die Einbeziehung schädlicher Strategien verhindert.

Im vorherigen Kapitel haben wir gesehen, dass Nationen und Völker auf der ganzen Welt auf ganz unterschiedlichen und widersprüchlichen Bewusstseinsebenen leben. Es ist daher zu erwarten, dass sie unterschiedliche Ansichten vertreten und sich wahrscheinlich darüber streiten werden, welche Strategien sie für die globale Umsetzung am besten geeignet halten. Eine weltzentrierte politische Kampagne müsste diese Unterschiede überwinden.

Nationale Gesellschaften, die sich auf der traditionellen Ebene befinden, könnten sich beispielsweise die globale Umsetzung der Todesstrafe oder des Scharia-Rechts wünschen, während Nationen oder Gesellschaften auf der postmodernen Ebene Flugzeuge verbieten möchten, um die CO2-Emissionen zu stoppen. Das sind natürlich extreme Beispiele. Dennoch besteht das Problem darin, wie angemessene globale Strategien erreicht werden können, wenn die Teilnehmer solche unterschiedlichen Perspektiven haben. Obwohl die unterschiedlichen Werte der einzelnen nationalen Gesellschaften gehört und angemessen berücksichtigt werden müssen, benötigen wir nur frühe oder späte weltzentrische Strategien, Strategien, die für alle von Nutzen wären und die die ganze Welt berücksichtigen.

Warum sollte das so sein? Die Privilegierung der weltzentrischen Ebenen mag auf den ersten Blick im Widerspruch zum Prinzip der Fairness stehen, oder es mag sogar elitär und undemokratisch erscheinen, aber die Priorisierung dieser Ebenen ist notwendig und angemessen, weil sie, wie wir bereits erwähnt haben, von einer besonderen Qualität profitieren, die keine der vorangegangenen Ebenen besitzt. Während jede der vorangegangenen Ebenen Erster-Ordnungen im Allgemeinen nur ihre *eigene* Perspektive als gültig ansehen und insofern die anderen ablehnen, sind die weltzentrischen Ebenen Zweiter-Ordnung die ersten, die *alle* vorherigen Ebenen anerkennen, ehren und integrieren können. Sie sind in der Tat die einzigen Ebenen, die wirklich weltzentriert sind, die einzigen Ebenen, die in der Lage sind, globale Strategien zu entwickeln, die wirklich nützlich und für alle akzeptabel wären.

Das bedeutet nicht, dass irgendein großes Komitee weltzentrierter Strategien vom Typ ‚weiser Ältestenrat' entwickeln sollte. Vielmehr, wie wir später sehen werden, ermöglicht der *Simpol*-Ansatz, dass vorteilhafte, weltzentrierte globale Strategien völlig einvernehmlich und –

paradoxerweise – mit der Beteiligung und Beteiligung der ganzen Welt erreicht werden.

10. Kennzeichen, die globales Vertrauen schaffen.

Bevor irgendeine Art internationaler Verhandlungen stattfinden kann, müssen die Menschen und ihre Politiker einander vertrauen. Genau wie die Regierungen. Der Aufbau eines ausreichenden internationalen Vertrauens ist eine absolute Voraussetzung dafür, dass wichtige globale Vereinbarungen umgesetzt und eingehalten werden können. Alle Parteien müssen wissen, wem sie in Bezug auf Vereinbarungen vertrauen können, und wer noch im Zweifel ist.

In seinem Buch über die Evolution der Zusammenarbeit in menschlichen Gesellschaften, *Ultrasociety*, erklärt Peter Turchin, warum Vertrauen so fundamental ist und argumentiert, dass symbolische Kennzeichen eine entscheidende Rolle beim Aufbau von Vertrauen spielen. Unsere fernen Vorfahren verließen sich ausschließlich auf die persönliche Zusammenarbeit in einem sozialen Kreis, der nur aus Verwandten und Freunden bestand. Jeder Unbekannte war ein potenzieller Feind, so dass es ein wichtiger evolutionärer Durchbruch war, die Fähigkeit zu entwickeln, kooperierende Gruppen mit symbolischen Markern wie Sprache und Dialekt, Kleidungsstilen und Verzierungen oder Tattoos sowie Verhaltensweisen wie der Teilnahme an kollektiven Ritualen zu kennzeichnen. Symbolisch gekennzeichnete kooperative Gruppen erlaubten es den Menschen, das Ausmaß der Zusammenarbeit über den Kreis der persönlich Bekannten hinaus zu erweitern und ganze Stämme oder Nationen zu umfassen.[14]

Auf globaler Ebene dürfte der Aufbau eines ausreichenden Vertrauens, bis zu dem Zeitpunkt, an dem verbindliche Vereinbarungen ausgehandelt und gleichzeitig umgesetzt werden können, den gleichen Kriterien unterliegen. Unsere weltzentrierte politische Kampagne muss daher einen Marker – ein Kennzeichen oder eine Marke – beinhalten, der diejenigen Menschen, Politiker und Regierungen unterscheidet, die sie unterstützen, von denen, die sie noch nicht unterstützen.

Es braucht nicht viele Menschen, um die Welt zu verändern.

Bevor wir die Kampagne ‚Simultane Politik' (Simpol) vorstellen, die unserer Meinung nach die oben genannten Kriterien erfüllt, lassen Sie uns zunächst auf eine weitere Behauptung dieses Buches eingehen: dass die Veränderung der Welt nicht so viele Menschen erfordert, wie wir denken. In diesem Punkt stimmen wir dem Diktum zu, das Margaret Mead zugeschrieben wird: ‚Zweifle nie daran, dass eine kleine Gruppe von nachdenklichen, engagierten Bürgern die Welt verändern kann; in der Tat ist es das Einzige, was stets passiert ist. [15]

Dies kann sich kontraintuitiv anfühlen, vielleicht weil wir in einem Zeitalter der Massen leben. Globale Massenkommunikation, Massenmedien, Massenkonsum und so weiter tragen dazu bei, dass wir uns isoliert und machtlos fühlen, und dass wir keine Rolle spielen. Aber was sagt uns die Geschichte? Es stellt sich heraus, dass viele der wichtigsten Übergänge, auf die wir angespielt haben, nicht von Massen von Menschen, sondern von einer relativ kleinen Gruppe eingeleitet wurden. Die Aufklärung zum Beispiel ist das Ergebnis einer Handvoll kreativer Menschen in Europa, die auf der modernen Ebene tätig waren. Ken Wilber stellte fest, dass die Entstehung des Denkens der Aufklärung als ‚Wahrscheinlichkeitswelle' betrachtet werden kann. Solche Entwicklungen werden zwangsläufig von einer Gruppe führender Intellektueller eingeleitet und kanalisiert, argumentiert er. Wie bei jeder tiefgreifenden sozialen Transformation, die das repräsentiert, was er echte ‚vertikale' Transformation nennt, ist diese Gruppe stets an der Spitze einer aufkommenden Wahrscheinlichkeitswelle – einer neuen Denkweise. Es ist dann wahrscheinlich, dass solche Transformationsmöglichkeiten, die ein höheres Niveau des Denkens und der politischen Steuerung ankündigen, nicht von vielen, sondern von wenigen angeführt werden.[16]

Einfach ausgedrückt, neue Bewusstseinsebenen, wie die moderne Aufklärung, werden nicht durch Massen von Menschen, sondern durch eine relativ kleine Gruppe eingeleitet. Diese Gruppe repräsentiert eher das, was wir heute als ‚Vordenker' bezeichnen, als diejenigen mit dem höchsten sozialen Vorteil. Neue Technologien, wie die Gutenberg´sche Druckmaschine, leiten den Prozess ein, der zu einem neuen Kontext für Governance führt. Dann halfen Philosophen wie Bacon, Descartes, Locke, Voltaire und Newton, das notwendige neue Denken einzuleiten. Es war diese relativ kleine Gruppe und nicht die breiteren Gesellschaften, in denen sie lebten, die die Aufklärung auslöste.

Erst nach einiger Zeit breitet sich die neue Weltanschauung, getrieben durch die Auswirkungen neuer Technologien, schließlich in der Kultur aus. Solche Transformationen beinhalten das, was Malcolm Gladwell als ‚Tipping Point' bezeichnet. Wilber spekuliert, dass wenn nur 10 Prozent der Bevölkerung zu einer neuen Weltanschauung gelangen, ein Wendepunkt erreicht ist, nach dem sich die neue Denkweise schnell in der gesamten Gesellschaft verbreitet.[17]

Neue Technologien und neues Denken sind nicht die einzigen Treiber für solche Veränderungen. Wie wir im vorherigen Kapitel gesehen haben, sind es auch die vorherrschenden Lebensbedingungen, die helfen. In unserer globalen Ära sind die sich verschärfenden Krisen des Klimawandels, Finanzkatastrophen, Ressourcenknappheit, massenhafte Wirtschaftsmigration und so weiter Lebensbedingungen, die dazu beitragen, uns auf die nächste Ebene des Denkens und Handelns zu bringen. Globale Technologien und ihre Auswirkungen – einschließlich des DGW – sind bereits hier.

Wie wir ausgeführt haben, ist es unser *Denken*, das dringend aufholen muss. Wenn Wilber Recht hat, wird wahrscheinlich ein etwa 10%iger Tipping Point notwendig sein, damit sich die weltzentrische Weltanschauung schnell vermehrt; also müssen wir dahin arbeiten, dass 10 Prozent von uns das neue weltzentrierte Denken übernehmen.

Deshalb sind Sie, der Leser, wichtig.

Neues Denken ist entscheidend, aber selbst das reicht nicht aus. Um die Welt zu verändern, muss ein neues Regierungs-System eingeführt werden. Solange das nicht eingeführt wurde, wird kein neues Denken etwas ändern. Daher brauchen wir auch eine neue weltzentrierte *poli-*

tische Praxis – ein neues politisches Paradigma –, die stark genug ist, um die Transformation tatsächlich zu bewirken.

Wir brauchen eine neue und starke weltorientierte politische Praxis. Im nächsten Kapitel werden wir vorschlagen, wie das aussehen könnte, und ein Beispiel präsentieren, das bereits in Praxis funktioniert.

8. Die simultane Politik

Den Spieß umdrehen: Johns Geschichte

Es ist ein heller Frühlingstag in Blackheath, wo ich im Südosten Londons lebe. Es ist früh am Morgen, und die reichlich vorhandene Population von Eichhörnchen ist damit beschäftigt, die Bäume auf und ab zu huschen. Mit der Welt scheint alles in Ordnung zu sein – und dann klingelt meine Türklingel. Ich öffne die Haustür und bemerke, dass meine Besucherin eine große rote Rosette trägt. Es erinnert mich daran, dass am 7. Mai, nur ein paar Wochen entfernt, eine Parlamentswahl ansteht. Nach allem, was man hört, wird es eine knappe Wahl werden, und alle Parteikandidaten jagen letzte Wahlstimmen.

„Guten Morgen, Mr. Bunzl", begrüßt mich die lokale Kandidatin der Labour Party fröhlich mit einem Lächeln. Sie hat einen Haufen Flugblätter bereit. „Ich wollte nur fragen, ob ich mit Ihrer Stimme am 7. Mai rechnen kann?"

Plötzlich hellwach, bin ich nun auf den Austausch vorbereitet.

„Wissen Sie", beginne ich, „ich bin es eigentlich ein wenig leid, dass die Parteipolitik nicht in der Lage ist, sich mit den wirklich großen globalen Themen auseinanderzusetzen. Deshalb werde ich für jeden Politiker stimmen, der das Versprechen unterzeichnet hat, die Simultanpolitik gemeinsam mit anderen Regierungen umzusetzen. Der Kandidat, der Simpol unterzeichnet, bekommt meine Stimme."

Ich habe gesagt, was ich sagen wollte, und wir beide schweigen für einen Moment.

Meine Wahlkampf-treibende Besucherin scheint vorübergehend etwas verwirrt – sogar verblüfft – über diese Wendung zu sein. Jeder betrachtet es als selbstverständlich, dass wir, die Wähler, die Wahl treffen müssen, und dass wir uns zwischen den Politikern entscheiden müssen. Es sind nicht die *Politiker*, die sich entscheiden müssen, ob sie eine bestimmte Strategie unterstützen wollen. Was auch immer in ihr vor sich geht, sie scheint zu wissen, dass alles, was sie über das Manifest von Labour sagen wollte, keinen großen Unterschied machen wird.

„Äh, was ist eigentlich die Simultanpolitik“, fragt sie schließlich und hofft, dass es etwas ist, dass sie unterstützen kann, um dadurch meine Stimme zu erhalten.

Ich lächle, gebe ihr eines meiner Simpol-Faltblätter zusammen mit einem Gelöbnis-Formular, das die Politiker unterschreiben sollen, und wünsche ihr einen angenehmen Tag, dabei zufrieden, dass ich ihr die Entscheidung überlassen habe. Während sie meinen Vorgarten verlässt hat sie nur eine Frage zu klären: ob sie das Gelöbnis zur Implementierung von Simpol unterschreiben soll oder nicht. Wenn sie das tut, geht sie kein Risiko ein, und zwar wegen der Bedingung der ‚simultanen Umsetzung‘, die in dem Gelöbnis eingebaut ist und die wir im Folgenden erläutern werden. Im Gegenteil, sie wird die Möglichkeit erhalten, meine Stimme und die Stimmen der wachsenden Zahl anderer Simpol-Anhänger in ihrem Gebiet zu gewinnen. Sollte sie sich weigern, riskiert sie, dass ich (und andere Simpol-Anhänger) sehr wahrscheinlich für einen ihrer Rivalen stimmen werde, der sich stattdessen dafür entschieden hat, zu unterschreiben.

Der Spieß wurde umgedreht.

Das Argument für Simpol

Im letzten Kapitel haben wir gesehen, dass wir, um die Regierungen zur Zusammenarbeit zu bewegen, eine Kampagne brauchen, die nicht nur international operiert, sondern auch in unseren bereits bestehenden Bürgerrechten verwurzelt ist, unsere eigenen Vertreter zu wählen. Eine solche Kampagne kann, wie wir sagten, keine politische Partei sein, und, wie die Erfahrung von John oben zeigt, muss sie es auch nicht sein. Den Spieß auf diese Weise umzudrehen basiert auf drei grundlegenden Erkenntnissen, die sich aus dem ergeben, was wir zuvor behandelt haben. Auf diesen grundlegenden Erkenntnissen basiert die Kampagne der simultanen Politik:

Simpol's grundlegende Erkenntnisse

- Die Parteipolitik ist weitgehend bedeutungslos geworden.
- Wir müssen eine *eigene* globale Politikplattform schaffen.
- Die simultane Implementierung macht Simpol zu einem risikolosen Angebot.

1. **Die Parteipolitik ist weitgehend bedeutungslos geworden**, weil der destruktive globale Wettbewerb impliziert, dass das konventionelle Abstimmen zwischen politischen Parteien zu einer Wahl geworden ist, die keine Wahl mehr ist. Wir sind mit einer Pseudodemokratie konfrontiert, denn die Politik, über die wir abstimmen, muss zwangsläufig den von dem DGW festgelegten Parametern entsprechen. Sobald wir das verzweifelte Gefühl der Machtlosigkeit überwunden haben, das dadurch hervorgerufen wird, sind wir paradoxerweise frei. Mit dem Wissen, dass die Parteipolitik bei der Lösung globaler Probleme im Wesentlichen bedeutungslos geworden ist, erhalten wir eine gute Nachricht: Wir müssen keine Zeit mehr mit der Gründung neuer politischer Parteien verlieren oder weiterhin unsere Pseudowahl zwischen bestehenden Parteien treffen. Stattdessen sind wir radikal frei, und frei, den Spieß umzudrehen.

2. **Wir Bürger müssen daher unsere *eigene* globale Politikplattform schaffen**, denn wie wir gesehen haben, macht es der DGW den Politikern unmöglich, dies zu tun. Politiker können *sagen*, dass sie soziale Gerechtigkeit und ökologische Nachhaltigkeit damit in Einklang bringen können, international wettbewerbsfähig zu sein, aber, wie wir gesehen haben, schließen sich diese beiden Ziele gegenseitig aus. Beschränkt auf die (durch den DGW festgelegten) engen politischen Parameter können Politiker einfach nicht agieren, und sie können sich dem Dilemma nicht entziehen.

Daraus folgt, dass es uns Bürgern freisteht, unsere eigene globale Politik zu entwickeln. In der Tat ist es nicht so sehr so, dass wir die Möglichkeit haben, sie zu entwickeln, wir müssen es unbedingt tun. Da unsere Regierungen dem DGW verpflichtet sind, kann es niemand sonst. Und da jede wirksame Plattform von Politiken gleichzeitig umgesetzt werden muss – von allen oder zumindest genügend Nationen –, muss es eine ‚simultane Strategie' sein.

3. **Die Bedingung der simultanen Implementierung macht die Unterstützung von Simpol zu einem risikolosen Unterfangen,** da Politiker jeder Partei die Kampagne frei unterstützen können, da sie wissen, dass ihre Politikplattform nur dann umgesetzt würde, *wenn alle oder ausreichend andere Nationen sie ebenfalls unterstützen*. Bis dahin können Politiker ihre gewohnte Politik fortsetzen. Die Unterzeichnung einer Zusage, eine Reihe von Strategien auf der Grundlage der gleichzeitigen Umsetzung umzusetzen, stellt somit kein Risiko und keinen Konflikt mit der bestehenden Politik ihrer Partei dar.

Aus diesem Grund wird die Kampagne, die wir hier beschreiben, als *Simultanpolitik* – Simpol – bezeichnet. Simpol hat in der Tat zwei Hauptaspekte. Erstens ist es eine *poltische Strategie*, und damit eine Reihe von Strategien zur Lösung globaler Probleme. Zweitens ist es ein politischer *Prozess*, ein Prozess, durch den wir Bürger unsere Politiker und Regierungen dazu bringen können, die Strategie umzusetzen. Später werden wir uns ansehen, welche Richtlinien Simpol enthalten und wie sie entwickelt werden können. Aber zuerst betrachten wir Simpol als einen politischen Prozess.

Die Simpol-Kampagne wurde im Jahr 2000 in Großbritannien gestartet. Noch klein und von Freiwilligen geleitet, hat sie stetig politische Unterstützung erhalten, indem sie ihre kleine, aber wachsende Zahl von Bürgerinnen und Bürgern ermutigt hat, den Spieß umzudrehen, wie John es in seiner Geschichte zu Beginn dieses Kapitels beschrieben hat.

Bei den letzten nationalen Wahlen im Jahr 2015 in Großbritannien gelang es den Anhängern von Simpol-UK, der britischen Niederlassung von Simpol, mehr als 600 Kandidaten aus allen wichtigen britischen politischen Parteien für die Unterzeichnung des Simpol-Versprechens zu gewinnen. Dreißig dieser Unterzeichner wurden zu Mitgliedern des Parlaments gewählt, und viele haben ihre Gründe, warum sie die Politik unterstützen. auf der Simpol-Website abgegeben.[1] Die Unterzeichner der Simpol-Gelöbnisses erklären sich damit einverstanden, die Palette der globalen Richtlinien von Simpol umzusetzen, sofern diese Richtlinien schließlich formuliert und international vereinbart werden und alle oder ausreichend andere Regierungen sich auch darauf einigen, sie auch simultan umzusetzen.[2]

Wie konnten die relativ wenigen Unterstützer von Simpol-UK ein so großes Ergebnis erzielen?

Mit unseren Stimmen unsere Welt zurückerobern

Die Antwort liegt in einer neuen, kraftvollen Abstimmungsmethode, die Simpol als Vorreiter eingeführt hat und die von seinen Unterstützern übernommen wird. Und so funktioniert es.

Wenn Sie im Vorfeld einer Wahl die Simpol-Kampagne unterzeichnen, sendet Ihre nationale Simpol-Organisation in Ihrem Namen eine Nachricht an alle Kandidaten in Ihrem Wahlkreis (die in Großbritannien als Wahlgebiete bekannt sind), in der diese darüber informiert werden, dass Sie und andere Simpol-Anhänger die Politiker oder Parteien wählen, die das Gelöbnis unterzeichnen. Auf diese Weise wird Simpol mit Unterstützung der wachsenden Kampagne zu einem mächtigen Wahlblock, der starken Wahldruck auf die Politiker ausübt.

Die Botschaft, die Sie und andere Simpol-Anhänger an die Politiker richten, ist klar. Einerseits stellt die Unterzeichnung der Zusage kein Risiko für sie dar, denn die Umsetzung von Simpol würde erst zu einem späteren Zeitpunkt erfolgen, wenn das Maßnahmenpaket vereinbart worden wäre und wenn genügend Regierungen auf der ganzen Welt unterzeichnet hätten. Und doch müssen sie andererseits das Versprechen unterschreiben, wenn sie eine Chance auf unsere Stimmen haben wollen. Politiker, die es unterzeichnen, ziehen daher den Simpol-Abstimmungsblock an, d.h. die möglicherweise notwendigen zusätzlichen Stimmen, die sie benötigen, um ihre Sitze zu erhalten. Aber wenn sie *nicht* unterschreiben, riskieren sie, diese Stimmen an andere Kandidaten zu verlieren, die stattdessen unterzeichnet haben könnten. Und wenn das passiert, könnten sie ihre Plätze *verlieren.*

Zusammenfassend lässt sich sagen: Für Politiker ist Simpol eine Win-Win-Situation. Das Gelöbnis in dieser Phase zu unterzeichnen repräsentiert *im Prinzip* ihre Unterstützung für Simpol und ist daher ein risikoloses Unterfangen. Ein Politiker, der nicht unterschreibt, riskiert dagegen, diese Stimmen an politische Konkurrenten zu verlieren, die unterzeichnet haben, was zu einer politischen Katastrophe führen könnte.

Ein Zyniker könnte denken, dass Politiker nur unterschreiben würden, um unsere Stimmen zu erhalten, nur um ihr Versprechen nach der Wahl aufzuheben. Aber das wäre wenig sinnvoll, da die Umsetzung von Simpol erst nach vollständiger Umsetzung erfolgen kann, *wenn ausreichend Nationen an Bord* sind, so dass es für einen Politiker bis zur Umsetzung nichts gibt, was er wieder tun könnte. Eine Annullierung ihres Pfandes ist daher nicht sinnvoll. Wenn ein Politiker sein Versprechen *zurückzieht*, würde die nationale Niederlassung von Simpol es prominent auf ihrer Website veröffentlichen, so dass kein Simpol-Anhänger jemals wieder für diesen Politiker stimmen würde. Einmal gemacht, liegt es also einfach nicht im Interesse eines Politikers, die Zusage zu widerrufen. Und wenn es darum geht, dass alle oder genügend Nationen an Bord sind und die Umsetzung voranschreiten könnte, wären die weltweiten Probleme zu diesem Zeitpunkt wahrscheinlich so kritisch, dass niemand bei klarem Verstand zögern würde zu handeln. Bis dahin wäre die Umsetzung ohnehin im Interesse aller geworden.

Für die Bürger bedeutet die Unterstützung von Simpol, über zwei Stimmen zu verfügen: eine, die auf globaler Ebene wirkt, und die andere, die auf nationaler Ebene wirkt. Die Unterzeichnung der Kampagne, begleitet von der E-Mail, die Ihre nationale Simpol-Organisation in Ihrem Namen an alle Kandidaten in Ihrem Wahlkreis oder an

Ihren Abgeordneten sendet, stellt Ihre *globale* Stimme dar. Dann, am Wahltag, erhalten Sie auch Ihre *nationale* Stimme, genau wie alle anderen.

Es ist wichtig zu betonen, dass die Simpol-Anhänger ihre Autonomie als Wähler nicht aufgeben. Ihr Engagement besteht nur darin, Kandidaten, die das Versprechen unterzeichnet haben, eine starke Präferenz zu geben. Jeder Unterstützer behält sich somit das ultimative Stimmrecht vor, wie er wählen will.

Der Dominoeffekt

Die Kombination aus einem risikofreien Versprechen und der Angst vor dem Verlust, sofern sie nicht unterzeichnen, kann einen Dominoeffekt unter Politikern erzeugen. Nach unseren jüngsten Erfahrungen bei den Wahlen im Jahr 2015 in Großbritannien gab es einige Wahlkreise, in denen, als ein Kandidat unterschrieb, die anderen schnell folgten. In der Tat, sobald *ein* großer Kandidat unterzeichnete, hatten die anderen wenig Wahl, vor allem was die eng umkämpften Sitze anging.

Im Wahlkreis des Randbezirks Weston-super-Mare im äußersten Südwesten Englands hatte der Kandidat der Konservativen Partei das Gelöbnis bereits bei einer früheren Wahl unterschrieben, so dass sein Name bereits als versprochener Politiker auf unserer Website erschien. Als dann 2015 der Wahlkampf begann und weil er erkannt hatte, dass einer seiner Konkurrenten bereits unterzeichnet hatte, unterzeichnete auch der liberaldemokratische Kandidat am 3. März. Einen Tag später unterzeichnete der Labour-Kandidat, und am Tag darauf unterzeichneten auch die Grünen. Mit der einzigen Ausnahme des UKIP-Kandidaten hatten wir also ein volles Haus. Das Ergebnis? Für Simpol war es bereits klar, auch wenn die Wahl noch zwei Monate in der Zukunft lag: Wer auch immer gewann, Simpol hatte auch gewonnen. Ein weiterer Abgeordneter würde zu der wachsenden Zahl derjenigen im Vereinigten Königreich hinzukommen, die sich verpflichten, ihre Agenda für globale Gerechtigkeit umzusetzen, sobald genügend andere Abgeordnete und Regierungen unterzeichnet haben.

In Schottland ist bei den Europawahlen 2014 ein ähnlicher Dominoeffekt aufgetreten. Catherine Stihler, eine der Labour-Kandidaten, war die erste, die die Zusage am 1. Mai unterzeichnete. Einige Tage später, vielleicht als Reaktion darauf, folgte Alyn Smith, einer der schottischen nationalistischen Kandidaten, ihrem Beispiel. Schließlich schloss sich auch ein anderer Labour-Kandidat, David Martin, an. Alle drei sind nun Mitglieder des Europäischen Parlaments (MdEPs) und haben sich neben einigen anderen MdEPs verpflichtet, Simpol umzusetzen.

Die Simpol-Kampagne funktioniert nicht nur im Vorfeld von Wahlen. In jedem Land, in dem sich jeder neue Unterstützer der Kampagne anschließt, informieren wir unverzüglich sein stellvertretendes Parlamentsmitglied, und zwar unabhängig davon, ob eine Wahl unmittelbar bevorsteht oder nicht. Bei einigen Gelegenheiten genügt nur ein einziger Unterstützer, um den amtierenden Abgeordneten zu ermutigen, das Gelöbnis zu unterzeichnen. Am 18. August 2015 unterzeichnete beispielsweise Jonathan Edwards, der Abgeordnete von Plaid Cymru (Partei von Wales) für Carmarthen East und Dinefwr, das Gelöbnis, nachdem sich ein Unterstützer in seinem Wahlkreis der Kampagne angeschlossen hatte. Während Simpol Politikern den starken Anreiz von Zuckerbrot und Peitsche bietet, das Gelöbnis zu unterzeichnen, ist dies bei weitem nicht immer notwendig. Sogar Abgeordnete, die auf einen sicheren Parlamentssitz haben, haben unterschrieben, weil sie Simpol einfach für eine gute Idee halten und es wert ist, dass es unterstützt wird.

Simpols Ansatz scheint auch in proportional-representativen Wahlsystemen gut zu funktionieren. Bei den irischen Parlamentswahlen 2016 haben beispielsweise 53 Kandidaten aus den meisten Hauptparteien das Gelöbnis im Vorfeld des Wahltages unterzeichnet. Von diesen wurden vierzehn in das irische Parlament, das Dáil, gewählt.

Die Vorschriften der Wahlen in einigen Ländern geben jedoch teilweise Anlass zur Vorsicht. In Kanada zum Beispiel ist es Politikern gesetzlich verboten, im Vorfeld einer nationalen Wahl Zusagen zu unterzeichnen, wenn sie die Handlungsfreiheit des Abgeordneten einschränken.[3] Auf den ersten Blick mag dies die Strategie von Simpol zunichtemachen, und doch gibt es hier eine Reihe von Faktoren zu berücksichtigen. Erstens es macht die Zusage von Simpol deutlich, dass es sich nur um eine *grundsätzliche* Verpflichtung handelt, so dass es zweifelhaft ist, ob sie überhaupt gegen solche Verbote verstoßen würde. Und zweitens, selbst wenn es so wäre, könnte sich die Simpol-Kampagne, da solche Verbote in der Regel nur unmittelbar vor einer Wahl gelten, stattdessen auf die Gewinnung von Unterstützung von Politikern zwischen den Wahlen und nicht während der Wahlen konzentrieren. Des Weiteren könnte eine locker formulierte Unterstützungserklärung vielleicht als Übergangsmaßnahme benutzt werden, bis die Unterstützung der Bürger so stark und unwiderstehlich wird, dass die politischen Parteien praktisch keine andere Wahl haben, als das Versprechen als integralen Bestandteil der Politik ihrer Partei mitaufzunehmen.

Während sich nationale Simpol-Kampagnen entwickeln, scheinen sie sich so zu organisieren, dass sie das jeweilige politische System jeder Nation widerspiegeln. In Großbritannien beispielsweise wird das Management der Kampagne von Unterstützern auf lokaler Ebene unterstützt, die sich dafür entscheiden, kontinuierlich aktiv zu werden. Sie tun dies, indem sie sich in lokalen Simpol-Gruppen organisieren, die jeweils in ihrem jeweiligen Parlamentsbezirk angesiedelt sind und die sich darauf konzentrieren, eine stärkere Unterstützung unter den Bürgern zu gewinnen. Das bedeutet, dass zwischen den Wahlen kontinuierlich Unterstützung aufgebaut wird, so dass die Politiker jedes Mal, wenn eine Wahl stattfindet, wissen, dass die Menge der Simpol-Anhänger in ihrem Wahlkreis immer größer wird und es daher in ihrem Wahlinteresse liegt, das Gelöbnis zu unterzeichnen.

Ein Beweis für das weltorientierte Denken, das hinter Simpol steht, ist die Tatsache, dass es das Potenzial hat, Parteipolitik und Nationalstaaten zu transzendieren und miteinzubeziehen. Dadurch erhält Simpol Unterstützung von Bürgern und Politikern aus dem gesamten parteipolitischen Spektrum und aus vielen unterschiedlichen Ländern. Während sich die Kampagne bislang am meisten in Großbritannien entwickelt hat, entwickeln sich die Kampagnen bereits auch anderswo. Das Vereinigte Königreich könnte jedoch als eine Art Pilotversuch angesehen werden, der einen Vorgeschmack darauf gibt, was möglich wäre, wenn sich eine große Zahl von Bürgern der Kampagne anschließt.

Wichtig zu verstehen ist, dass Simpol nicht die Unterstützung einer Mehrheit der nationalen Bevölkerung benötigt, um erfolgreich zu sein. In Mehrheitswahl-Systemen, wie beispielsweise im Vereinigten Königreich, in den USA und in Kanada, benötigt sie nur eine *kritische Zahl*, wobei diese Zahl diejenige ist, die die Spanne der Unterstützung zwischen den wichtigsten konkurrierenden Kandidaten oder Parteien darstellt – eine Marge, die, wie die Wahlerfahrung in Weston-super-Mare gezeigt hat, äußerst gering sein kann. Einige Leser mögen sich zum Beispiel daran erinnern, dass die Unterstützung zwischen George W. Bush und Al Gore bei den Präsidentschaftswahlen 2000 in den USA so fein ausbalanciert war, dass sie in Florida tatsächlich nur an einigen tausend Stimmen hing. Stellen wir uns nur vor, was möglich wäre, wenn Simpol von einigen tausend Unterstützern in diesem Staat und in anderen wichtigen US-Bundesstaaten unterstützt würde. Wenn die gesamte öffentliche Unterstützung zwischen den beiden Hauptkandidaten oder Parteien bei einer zukünftigen Wahl so ausgewogen wäre wie im Jahr 2000, würde es nur einen relativ kleinen Block von Simpol-Anhängern erfordern – möglicherweise nur wenige Tausend in jedem Schlüsselstaat – um es zum Interesse beider Präsidentschaftskandidaten zu machen, das Gelöbnis zu unterzeichnen.

In Ländern mit Proportionalwahlrechtssystemen hingegen kann sich die Unterstützung etwas schwieriger gestalten. Dennoch basieren alle Wahlsysteme auf dem Wettbewerb zwischen den politischen Parteien, so dass Simpol bei zunehmender Unterstützung durch die Bürger trotzdem effektiv sein sollte.

Da viele Parlamentssitze und sogar ganze Wahlen auf der ganzen Welt oft an relativ wenigen Stimmen hängen, ist es nicht schwer zu erkennen, dass die Zahl der benötigten Unterstützer der Kampagne überraschend klein sein kann. Dies hilft uns, die unverhältnismäßige Macht zu erkennen, die wir als Bürger bereits besitzen, um sicherzustellen, dass unsere Regierungen bei der Umsetzung einer globalen Agenda für Gerechtigkeit zusammenarbeiten. Diese überproportionale Macht zeigt, dass es nicht so viele Menschen braucht wie wir annehmen, um die Welt zu verändern.

Die außerordentliche Macht von Simpol sowie die Tatsache, dass sie keine Mehrheit erfordert, macht die Notwendigkeit deutlich, dass sie eine ausreichende demokratische Legitimität haben muss, wenn sie jemals umgesetzt werden soll. In der Gründungserklärung heißt es, dass die Umsetzung erst dann erfolgen kann, wenn die Mehrheit der Bürger in jedem demokratischen Land – ob Wahlkampfanhänger oder nicht – ihre Zustimmung gegeben hat.[4]

In Bezug auf die Betrachtung der Wahrscheinlichkeit, ob Simpol die Unterstützung einer Mehrheit der Bürger in jedem demokratischen Land erhalten wird oder nicht, ist es wichtig zu verstehen, dass sich die globalen Bedingungen in den kommenden Jahren sehr wahrscheinlich weiter verschlechtern werden. Ebenso wird sich wahrscheinlich immer deutlicher zeigen, dass die derzeitigen Verhandlungsstrategien unzureichend sind. Infolgedessen wird die Unterstützung für die Kampagne wahrscheinlich stärker werden. Bis globale Verhandlungen oder nationalen Referenden stattgefunden haben, ist zu hoffen, dass eine Mehrheit der Bürger in demokratischen Ländern zu Simpol-Unterstützern geworden ist.

Im Laufe dieses Prozesses ist es wichtig, die Rolle zu berücksichtigen, die die Marke Simpol bei der Unterstützung von Bürgern, Politikern und Regierungen bei der Unterscheidung zwischen denen, die die Kampagne unterstützen, und denen, die noch überzeugt werden müssen, spielen kann. Wenn Bürger für ihre Unterstützung der Kampagne werben oder wenn Politiker und Regierungen ihr Versprechen unterzeichnen, kennzeichnen sie sich öffentlich als globale Kooperationspartner. Sie sagen damit der Öffentlichkeit, ihren Altersgenossen und der ganzen Welt: „Ich bin bereit, Simpol umzusetzen, sobald du es bist.“ Sie bekräftigen öffentlich gegenüber ihren Altersgenossen: „Ich werde es tun, wenn du willst!“

Der Imperativ der Zusammenarbeit

Die Verschlechterung der globalen Lebensbedingungen zu antizipieren und in Übereinstimmung mit dieser evolutionären Trajektorie zu arbeiten ist wichtig, da Transformationen in der Regel als Folge solcher Belastungen auftreten. Da die Notwendigkeit die Mutter der Erfindung ist, wird sich die globale Situation wahrscheinlich so stark verschärfen, dass die globale Zusammenarbeit nicht mehr nur als Option, sondern als Notwenigkeit angesehen wird. Es ist daher wichtig, den Vorschlag von Simpol vor dem Hintergrund dieser wachsenden Notwendigkeit der Zusammenarbeit zu betrachten.

Die Fähigkeit, unter sich verschlechternden Umständen eine Zusammenarbeit zu erreichen, ist oft überraschend und sollte nie unterschätzt werden. Ein aktuelles Beispiel war die globale Finanzkrise des Jahres 2008, in der alle großen Zentralbanken der Welt gleichzeitig handelten, um die Zinsen um 0,5 Prozent zu senken. Wie die *Financial Times* berichtete, war diese Aktion „beispiellos" und ein „historisches Beispiel der Koordination".[5] Obwohl sie nicht Teil des Plans waren, berichtete die Zeitung weiter, dass auch die Chinesische Volksbank „sich fast gleichzeitig entschieden hat", ebenfalls ihren Zinssatz zu senken. Wie bei jedem Teufelskreis bedeutet eine sich verschärfende Weltsituation, dass der Anreiz für eine globale Zusammenarbeit nur noch zunehmen kann. Und wenn dies der Fall ist, ist die simultane Aktion entscheidend.

Abgesehen von einem vollständigen globalen Zusammenbruch ist die Annahme einer Form von Global Governance nahezu unvermeidlich, denn nur so können wir überleben. Wie wir gesehen haben, muss das Ausmaß der politischen Steuerung mit dem Ausmaß der Wirtschaft in Einklang gebracht werden, um ein völliges Chaos zu vermeiden: Das Regierungs-*System* muss dem neuen Regierungs-*Kontext* entsprechen. Die Gefahr besteht also darin, dass, wenn wir Bürger eine Kampagne wie Simpol nicht nutzen, um schnell zu intervenieren und sicherzustellen, dass die Global Governance nach unseren Bedürfnissen gestaltet wird, Regierungen und globale Unternehmen sie sicherlich nach ihren Bedürfnissen gestalten werden. Wie der US-

Politiker Mike Enzi weise bemerkte: „Wenn wir nicht sicherstellen, dass wir am Tisch sitzen, dann werden wir auf der Speisekarte stehen."[6]

Simpol bietet also einen geeigneten Ordnungsrahmen für Global Governance, allerdings in einer Weise, die nicht von Regierungen oder Unternehmen, sondern von Bürgern getrieben und gestaltet wird.

Unsere Stimmen so zu verwenden, wie Simpol es vorschlägt, steht völlig im Einklang mit der Anerkennung und Akzeptanz der Tatsache der Pseudodemokratie. Anstatt zwischen den Wahlversprechen der bestehenden politischen Parteien zu wählen – Versprechen, von denen wir im Lichte des DGW wissen, dass sie weitestgehend leer sind –, lassen die Simpol-Anhänger stattdessen Politiker miteinander konkurrieren, um Simpol zu unterstützen. Auf diese Weise bekommen unsere Stimmen wieder Sinn und Zweck, während ihre Macht auf globaler Ebene zum Tragen kommt. Simpol verkörpert also, wie viele bahnbrechende Innovationen, ein Paradoxon. Sie ermöglicht es den Bürgern, den nationalen parteipolitischen Wettbewerb stark aufzuladen, um nämlich genau das Gegenteil zu erreichen: die internationale *Zusammenarbeit.*

Wir machen uns zu echten Weltbürgern

Die Nutzung unseres Wahlrechts ist ein kritisches Merkmal, das Simpol von Initiativen unterscheidet, die ein Weltparlament, eine direkte globale Demokratie oder andere Formen der Global Governance vorschlagen. Da keine dieser Initiativen bestehende Wahlverfahren zur Erreichung ihrer Ziele nutzt, können sie natürlich nicht ohne *Zustimmung* der nationalen Regierungen umgesetzt werden. Solche Initiativen verleihen damit den Nationalstaaten und nicht den Bürgern die ultimative Autorität für eine Global Governance. Simpol hingegen bietet den Bürgern aller demokratischen Nationen eine Möglichkeit, mit unseren Stimmen unsere Regierungen zur Zustimmung zu *zwingen*, so dass es in ihrem Wahlinteresse liegt, global zusammenzuarbeiten.

Simpol setzt die Bürger so auf einzigartige und höchst kreative Weise wieder zurück auf den Fahrersitz. Sie ermöglicht es uns nicht nur, unsere Politiker und Regierungen zur Zusammenarbeit zu bewegen, diese Macht gibt uns auch die Möglichkeit, den politischen Inhalt von Simpol zu bestimmen. Wie bereits erwähnt ist Simpol nicht nur eine neue Art, unsere Stimmen zu verwenden, sondern auch eine Plattform für Richtlinien, auch wenn ihr genauer Inhalt noch nicht festgelegt ist. Wir werden in Kürze prüfen, wie dies geschehen könnte.

Hier geht es darum, dass Simpol das zentrale Rätsel löst, von dem wir früher gesprochen haben. Sie schlägt keine Kandidaten bei Wahlen vor, so dass es nicht als politische Partei bezeichnet werden kann. Stattdessen erlaubt es Simpol den Bürgern, ihre Stimmen kraftvoll einzusetzen, um *bestehende* Politiker und Parteien dazu zu bringen, sie zu unterstützen. Simpol ist also weder eine politische Partei noch eine NGO, sondern eine Art hybride Initiative, die über das bestehende System funktioniert, ohne Teil dieses Systems zu sein; eine einzigartige evolutionäre Neuerung, die es wohl zur ersten echten rechtsverbindlichen Form der globalen Wahlpolitik macht.

Der Begriff ‚Weltbürger' wird heute oft verwendet, aber der Faktor, der die Staatsbürgerschaft verwirklicht, sei es lokal oder national, ist unser *gesetzliches Wahlrecht*. Ohne dieses bleibt die Staatsbürgerschaft auf jeder Ebene nur ein verzweifelter Wunsch. Wir mögen uns als Weltbürger fühlen, aber bisher hatten wir keine rechtsverbindlichen Möglichkeiten, dies zum Ausdruck zu bringen. Bislang hatten wir auf globaler Ebene keine Handlungsmacht. Genau diese Gelegenheit ist es, die uns Simpol bietet: die Möglichkeit, mit unseren nationalen, rechtsverbindlichen Stimmen *echte* Weltbürger zu werden.

Simpol bietet eine Logik mit überraschendem Potenzial. Was wir im Vereinigten Königreich beobachten können, ist, dass eine überproportional große Zahl von Politikern und Regierungen in demokratischen Ländern von einer relativ geringen Zahl von Bürgern zur globalen Zusammenarbeit motiviert werden könnte. Auf diese Weise könnte ein kraftvoller Prozess zur Bindung der Global Governance katalysiert werden, auch wenn nur wenige Bürger eine weltzentrierte zivilgesellschaftliche Perspektive besitzen. Wenn die Bürger auf anderen Denkebenen erkennen, wie Simpol ihre Stimmen wieder wirkungsvoll macht und wie das Wählen selbst wieder eine echte Bedeutung erlangen kann, werden sie sich wahrscheinlich von der Kampagne angezogen fühlen, was wiederum dazu führt, dass noch mehr Politiker und Regierungen unterschreiben. Wenn das, was im Vereinigten Königreich erreicht wurde, an anderer Stelle wiederholt werden kann, kann ein mächtiger, dynamischer *Tugendkreis* in Gang gesetzt werden, der möglicherweise viele Regierungen in demokratischen Ländern zur Unterzeichnung veranlasst.

Zusammenarbeit mit undemokratischen Nationen

Undemokratische Nationen dürften nicht zu den ersten Nationen gehören, die Simpol unterstützen. Aber wenn sich die Bürger in demokratischen Nationen mobilisieren und ihre Regierungen allmählich dazu gezwungen werden, ihre Unterstützung zu erklären, wird der internationale Druck auf alle anderen Nationen zunehmen. Unter diesen Umständen hätten auch undemokratische Nationen einen starken Anreiz zur Teilnahme.

Anstatt beispielsweise hochverzinsliche Entwicklungsdarlehen vom IWF oder der Weltbank aufzunehmen, könnten die Einnahmen aus globalen Steuern – vielleicht von den Reichen, von transnationalen Unternehmen und den Finanzmärkten selbst – schuldenfrei an diese Nationen umverteilt werden.[7] Dies könnte die notwendigen Mittel für die Gesundheitsversorgung, Bildung und Infrastruktur bereitstellen, die diese Länder so dringend benötigen. Auf diese Weise hätten die Regierungen der ärmeren Nationen, von denen viele undemokratisch sind, einen starken Anreiz zur Zusammenarbeit.

Ein globales Kooperationsabkommen wie Simpol könnte auch eine Lösung für eines der umstrittensten Themen zwischen den Nationen im Norden und im Süden bieten: die erheblichen Subventionen für Landwirte im Norden. Diese Subventionen zerstören den Wettbewerbsvorteil der südlichen Nationen und hindern sie so daran, ihre landwirtschaftlichen Erzeugnisse zu exportieren, was es den

Menschen in diesen Ländern praktisch unmöglich macht, sich von der Armut zu befreien. Simpol könnte das ändern. So könnte beispielsweise eine politische Maßnahme darin bestehen, dass für jedes Agrarprodukt global vereinbarte Quoten festgelegt werden. Jeder Nation wäre es erlaubt, ihre Landwirte zu subventionieren, um diese Produkte bis zu dem vereinbarten Niveau zu produzieren. Auf diese Weise würde das Bedürfnis der nördlichen Nationen, ihr Land produktiv zu erhalten und ihre Bauern in der Wirtschaft zu beschäftigen, befriedigt.

Alle Mengen, die *über* die vereinbarten Quoten hinausgehen, könnten frei gehandelt werden, so dass die südlichen Staaten ihren Wettbewerbsvorteil nutzen können. Es könnten weitere Win-Wins entstehen. Nicht nur könnte die gesamte landwirtschaftliche Nutzfläche der Welt maximal genutzt werden, um die Weltbevölkerung zu ernähren, sondern der zunehmende Wohlstand der südlichen Nationen würde sie auch zu immer attraktiveren Märkten für Industrieerzeugnisse machen, die in weiter entwickelten Ländern hergestellt werden.

So wünschenswert eine verbindliche Global Governance auch sein mag, so besteht immer noch die Gefahr, dass sich sogenannte Schurkenstaaten weigern, zusammenzuarbeiten. Hier sollte man sich daran erinnern, wie uns Professor Ian Goldin daran erinnert, dass nicht alle globalen Fragen die Beteiligung aller Nationen erfordern.[8] Viele Probleme könnten zweifellos durch das gleichzeitige Handeln einer viel kleineren Gruppe gelöst werden. Aber bei Strategien, die die Beteiligung aller oder fast aller Nationen erfordern, bleibt die berechtigte Sorge bestehen, dass sich einige undemokratische Nationen immer noch als unkooperativ erweisen könnten.

Wenn wir diese Möglichkeit in Betracht ziehen, können wir anerkennen, dass die heutigen Bitten um internationale Zusammenarbeit in der Regel von einzelnen Nationen gesponsert oder stark beeinflusst werden und somit durch die verborgene Hand des eigenen nationalen Selbstinteresses verdorben werden. Simpol hingegen ist ein Vorschlag, der stattdessen von Bürgern kommt, nicht von einer Nation oder einer bestehenden internationalen Institution, sondern von einer objektiven, dritten Position, die keine versteckte Agenda hat und nur das gemeinsame Interesse aller verfolgt. Dies ist ein wichtiger Faktor, der auch Schurkenstaaten nicht entgehen dürfte, ein Faktor, der es wahrscheinlicher macht, dass sie letztlich doch zusammenarbeiten werden. Wenn aber trotzdem noch einige Schurkenstaaten die Zusammenarbeit verweigern, könnte sich die überwiegende Mehrheit der Nationen zweifellos auf geeignete Bestimmungen einigen, um sie so zu isolieren, dass sie das Abkommen nicht untergraben können.

Es sei auch daran erinnert, dass, obwohl sich die *Bevölkerungen* in einigen undemokratischen Entwicklungsländern im Großen und Ganzen in der Entwicklungsphase eines Kriegers- oder Stammesbewusstseins aufhalten kann, sich ihre *Regierungen* wahrscheinlich eher auf traditioneller oder höherer Ebene befinden. Das heißt, auf Ebenen, die durchaus in der Lage sind, zu erkennen, was es in ihrem unmittelbaren rationalen Eigeninteresse ist. Das bedeutet, dass ein pragmatisches globales Abkommen wie Simpol, das auf Eigennutz und Gegenseitigkeit und nicht auf einem Wert wie der Demokratie beruht, allgemein attraktiver ist und daher eine bessere Erfolgschance hat. Wie wir bereits erwähnt haben, schließen auch unterschiedliche Entwicklungsniveaus nicht unbedingt die Möglichkeit einer gewissen Einheit aus. Genauso wie verschiedene Ebenen miteinander in Konflikt stehen und dennoch innerhalb einer Nation zusammenarbeiten, so können sie global agieren.

Wer entscheidet was?

Kommen wir nun zu Simpol als einer Reihe von globalen Strategien. Worin bestünden diese Strategien, und wer würde sie entscheiden?

Grundsätzlich könnte Simpols Politikplattform jede erwünschte Politik beinhalten, die Nationen aus Angst, einen Wettbewerbsnachteil zu erleiden, nicht allein umsetzen können. Strategien zum Klimawandel, zur Unternehmensbesteuerung, zur Finanzmarktregulierung und so weiter kommen einem sofort in den Sinn, aber viele andere umstrittene Strategien – wie die Abrüstung – könnten möglicherweise auch einbezogen werden.[9] Aber es wäre unserer Meinung nach unangebracht, bereits in diesem frühen Stadium zu versuchen, den genauen Inhalt von Simpol zu bestimmen. Erstens wäre dies kaum demokratisch, und zweitens könnten Strategien, die heute angemessen erscheinen, veraltet und unangemessen sein, wenn genügend politische Unterstützung für die weitere Umsetzung vorhanden ist. Aus diesen Gründen schlägt Simpol einen zweistufigen Prozess für die Entwicklung seines politischen Inhalts vor: zuerst national, dann global.

Auf der ersten, *nationalen* Ebene – sobald die politische Unterstützung in ihrem Land ein bestimmtes Niveau erreicht hat –, könnte die Simpol-Organisation in diesem Land ihren eigenen politischen Prozess einleiten. Dies würde Simpol-Anhänger in diesem Land einbeziehen, die sich miteinander befassen, um eine Liste prioritärer globaler Fragen zusammen mit den vorgeschlagenen Maßnahmen zu deren Lösung zu erstellen. Hier könnte ein auf der Crowd basierender Prozess, wie er von Alan Watkins und Iman Stratenus in ihrem Buch *Crowdocracy* befürwortet wird, nützlich sein.[10] Ein solcher Prozess könnte, wenn die Befürworter dies wünschen, die Berücksichtigung von Strategien beeinhalten, die bereits von Think-Tanks, NGOs oder anderen Expertengremien entwickelt wurden. In nicht-demokratischen Nationen, in denen die individuelle Autonomie eingeschränkt bleibt, würde die betreffende Regierung eher eine Strategieentwicklung durchführen. In beiden Fällen wird das im vorherigen Kapitel erläuterte wichtige Subsidiaritätskriterium angewendet, so dass einseitige Strategien ausgeschlossen werden. Gleichzeitig würde diese Phase sicherstellen, dass die individuellen Prioritäten und Perspektiven der einzelnen Nationen angemessen berücksichtigt werden.

Die zweite, *globale* Phase würde viel später beginnen, wenn und sobald die Unterstützung auf der ganzen Welt so weit verbreitet ist, dass tatsächlich eine Aussicht auf die praktische Umsetzung von Simpol besteht. In dieser zweiten Phase würden Vertreter jeder Nation eingeladen, an internationalen Verhandlungen teilzunehmen, um ihre nationalen Listen zu harmonisieren und sich auf einen endgültigen

Satz globaler Maßnahmen zu einigen, die von allen Nationen gleichzeitig umgesetzt werden.

Während der endgültige Inhalt der Politik von Simpol natürlich einen internationalen Konsens erfordern würde, würden die zu verhandelnden Strategien sowie alle Verifikations- und Durchsetzungsmaßnahmen stark von Bürgern in demokratischen Ländern beeinflusst werden, deren Zustimmung ohnehin erforderlich wäre, bevor die Umsetzung erfolgen kann. Während die Zustimmung demokratischer Länder durch das Stimmrecht der Simpol-Anhänger stark motiviert wäre, wäre natürlich auch die Zustimmung von Regierungen in nicht-demokratischen Nationen erforderlich.

Ausmerzung globaler Konflikte

Im vorherigen Kapitel haben wir das schwierige Problem identifiziert, wie eine angemessene globale Politik jemals zustande kommen könnte, wenn verschiedene nationale Gesellschaften auf sehr unterschiedlichen Bewusstseinsebenen leben und daher wahrscheinlich widersprüchliche und oft unangemessene globale Strategien vorschlagen würden. Hier hat die elegante Art und Weise, wie das Subsidiaritätskriterium Strategien in *einseitige* und *simultane* Kategorien unterscheidet, einen wichtigen Nebeneffekt, der automatisch einen großen Teil der unangemessenen oder schädlichen Strategien ausschließt, die von nationalen Kulturen vorgeschlagen werden könnten, die ja noch auf vor-weltzentrierten Ebenen operieren.

Dieses Ausmerzen tritt auf, weil die meisten kulturell umstrittenen Strategien in der Regel keinen signifikanten Einfluss auf die nationale wirtschaftliche Wettbewerbsfähigkeit haben. Die einseitige Umsetzung der Todesstrafe oder der Abtreibung würde zum Beispiel nicht dazu führen, dass die sie umsetzende Nation einen wirtschaftlichen Wettbewerbsnachteil erleidet. Solche politischen Strategien fallen somit in die Kategorie der einseitigen Strategien und kommen daher nicht in Frage.

Durch die Anwendung des Subsidiaritätskriteriums würde dann eine ganze Reihe von unpassenden Strategien, die sich aus einem der vor-weltzentrischen Entwicklungsniveaus ergeben, automatisch überprüft, bevor internationale Verhandlungen stattfinden, so dass nur die Strategien im Prozess bleiben, die wirklich eine simultane Umsetzung erfordern. Dies ermöglicht bereits einen großen Teil der Lösung für das Problem der unterschiedlichen Werte. Alle schädlichen Strategien, die, wie wir als nächstes sehen werden, immer noch durch dieses Netz fallen könnten, können dann auf andere Weise ausgeschlossen werden.

Um zu verstehen, wie das funktionieren würde, müssen wir bedenken, dass jede nationale Bevölkerung eine unterschiedliche Meinung darüber vertritt, welche globalen Strategien am wünschenswertesten und notwendigsten sind. So können beispielsweise die Menschen in Deutschland die Reduzierung der CO2-Emissionen als Priorität betrachten, während die Menschen in Kenia die Armutsbekämpfung als oberste Priorität haben. Daher ist es von entscheidender Bedeutung, dass die Perspektiven jeder Nation angemessen berücksichtigt werden. Die Überraschung liegt darin, wie wir jetzt sehen werden, dass gerade durch diese Vorgehensweise alle noch verbleibenden schädlichen Strategien ausgesondert werden können.

Erinnern wir uns zunächst daran, dass es nur die Richtlinien sind, die am Ende mit der Zustimmung aller (oder fast aller) Nationen zustande kommen, die zur Umsetzung übergehen können. Wenn es einer Strategie nicht gelingt, dieses Maß an Übereinstimmung zu erreichen, würde sie einfach aus dem Prozess herausfallen. Wir erinnern uns auch daran, dass es einen inhärenten Konflikt zwischen jeder der ersten sechs Wertebenen (Erster-Ordnung) gibt: Moderne Werte stehen im Konflikt mit traditionellen Werten und umgekehrt; postmoderne Werte stehen im Konflikt mit modernen und traditionellen Werten und umgekehrt. Dieser Konflikt kann geschickt ausgenutzt werden.

Denn potenziell unangemessene Strategien, die von einer der ersten Stufen stammen, würden, wenn sie nicht bereits durch das Subsidiaritätskriterium ausgeschlossen sind, mit ziemlicher Sicherheit nicht die Gesellschaften auf *anderen* ersten Stufe ansprechen. Eine Strategie, die beispielsweise eine traditionelle Perspektive widerspiegelt, würde von den nationalen Gesellschaften auf der modernen oder postmodernen Stufe mit ziemlicher Sicherheit abgelehnt werden. Ebenso würde die Strategie, die auf einer postmoderne Perspektive beruht, wahrscheinlich weder auf die Zustimmung traditioneller Gesellschaften noch auf die Zustimmung moderner Gesellschaften usw. stoßen. Mit anderen Worten, Strategien, die nicht weltzentrisch sind, werden höchstwahrscheinlich mangels ausreichender globaler Übereinstimmung aus dem Prozess herausfallen.

Unterdessen stammen die einzigen Strategien, die wahrscheinlich auf *allen* Ebenen annehmbar sind, fast per Definition von den frühen oder späten weltzentrischen Ebenen, denn dies sind die einzigen in der Spirale, die alle vorhergehenden Ebenen *integrieren* und berücksichtigen. Strategien, die eine weltzentrierte Perspektive widerspiegeln, sind also die einzigen, die wahrscheinlich sowohl angemessen als auch vorteilhaft für die globale Umsetzung sowie in der Lage sind, die nationalen Gesellschaften auf allen früheren Wertebenen anzusprechen, auch wenn jede ihren eigenen besonderen Grund für ihre Unterstützung haben kann.

Angesichts des zuvor beschriebenen zweistufigen Prozesses der Strategieentwicklung würde der oben genannte Konflikt erst in der zweiten *globalen* Phase auftreten; ein Konflikt, der dazu führen könnte, dass alle Strategien, die von den Ebenen der ersten Stufe ausgehen, keine ausreichende globale Unterstützung erhalten und somit aus dem Prozess herausfallen. Für die wenigen Strategien, die von den verbleibenden weltzentrischen Ebenen ausgehen, werden diese, wie wir zuvor vorgeschlagen haben, so ausgehandelt, dass Kompensationen und Kompromisse dazu führen, dass Nationen, die bei einer Strategie den Kürzeren ziehen, bei anderen Strategien gewinnen. Dazu gehört auch, die Richtlinien in Gruppen von zwei oder drei komplementären Richtlinien einzuteilen und diese Gruppen zu priorisieren.

Ziel wäre es also, einen ersten Satz von zwei oder drei weltzentrierten Strategien festzulegen, die für alle Nationen akzeptabel werden, da sie die nötigen Kompensationen, Ausnahmen und Tradeoffs sowie angemessene Überprüfungs- und Durchsetzungsmaßnahmen beinhalten. Vorbehaltlich einer solchen Vereinbarung könnte diese erste Gruppe von Strategien – die erste simultane Politik – global und simultan zu einem gemeinsam vereinbarten Zeitpunkt umgesetzt werden, während die weniger wichtige Guppen für die spätere Umsetzung geplant werden können.

Eine verbindliche Global Governance, wie sie Simpol bietet, dient nicht nur dem Überleben unserer Zivilisation, sondern liegt im Eigeninteresse der gesamten Menschheit, unabhängig von den bestehenden Weltsichten. Für Gesellschaften auf vortraditioneller Ebene, einschließlich jener der so genannten ‚gescheiterten Staaten', würde die stabilere Atmosphäre, die Simpol durch eine kooperative Global Governance (unterstützt durch eine schuldenfreie globale Umverteilung des Reichtums) in die internationalen Beziehungen einbringen könnte, es den Bürgern in diesen Ländern ermöglichen, die Volkswirtschaften zu stabilisieren, zu prosperieren und zukunftsfähige Volkswirtschaften aufzubauen. Sie würden nicht mehr einen solchen Druck verspüren, auszuwandern oder die Abwanderung von Arbeitskräften zu erleiden. Das Ergebnis wäre eine erhöhte internationale Sicherheit weltweit.

Ebenso sollten die Verminderung der Massenmigration und der damit verbundene Schutz sicherer nationaler Identitäten diejenigen beruhigen, die in den entwickelteren Ländern leben, eine traditionelle Weltanschauung haben und sich bedroht fühlen. Umgekehrt würden für diejenigen auf einem modernen Niveau, die wollen, dass die Weltwirtschaft gedeiht, die regulatorischen Rahmenbedingungen, die Simpol bieten könnte, es der Weltwirtschaft ermöglichen, zu überleben und wirklich nachhaltig zu werden. Ebenso liegt Simpol im Eigeninteresse von Unternehmen, die langfristig und nicht nur für die nächsten Jahre im Geschäft bleiben wollen.

Für diejenigen auf postmoderner Ebene hängt das Ideal einer gerechten und nachhaltigen Welt, einschließlich stärker lokalisierter Volkswirtschaften, wie wir gesehen haben, von der Zusammenarbeit ab, die bei der verbindlichen Global Governance formalisiert wird. Die lobenswerten Ziele des Multikulturalismus können verwirklicht werden, jedoch nur, wenn die legitimen Bedürfnisse der nationalen

Identität, die für eine gesunde traditionelle Ebene erforderlich sind, respektiert werden, indem der von uns skizzierte globalere und umfassendere simul-kulturelle Ansatz verfolgt wird.

Embryonale globale Zusammenarbeit

Natürlich gibt es noch sehr viele wichtige Details zu klären und Fragen zu beantworten. Aber es wäre unserer Meinung nach falsch, zu versuchen, alles in einem so frühen Stadium vorherzusagen. Stattdessen ist ein organischerer und partizipativerer Ansatz erforderlich: Wir alle müssen uns an der Entwicklung des Prozesses *beteiligen* und alle noch offenen Fragen beantworten.

Die Art von internationalem Abkommen, zu dessen Zustandekommen Simpol beitragen könnte, ist daher weit davon entfernt, eine vollwertige Institution für eine verbindliche Global Governance zu sein. Vielmehr sollte man es besser als eine Art embryonaler Praxis betrachten. So wie auch die EU erst organisch aus der embryonalen Praxis eines Abkommens zwischen ihrer Bergbau- und Stahlindustrie hervorgegangen ist, so wird auch eine demokratische Global Governance höchstwahrscheinlich auf ähnliche Weise entstehen.

Simpol könnte also als eine Art embryonaler Praxis bezeichnet werden, durch die eine ausreichende Anzahl von Regierungen von den Bürgern dazu gebracht werden könnte, einige sehr spezifische Strategien gesetzlich zu regeln, die dann global und simultan umgesetzt würden. Ein solcher Prozess könnte, wenn er erfolgreich ist, immer dann wiederholt werden, wenn globale Probleme auftreten. Ob es sich später zu etwas entwickelt, das einer dauerhafteren Institution ähnelt, ist eine ganz andere Sache, und es wäre eine Sache, die die Bürger entscheiden sollten.

Nichtsdestotrotz können wir den Simpol-Prozess bereits in erheblichem Umfang visualisieren. Das folgende Diagramm gibt uns einen nützlichen Überblick.[11]

SIMPOL -
Unsere Stimmen zu nutzen, um die Welt zurückzuerobern

Wenn man sich nun an die zehn Kästen erinnert, die eine weltzentrierte politische Kampagne abhacken müsste, so können Sie selbst beurteilen, ob Simpol dies leistet:

1. Basiert Simpol auf der Bedingung einer globalen und simultanen Umsetzung?

2. Stattet Simpol die Bürger mit genügend Macht aus, um ihre Regierungen zur globalen Zusammenarbeit zu bewegen und gibt sie ihnen gleichzeitig die Befugnis, die zu verfolgenden Politiken festzulegen?

3. Inkorporiert Simpol mehrere Problem-Themen, so dass eine Zusammenarbeit im *unmittelbaren* Interesse aller Nationen liegt? Ist es daher wahrscheinlich, dass es Maßnahmen zur laufenden Durchsetzung beinhalten wird?

4. Kann der Strategieentwicklungsprozess von Simpol die Gefahren einer ‚Einheitsgrößen'-Governance vermeiden?

5. Wäre Simpol rechtsverbindlich und durchsetzbar?

6. Würde Simpol undemokratische Nationen berücksichtigen und gleichzeitig die Rechenschaftspflicht gegenüber den Bürgern in demokratischen Nationen sicherstellen?

7. Verfügt Simpol über ein robustes Subsidiaritätskriterium, das sicherstellt, dass das Prinzip der nationalen Souveränität gewahrt bleibt?

8. Löst Simpol das Rätsel, dass es weder eine NGO noch eine politische Partei sein kann?

9. Kann der politische Inhalt von Simpol mit der Beteiligung der gesamten Welt erreicht werden, ohne dass potenziell unangemessene Strategien einbezogen werden?

10. Bietet Simpol ein Kennzeichnen oder eine Marke an, die es Bürgern, Politikern und Regierungen ermöglicht, Vertrauen aufzubauen?

Trotz der offensichtlichen Herausforderung, die eine verbindliche Global Governance darstellt, hoffen wir, dass Sie all dies inzwischen für erreichbarer halten, als Sie es sich zunächst vorgestellt haben.

Gemeinsam reden und gehen

Ein entscheidender Faktor bei der Verwirklichung ist, dass die Möglichkeit des simultanen Handelns und ein gangbarer Weg zu seiner Verwirklichung aktiv artikuliert werden. Die Leute müssen damit beginnen, es vorzuschlagen. Wir alle müssen anfangen, darüber zu reden. Wenn dies immer mehr Menschen tun, beginnt in dem Bewusstsein der Menschen und in der kollektiven Psyche ein neuer kooperativer Zukunftskontext Gestalt anzunehmen. Es entsteht ein mentales Modell, in dem eine fruchtbare Zusammenarbeit von der gesamten Gesellschaft als wünschenswert und realistisch verstanden wird. Wie es der Historiker Arnold Toynbee ausdrückte:

> *Apathie kann nur durch Begeisterung überwunden werden, und Begeisterung kann nur durch zwei Dinge geweckt werden: erstens, ein Ideal, das die Phantasie im Sturm erobert, und zweitens, durch einen konkreten, verständlichen Plan, um dieses Ideal in die Praxis umzusetzen.*[12]

Wenn andererseits nicht genügend Menschen die Möglichkeit eines simultanen internationalen Handelns und wie es erreicht werden kann artikulieren, besteht das Risiko darin, dass die globale Gesellschaft ganz ohne die *Vorstellung* eines realistischen zukünftigen Zusammenarbeit auskommen muss, von den möglichen Mitteln, um dies zu erreichen, ganz zu schweigen. Alle Spieler – ob Regierungen, Unternehmen oder wir selbst – bleiben dann im gegenwärtigen Wettbewerbskontext, d.h. im Teufelskreis des DGW gefangen, einem Kreis, der nur Chaos und Zusammenbruch als Endpunkt hat. Es ist die Artikulation eines zukünftigen kooperativen Kontexts und eines praktikablen Mittels zu seiner Verwirklichung, die den Anstoß zu immer höheren und größeren Ebenen der Governance geben. Es ist genau dieser Antrieb, der menschliche soziale Einheiten von Familien über Stämme, dann zu mittelalterlichen Kleinstaaten bis hin zu Nationalstaaten gebracht hat, und es ist dieser evolutionäre Antrieb, der uns jetzt wieder dazu aufruft, gemeinsam eine Form verbindlicher, menschenzentrierter Global Governance zu etablieren.

Das Paradoxon dieser und aller vorangegangenen großen evolutionären Übergänge ist, dass, wenn man sie in eine kritische Phase bringt, der Wettbewerb letztendlich aufhört, eine Strategie für das individuelle Überleben zu sein, sondern stattdessen zu einer Strategie für kollektiven Selbstmord wird. An diesem Punkt – einem Punkt, dem wir uns schnell nähern – wird die Zusammenarbeit zum Interesse aller Beteiligten.

Tatsächlich war die Zusammenarbeit und nicht nur der Wettbewerb der tiefere Aspekt der Evolution, wie wir im letzten Kapitel sehen werden.

9. Eine evolutionäre Perspektive

Als das 19. Jahrhundert schon weit fortgeschritten war, ereigneten sich zwei bemerkenswerte Entwicklungen im Vereinigten Königreich, dem kleinen Inselstaat, der damals die weltweit führende Nation in den Bereichen Handel, industrielle Entwicklung und Militärmacht war. Die erste war eine Revolution in der Gesellschaft: das Verbot der Sklaverei. Die zweite war eine Revolution im Bewusstsein: die Theorie der Evolution durch natürliche Selektion. Darwins Verdrängung der Genesis sollte zutiefst umstrittene Auswirkungen haben, die bis heute andauern. Ob ein angeborener Egoismus auf genetische Prozesse zurückgeführt werden kann, ob das Überleben des Stärkeren den räuberischen Kapitalismus rechtfertigt oder ob Evolution durch religiösen Fundamentalismus gänzlich geleugnet wird, so versuchen wir heute immer noch, den Prozess der Evolution zu verstehen.

Menschliche Gesellschaften sind wie andere Lebensformen der Evolution untergeordnet, und in diesem Buch haben wir durchwegs auf die evolutionäre Natur jener Zwangslage hingewiesen, die die Globalisierung ausmacht. In diesem letzten Kapitel werden wir argumentieren, dass die Globalisierung ein Teil unserer natürlichen Evolution ist. Das war nur zu erwarten. Ebenso werden wir argumentieren, dass globale Zusammenarbeit und Governance auch selbstverständlich sind. Sie sind Teil der Tendenz der Evolution, die zu immer umfassenderen Weisen der Zusammenarbeit strebt. Wir werden dies mit Bezug auf die ursprüngliche Evolutions-Wissenschaft versuchen: der Biologie.

Neuer Feind oder alter Freund?

Wenn wir in die Geschichte zurückblicken, können wir sukzessive Wellen sich ausweitenden Handels und neuer Technologien beobachten, die die menschlichen Gesellschaften mit neuen Kontexten für

Governance konfrontieren. Als Reaktion darauf entwickelten sich immer größere Dimensionen der Zusammenarbeit und Governance:

> *Die Zusammenarbeit unter den Menschen hat sich in den letzten 100.000 Jahren stark ausgeweitet. Die Zusammenarbeit existierte zunächst nur innerhalb kleiner Familiengruppen. Seitdem hat sich die kooperative Organisation schrittweise erweitert, um Gruppen von Familien, Stämme, landwirtschaftliche Gemeinschaften, Städte, Imperien, Nationalstaaten und heute einige Formen von wirtschaftlichen und sozialen Organisation rund um den Globus zu produzieren.*[1]

Diese Perspektive stammt nicht von einem Historiker, sondern vom modernen Evolutionsbiologen John Stewart. Die Entwicklung der menschlichen Evolution hat, obwohl nie vorherbestimmt, zu immer größeren Maßstäben der Zusammenarbeit und Governance geführt, und dies wird sich fortsetzen, so Stewart.

> *Die modernen menschlichen Gesellschaften befinden sich offensichtlich nicht am Endpunkt der Evolution … sie werden weiterhin kooperative Organisationen von immer größerem Umfang und mit immer größerer Entwicklungsfähigkeit bilden.*[2]

Angesichts der Tatsache, dass sich das Ausmaß der menschlichen Zusammenarbeit kontinuierlich erweitert hat, muss man sich fragen, warum diese Expansion denn eigentlich stattfindet.

Manchmal entwickelt sich die Zusammenarbeit wie von selbst, wenn sich zwei Gesellschaften zusammenschließen, die dieselben Interesse verfolgen, sei es gegenseitiger Handel oder die Verteidigung gegen eine externe Bedrohung. In anderen Fällen, zum Beispiel als Folge der gewaltsamen Eroberung und Unterwerfung, vermengen sich zwei Gesellschaften zu einer Art größerer Kooperation. Wichtig ist jedoch zu erkennen, dass überall dort, wo zwei oder mehr Gesellschaften miteinander in Kontakt geraten, ein Konkurrenzkampf zwischen ihnen unvermeidlich ist. Wenn sie keinen unmittelbaren

Nutzen aus der Zusammenarbeit sehen, wird es zu einem Konkurrenzkampf kommen. In diesem Sinne könnte man sagen, dass Konkurrenz, oder das Potenzial dafür, der ‚Standardmodus' der Evolution ist.

Zunächst kann der Wettbewerb zwischen zwei oder mehr Gesellschaften tolerierbar, ja sogar vorteilhaft sein, und der Fortschritt kann dadurch angeregt werden. Aber früher oder später enden die Möglichkeiten für eine fruchtbare Expansion des Wettbewerbs, und der Wettbewerb wird destruktiv. Und an diesem kritischen Punkt, wie wir bereits erklärt haben, hört der Wettbewerb letztendlich auf, eine Strategie für das individuelle Überleben zu sein, sondern wird stattdessen zu einer Strategie für den kollektiven Selbstmord.

Zum selben Zeitpunkt erzeugt er auch den evolutionären Druck für die Zusammenarbeit auf einer neuen, höheren Ebene und in einem größeren Umfange. Der Wettbewerb wird so zerstörerisch, dass Zusammenarbeit die einzige Lösung wird. Was der Bestseller-Philosoph des zwanzigsten Jahrhunderts Robert Pirsig als ‚Dynamische Qualität, der sich ständig verändernde Fluss der unmittelbaren Realität' bezeichnet hat, beginnt zu viel zu werden für das, was er die Muster des ‚statischen Wertes' nannte, und es kommt zu einer Störung im systemischen Feld.[3] Diese Dynamik überwältigt – manchmal gewaltsam – das Gleichgewicht der bisher akzeptierten Realität, um eine Transformation herbeizuführen. Im Hinblick auf ein wettbewerbsorientiertes Umfeld kann das Feld weiterem Wettbewerb nicht mehr standhalten, so dass sich die Zusammenarbeit schnell durchzusetzen beginnt, da sie jetzt im Interesse aller Beteiligten ist, weil sie wissen, dass sie sonst nicht überleben werden. Paradoxerweise wirkt also destruktiver Wettbewerb als *Motor* für die Zusammenarbeit.

Aber obwohl die Zusammenarbeit im Interesse aller liegt, ist sie doch nie gewährleistet: Sie geschieht nicht automatisch. Dies liegt daran (wie wir in diesem Buch gesehen haben), dass der destruktive Wettbewerb wie ein Teufelskreis wirkt, dem man sich nur schwer entziehen kann. In der Spieltheorie wird diese Zwangslage als ‚Gefangenendilemma' bezeichnet, weil sie alle Spieler in eine Abwärtsspirale einbindet, die letztendlich den Zusammenbruch verursacht; und doch scheint es keinen Ausweg zu geben.[4] Dies ist also das Paradoxon: Destruktiver Wettbewerb liefert den Antrieb für die Zusammenarbeit in größerem Maßstab, ist aber auch genau dafür eine gewaltige *Barriere.* Stewart betont die entscheidende Bedeutung der Überwindung dieser Barriere und argumentiert, dass destruktiver Wettbewerb nicht nur für die Entwicklung der menschlichen Zusammenarbeit gilt, sondern für alle lebenden Prozesse:

> *Die Umstände, die es verursachen, sind universell. Individuen, die Ressourcen nutzen, um anderen zu helfen, ohne einen Nutzen für sich selbst zu haben, werden aus dem Feld geschlagen. Sie sind gegenüber denen benachteiligt, die die Ressourcen zu ihrem eigenen Vorteil nutzen können. Und diese Barriere gilt unabhängig davon, was die evolutionären Mechanismen sind, durch die sich Individuen anpassen und entwickeln. Die Barriere tritt auf, ob nun die evolutionären Mechanismen sich nun auf Unternehmen, einzelne Menschen, andere multizelluläre Organismen, einzelne Zellen oder autokatalytische Sets beziehen.*[5]

Destruktiver Wettbewerb ist daher ein sehr alter und universeller Feind, der, wenn er nicht durch ein immer höheres Maß an Zusammenarbeit überwunden wird, stattdessen zum Zusammenbruch führen wird. Unsere Identifikation des destruktiven globalen Wettbewerbs als das zentrale Hindernis für die Lösung globaler Probleme ist daher nichts Neues. Es ist einfach die Wiedererkennung eines uralten Phänomens.

Ein wichtiger Grund, warum sich die destruktive Seite des Wettbewerbs häufig der Identifikation zu entziehen scheint, ist unsere menschliche Neigung, Dinge außerhalb des Zusammenhangs oder in Mikrokontexten zu beobachten.[6] Insbesondere kann dies dahin führen, einen irreführenden Fokus auf Unterschiede in absoluter statt in relativer Hinsicht zu entwickeln. Der führende akademische Ökonom Robert H. Frank schlägt etwa am Beispiel der Vermögensungleichheit vor, dass die Standard-Wirtschaftslehre zwar den absoluten Reichtum der Menschen in den Mittelpunkt stellt, dass aber der relative Reichtum den größten Einfluss darauf hat, wie sich die Menschen fühlen und welche Entscheidungen sie treffen.[7] Frank zeigt, dass *relative* wirtschaftliche oder finanzielle Positionen zu ignorieren zu drastischen wirtschaftlichen Folgen wie der Allmendeproblematik und ‚Dem-Gewinner-gehört-die-Beute'-Märkten führen kann. Dies geschieht, da – so sehr die Neoliberalen diesbezüglich auch protestieren mögen – weder einzelne Menschen noch einzelne Nationen jemals isoliert betrachtet werden können.

Der Wettbewerb ist uralt. Aber auch die Zusammenarbeit. Tatsächlich überwindet die Evolution den destruktiven Wettbewerb nur, indem sie Zusammenarbeit (d.h. Governance) auf einer höheren Ebene etabliert. Aus diesem Grund hat die Evolution zu einem immer größeren Maß an Zusammenarbeit und Komplexität geführt. Während der Wettbewerb meist der Standardmodus der Evolution ist, ist die Zusammenarbeit der ‚diskrete Modus', der in kritischen Phasen zum Tragen kommt, in denen der Wettbewerb destruktiv wird und uns auszulöschen droht.

Die Diskrepanz zwischen Einzel- und Gruppeninteressen hatte Darwin gut verstanden. Frank nennt diesen Effekt ‚Darwins Keil', und er ist ein guter Ausgangspunkt, um die aktuellste Lesart des sich abzeichnenden Zusammenspiels von Eigeninteresse und Gemeinwohl zu betrachten. Die Diskrepanz zwischen Einzel- und Gruppeninteressen ist die Grundlage für das, was führende Evolutionsbiologen als ‚mehrstufige Selektionstheorie' bezeichnen, die sich damit beschäftigt, festzustellen, ob es einen angeborenen Drang zum Altruismus gibt oder nicht. Es hilft auch zu erklären, warum sich das Ausmaß der menschlichen sozialen Gruppen tendenziell erweitert hat. Die mehrstufige Selektionstheorie besagt, dass Egoismus und Wettbewerb zwar die Zusammenarbeit *innerhalb* einer Gruppe zerstören, der Wettbewerb *zwischen* den Gruppen aber eher Gruppen begünstigt, die intern kooperativ und selbstlos sind. Wie es die evolutionären Theoretiker E.O. Wilson und David Sloan Wilson formulierten: „Egoismus schlägt Altruismus innerhalb von Gruppen. Altruistische Gruppen aber schlagen egoistische Gruppen. Alles andere ist nur ein Kommentar dazu."[8] Da hochkooperative Gruppen weniger kooperative Gruppen überholen und dann integrieren, ist es nicht verwunderlich, dass das Ausmaß der menschlichen sozialen Gruppen zugenommen hat.

Diese Ideen sind nicht nur theoretisch. Es hat sich gezeigt, dass die mehrstufige Selektion sowohl kleinste biologische Einheiten wie einzelne Gene als auch menschliche Gruppen betrifft. Basierend auf der Arbeit des Ökonomen und Nobelpreisträgers Elinor Ostrom hat D.S. Wilson mehrere langfristige quantitative Forschungsinitiativen zu ‚Gruppen, die funktionieren' durchgeführt. Das Ergebnis dieser Studien zeigt, dass die Zusammenarbeit zwischen menschlichen Gruppen und die Förderung des Altruismus sowohl angeboren als auch effektiv ist.[9] Diese hochmoderne Analyse überwindet die Denkweise von Richard Dawkins, die von Wissenschaftlern und Politikern gleichermaßen akzeptiert wurde: ‚Lasst uns versuchen, Großzügigkeit und Altruismus zu lehren, denn wir werden egoistisch geboren.'[10]

Die Arbeit von D.S. Wilson, Elinor Ostrom und anderen hilft auch dabei, der Kooperation ihren rechtmäßigen Platz neben der Konkurrenz einnehmen zu können. Wichtige Missverständnisse bestehen jedoch weiterhin, insbesondere in Bezug auf den angemessenen *Umfang* der Zusammenarbeit. Selbst einige der lautstärksten Befürworter der Kooperation, wie Margaret Heffernan, gehen davon aus, dass die Kooperation am besten für kleinere Ansätze geeignet ist. Die Lösung der enormen ökologischen und umweltpsychologischen Probleme, mit denen wir konfrontiert sind, wird, so Heffernan, eher durch Tausende von Einzelmaßnahmen auf städtischer, regionaler, nationaler und internationaler Ebene als durch übergreifende Vereinbarungen gelöst.[11]

Diese Annahme scheint auf der Tatsache zu beruhen, dass sich Ostroms Forschung nur auf kleine Beispiele wie die Steuerung lokaler Fischereien konzentrierte. Aber Ostrom empfiehlt eindeutig in der letzten ihrer berühmten ‚acht Gestaltungsprinzipien für Gemeinschaftspool-Ressourcen', dass bei größeren Gemeinschaftspool-Ressourcen eine angemessene Koordinierung zwischen allen relevanten Gruppen erfolgen muss. D.S. Wilson beschreibt kurz und bündig das entstehende Prinzip:

Jeder Tätigkeitsbereich hat eine **optimale** *Skala [Fettschrift der Autoren]. Eine groß angelegte Governance erfordert es, die optimale Größe für jeden Tätigkeitsbereich zu finden und die Aktivitäten angemessen zu koordinieren, ein Konzept, das als ‚polyzentrische Governance' bezeichnet wird.*[12]

Dies entspricht genau der Vision dieses Buches und der Simpol-Praxis, wo viele der heute anstehenden Probleme heute unausweichlich global sind und eine Governance und Koordination auf globaler Ebene erfordern. Und zu dieser groß angelegten Praxis gehört es auch, dafür zu sorgen, dass so viele Themen wie möglich weiterhin auf niedrigeren Ebenen – national oder lokal – behandelt werden. Es ist daher irreführend und kann gefährlich sein zu unterstellen, dass globale Vereinbarungen nicht notwendig sind, auch wenn diese Fehleinschätzung des entscheidenden Aspekts der Größenordnung leider weit verbreitet ist. E.F. Schumacher zum Beispiel wird von Umweltschützern weithin als Verfechter des Kleinen angesehen, während er sich in der Tat absolut darüber im Klaren war, dass groß angelegte Kooperation ein wesentlicher Bestandteil des Strukturwandels ist. Hier aus seinem weltberühmten Buch *Small Is Beautiful*:

Wir brauchen die Freiheit von vielen kleinen, autonomen Einheiten und gleichzeitig die Planmäßigkeit der großen, möglicherweise globalen Einheit und Koordination.[13]

Das Handeln auf globaler Ebene hat, wie das Handeln auf allen anderen Ebenen, seinen Platz und ist heute, wie wir hoffentlich deutlich gemacht haben, zu einer absoluten Notwendigkeit geworden.

Ein weiterer wichtiger Punkt ist die Art und Weise, wie die Kooperation erfolgt. In der Mikrowelt der Biologie wie in der Makrowelt der Ökonomie bestand die Überwindung des destruktiven Wettbewerbs immer darin, wie Stewart erklärt, ‚kooperative Organisationen aus eigennützigen Komponenten aufzubauen'.[14]

Stewarts Standpunkt zum Eigeninteresse ist in unserem eigenen Kontext besonders wichtig, denn damit globale Zusammenarbeit tatsächlich stattfinden kann, muss sie im *unmittelbaren* Eigeninteresse jeder Nation liegen. Es nützt nichts, sich auf moralische Argumente zur Rettung des Planeten zu beziehen oder darauf hinzuweisen, dass die Zusammenarbeit in unserem *ultimativen* Interesse wäre. Stattdessen muss die Kooperation so gestaltet werden, dass wir sie *jetzt* wollen, dass sie uns jetzt *zu Gute* kommt. Damit das geschieht, muss die Kooperation richtig und bewusst gestaltet werden. Dies ist ein Punkt, dem der Evolutionist D.S. Wilson zustimmt:

> *Jetzt stehen wir an einem Punkt in der Geschichte, an dem das große Problem des menschlichen Lebens darin besteht, eine funktionale Organisation in einem größeren Maßstab als je zuvor zu erreichen. Die Auswahl der besten Praktiken muss geflissentlich vorgenommen werden, denn wir können nicht auf die natürliche Selektion warten, und es gibt keinen Prozess der Selektion zwischen den Planeten, um die funktionale Organisation auf planetarischer Ebene auszuwählen.*[15]

Seit dem Urknall hat die Evolution unzählige Möglichkeiten entwickelt, die Kooperation zu entwickeln und um den destruktiven Wettbewerb zu überwinden. Zu diesem Zeitpunkt hat sie dies, wie Wilson betonte, weitgehend durch den Prozess des Versuch und Irrtums getan: die natürliche Selektion. In menschlichen Angelegenheiten zeigt sich die groß angelegte Zusammenarbeit am deutlichsten daran, wie sich der Einzelne freiwillig einer angemessenen Governance unterwirft. Dies ist ein Punkt, der von Jared Diamond in seinem Buch *Collapse: How Societies Choose to Fail or Survive* angesprochen wurde. In der Analyse der Gründe, warum einige menschliche Gesellschaften zusammengebrochen sind, während andere überlebten, argumentiert Diamond, dass im Laufe der Menschheitsgeschichte immer dann, wenn Menschen auf andere gestoßen sind, die keine Bindungen zu Familie oder Clan haben, schließlich eine Governance etabliert werden musste, um die notwendigen moralischen Prinzipien durchzusetzen.[16]

Governance ist daher entscheidend. Aber wenn es auf die globale Ebene gehen soll, muss dies, wie Wilson vorschlägt, bewusst gestaltet und umgesetzt werden. Wir werden in Kürze noch mehr über die bewusste Evolution zu sagen haben.

Der Tanz der Evolution

Entsprechend dieser Auffassung können Konkurrenz und Kooperation nicht so sehr als Gegensätze – als Freunde oder Feinde – betrachtet werden, sondern eher als Tanzpartner. Jeder von ihnen kommt an die Reihe, wenn es darum geht, im evolutionären Tanz die Führung zu übernehmen. Auf diese Weise könnte man sagen, dass der Wettbewerb die Kooperation zu immer höheren Ebenen und in immer größerem Umfang antreibt. Der Wettbewerb führt den Tanz des Lebens für die meiste Zeit an, aber wenn der Tanz seinen schwindelerregenden Höhepunkt erreicht hat, beginnt der Wettbewerb zu wild zu schwingen, tritt auf Zehenspitzen, stößt andere an und stolpert über sich selbst, woraufhin die Kooperation die Arbeit übernehmen muss, damit der Tanz auf einer höheren Ebene weitergehen kann.

In *Nonzero*, einer Studie über die Evolution der menschlichen Kooperation, verwendet Robert Wright die Spieltheorie, um das Zusammenspiel zwischen Konkurrenz und Kooperation in der menschlichen sozialen Evolution zu erfassen. Wright unterscheidet zwischen Nullsummenspielen, bei denen der Gewinn einer Fraktion der Verlust der anderen ist, und Nicht-Nullsummenspielen, bei denen sich die Interessen jeder Fraktion überschneiden oder gleich sind. Diese Spiele, so argumentiert er, charakterisieren seit jeher den Motor der menschlich-kulturellen Evolution:

> *Die Spalten der sozialen Organisation – die Zonen des Nullsummenstreits (d.h. destruktiven Wettbewerbs) zwischen Familien oder Dörfern oder Häuptlingsdomänen oder Staaten – werden immer wieder durch den Zement der Nicht-Nullsumme [durch Kooperation] gefüllt; und die so verlagerte Nullsumme [Wett-*

bewerb] zieht sich immer wieder auf höhere Organisationsebenen zurück.[17]

Was diese breitere Sichtweise nahelegt, ist, dass der wesentlichen Treiber der Evolutionen *die Kombination* von Konkurrenz und Kooperation zu sein scheint. Wenn es der Kooperation gelingt, den destruktiven Wettbewerb zu überwinden, indem sie die Governance auf einer neuen höheren Ebene etabliert, wird der Wettbewerb freigegeben, um auf dieser neuen Ebene zu funktionieren. Wenn beispielsweise der destruktive Wettbewerb auf der Ebene einer Gruppe von Kleinstaaten durch ihre Eingliederung in einen einzigen Nationalstaat überwunden wurde, wurde der Wettbewerb zwischen dieser Gruppe von Kleinstaaten im Wesentlichen eliminiert. Aber dann tauchte der Wettbewerb auf der nächsten Ebene zwischen den verschiedenen Nationalstaaten wieder auf. Wie der Biologe und Paläontologe Geerat J. Vermeij sagt: „Kooperation verschiebt den Wettbewerb lediglich auf eine höhere Ebene in der organisatorischen Hierarchie des Lebens, verringert ihn aber kaum."[18] Während also der Wettbewerb die Zusammenarbeit auf eine höhere Ebene treibt, gibt die Zusammenarbeit dann den Wettbewerb auf dieser neuen Ebene wieder frei. Dies legt nahe, dass wir, wenn eine globale Zusammenarbeit wie die, die wir vorschlagen, jemals erreicht würde, erwarten können, dass der destruktive Wettbewerb zwischen den Nationen weitgehend überwunden wird.

Ein Grund, warum wir so lange gebraucht haben, um den Tanz zwischen Wettbewerb und Kooperation zu erkennen, liegt darin, dass es sehr schwierig ist, ihn innerhalb des Zeitrahmens zu erkennen, der normalerweise für die historische Analyse verwendet wird. Es wird erst deutlich, wenn wir herauszoomen, um eine viel breitere evolutionäre Perspektive einzunehmen. Der Tanz selbst und die verschiedenen Rollen, die Konkurrenz und Kooperation spielen, werden auch von der Evolutionsbiologin Elisabet Sahtouris anerkannt:

Junge Arten neigen dazu, Territorium und Ressourcen zu erobern, wodurch die Zahl ihrer Nachkommen maximiert wird, um sich so weit wie möglich zu verbreiten. Wenn Arten aufeinander treffen, entsteht ein Konflikt im Wettbewerb um Raum und Ressourcen. Schließlich erweisen sich Verhandlungen, die zu einer Zusammenarbeit führen, für die konkurrierenden Arten als nützlich, und sie erreichen so einen höheren Grad der Einheit.[19]

Für die Menschheit besteht das entscheidende Problem jedoch nicht darin, dass wir auf andere Arten stoßen, sondern darin, dass wir uns durch unsere eigene expansive Wirtschaft in Konkurrenz zu eliminieren drohen. Wenn wir an die Grenzen der Fähigkeit der Erde stoßen, unsere eigene Zivilisation zu stützen, so bedeutet dies, dass wir uns selbst gegenüberstehen. Oder, wie es der Karikaturist Walt Kelly ausdrückt hat: „Wir haben den Feind getroffen, und wir sind es selbst."[20]

Wenn man durch diese breitere evolutionäre Linse schaut, zeigt der Tanz zwischen Wettbewerb und Kooperation auch, dass er auf jeder Ebene aus verschiedenen Bewegungen oder Stufen besteht. Wieder Sahtouris:

Alle Evolution – des großen Kosmos und unseres eigenen Planeten – ist ein endloser Tanz von Ganzheiten, die sich in Teile aufspalten, und die sich zu gegenseitig konsistenten neuen Ganzheiten verbinden. Wir können es als ein sich wiederholendes, sequentiell spiralförmiges Muster sehen: Einheit → Individuation → Wettbewerb → Konflikt → Verhandlung → Lösung → Zusammenarbeit → neue Ebenen der Einheit, und so weiter. Wettbewerb und Kooperation sind sowohl innerhalb als auch zwischen den Arten zu beobachten, wenn sie improvisieren und sich entwickeln, um den Tanz aus dem Gleichgewicht und wieder ins Gleichgewicht bringen.[21]

Wie zerbrechlich wir sind

Wo sollen wir uns als Spezies in dem Tanz lokalisieren, den Sahtouris beschreibt, die wir der Globalisierung mit all ihren Vorteilen wie auch ihren gewaltigen wettbewerbsgetriebenen Bedrohungen ausgesetzt sind? Wenn die Bewegungen des Tanzes ‚Einheit → Individuation → Wettbewerb → Konflikt → Verhandlung → Lösung → Kooperation→ neue Ebene der Einheit' lautet, in welcher Bewegung dieses Tanzes befinden wir uns derzeit? Und welche Bewegung kommt als nächstes?

Der Nationalstaat, die höchste Regierungsebene, die es derzeit auf der ganzen Welt gibt, bildet keine Ausnahme von diesem Tanz. Man könnte auch sagen, dass er dem gleichen Zyklus folgt. In der folgenden Abbildung versuchen wir, den Lebensweg des Nationalstaates durch diesen Zyklus oder Tanz zu verfolgen. Dieses Diagramm zeigt die wichtigsten Tanzbewegungen in Form einer S-Kurve, die nach Dr. Sally Goerner eine nützliche visuelle Darstellung dieses natürlich vorkommenden Zyklus bietet.[22]

Der Lebenszyklus des Nationalstaates

Der Zyklus beginnt am Fuße des S mit der Geburt des modernen nationalstaatlichen Systems, das 1648 vom Westfälischen Frieden als konzeptionelle Realität gestaltet wurde. Seine Bedeutung war, dass er die Nationen von dem allmächtigen Einfluss befreite, den die Religion und insbesondere der römische Katholizismus auf ihre Bevölkerung ausgeübt hatte. Die Entstehung des modernen nationalstaatlichen Systems stellte somit die Bühne dar, die Sahtouris als ‚neues Muster' oder ‚Einheit' bezeichnet hat.

Nicht mehr in Gefahr, von religiösen Autoritäten untergraben zu werden, begannen die europäischen Nationen, ihre neu entdeckte weltliche Identität und Unabhängigkeit zu spüren: Sie hatten das Stadium der ‚Individualisierung' erreicht. Sie fühlten sich als eigenständige, unabhängige Einheiten, ließen dementsprechend ihre Muskeln spielen und gerieten in den folgenden Jahrhunderten zwangsläufig in Konflikt miteinander. Diese Machtkämpfe waren durch das Zeitalter des Kolonialismus gekennzeichnet, in dem die europäischen Nationen heftig um Handelsmöglichkeiten und Siedlungen in Übersee kämpften: Sahtouris' Phase des ‚Konflikts' oder des Wettbewerbs hatte begonnen. Die wachsende nationale Bevölkerung identifizierte sich zunehmend mit der Zugehörigkeit zu ihrer Nation. Aus diesem Grund ist die Idee der souveränen Nation, von der wir uns jetzt befreien müssen, so tief in uns verwurzelt.

Der Kolonialismus wurde bald durch die sich abzeichnende industrielle Revolution verstärkt, und mit ständig weiterentwickelten Technologien ausgestattet. Dies legte den Grundstein für die folgende Ära der Globalisierung. Mit Hilfe der Informationstechnologie und der neoliberalen Deregulierung hatte sich nun der offene internationale Wettbewerb, der das Zeitalter des Kolonialismus prägte, in eine subtilere und heimtückischere Version verwandelt, den destruktiven globalen Wettbewerb. Dies führte uns zu dem Punkt, an dem wir uns heute befinden – in der ‚Fragilitätszone' –, wo der Wettbewerb so intensiv und zerstörerisch geworden ist, dass das System anfällig wird für immer wiederkehrende Krisen und Zusammenbrüche. Die harten Winde der Krise können einen Rückfall ins Chaos und Auflösung bedeuten. Genau hier befindet sich die Menschheit derzeit. Doch wenn wir uns angemessen organisieren, können dieselben Winde die Segel unseres Schiffes spannen und uns an die frischen Ufer eines neuen Musters tragen, der neuen, übergeordneten Einheit, die Global Governance und globale Zusammenarbeit ermöglichen.

Evolutionäre Transformation wird gewöhnlich als ein langsamer und allmählicher Prozess betrachtet, und meistens ist sie das auch. Wenn ein System die Fragilitätszone betreten hat, können sich die Dinge jedoch schnell ändern. Dies wird von den Evolutionisten oft als ‚punktiertes Gleichgewicht' bezeichnet, ein rascher Wechsel von einer Systemebene zur nächsten.[23] In Anbetracht der vielen Probleme, mit denen die Menschheit heute konfrontiert ist, nimmt der Druck für eine solche Verschiebung bereits zu, und wir müssen schnell handeln, wenn wir überleben wollen. Die globale Erd-Erwärmung, das Schmelzen von polaren Eiskappen, die Erschöpfung fossiler Brennstoffe, Terrorismus, Vermögensungleichheit, Massenmigration, zunehmende Staats- und Privatverschuldung, Finanzkrisen, Atomwaffenverbreitung und der Aufstieg der extremen Rechten sind alles Anzeichen dafür, dass wir uns in der Fragilitätszone befinden.

Wir sollten entweder auf eine Kernschmelze vorbereitet sein – oder uns verpflichten, so schnell wie möglich auf eine neue Ebene der globalen Zusammenarbeit zu wechseln.

Verhandlungen mit der Evolution

Eine so umfassende evolutionäre Perspektive auf unsere gegenwärtige Situation bringt der Rolle des DGW eine große Erleichterung. Wie wir gesehen haben war der destruktive Wettbewerb im Laufe der Evolution immer das Haupthindernis für ein höheres Maß an Zusammenarbeit. Umso wichtiger ist es, dass wir ihn ernst nehmen. Wenn es uns nicht gelingt, den DGW durch globale Zusammenarbeit zu überwinden, werden wir vielleicht nicht überleben.

Dies verdeutlicht, wie sinnlos die Verhandlungsstrategien sind, die wir in früheren Kapiteln beschrieben haben. Mit einem neuen Kontext für die Governance zu verhandeln, heißt, wie wir jetzt erkennen, sich auf die falsche Seite der Evolution zu stellen. Es ist, als ob wir versuchen, mit der Evolution selbst zu verhandeln – was keine gewinnbringende Angelegenheit ist!

Es ist gerade die Unzulänglichkeit solcher Strategien, die auf die Etablierung eines neuen Systems der Global Governance als einzige praktikable Option hinweisen sollten. Dieses Signal könnte, wenn wir es richtig interpretieren, als die Art und Weise der Evolution betrachtet werden, die uns ruft. Diesen Ruf zu beantworten bedeutet, schnell zu handeln, um das bestehende destruktiv und konkurrierende Paradigma der Nationalstaaten zu überwinden und es in einem neuen, angemesseneren und umfassenderen, global kooperativen Paradigma einzubeziehen.

Die Bedeutung einer weltzentrierten evolutionären Perspektive besteht darin, dass sie es uns zum ersten Mal ermöglicht, dies zu erkennen und zu verstehen. Die gesellschaftspolitischen Implikationen dieser Erkenntnis sind nicht, dass die globale Gerechtigkeitsbewegung ihre Verhandlungsstrategien aufgeben sollte, sondern dass sie diese Erkenntnis einbeziehen könnte, und dass sie sie transzendiert, indem sie eine breitere, mächtigere globale politische Strategie wie die Simultanpolitik verfolgt. Die wichtigen Kampagnen der globalen Gerechtigkeitsbewegung könnten auf diese Weise wie bisher fortgesetzt werden, während gleichzeitig die Unterstützung für Simpol entwickelt wird. Auf diese Weise könnte die globale Gerechtigkeitsbewegung den kritischen Schritt vom nationalzentrierten ‚entweder/oder'-Denken zum weltzentrierten ‚sowohl/als auch'-Denken erreichen.

Praktisch könnte jede NGO oder Aktivistengruppe dies erreichen, indem sie jede ihrer politischen Forderungen sorgfältig überprüft und dem bereits erwähnten Subsidiaritätskriterium unterwirft. Jede Forderung sollte nüchtern bewertet und entweder in die *einseitige* oder *simultane* Politikkategorie eingeteilt werden. Wenn NGOs und Aktivistengruppen eine solche Bewertung durchführen, werden sie überrascht sein, wie viele ihrer politischen Forderungen in die simultane Kategorie fallen.

Indem man die simultane Politik (‚Simpol?') zum Diagramm auf der Seite 248 hinzufügt, kann dies ihr Potenzial darstellen, sowohl die

Phasen der ‚Verhandlung' als auch die der ‚neuen übergeordneten Einheit' von Sahtouris zu erfüllen. Denn Simpol umfasst zwei Dimensionen: Es handelt sich um eine *politische Stratgie*, durch die die Menschheit eine Lösung für vielen dringenden globalen Probleme aushandeln könnte, während ihre Kampagne auch einen transformativen *Prozess* darstellt, durch den die Menschheit ihre Führer zur Umsetzung antreiben und dadurch das erforderliche neue Muster realisieren könnte – also die neue übergeordnete Einheit.

Gleichzeitigkeit in der Evolution

Simultanes Handeln ist in der Tat keine neumodische Idee. Bei näherer Betrachtung stellt sich heraus, dass es schon immer um den wichtigsten Umsetzungsmodus der Kooperation unter den unterschiedlichsten Umständen gehandelt hat. Nehmen wir zum Beispiel den menschlichen Körper, oder den Körper eines Tieres oder irgendeines mehrzelligen Organismus. Die Evolutionsbiologie hat enorme Fortschritte darin gemacht, zu verstehen, wie sich solche Organismen entwickelt haben. John Stewart hierzu:

> *Wenn sich die Zellen unabhängig voneinander vermehren würden, würden sie auf zerstörerische Weise miteinander konkurrieren, was einen multizellulären Organismus unmöglich macht. Was notwendig wurde, war das Aufkommen von Einschränkungen, die die Konkurrenz zwischen den Zellen verhinderte. Die sich daraus ergebenden Einschränkungen waren Anordnungen, die sicherstellten, dass jede Zelle in einem multizellulären Organismus die gleiche DNA – d.h. die gleiche Governance – hatte.*
> *Wenn diese Einschränkungen darin scheitern,* **global und simultan** *(Fettschrift der Autoren) für den gesamten Organismus zu funktionieren, werden einzelne Zellen wieder konkurrieren, indem sie sich so schnell wie möglich vermehren. Krebs ist ein Beispiel für diesen Abbau von Einschränkungen bei multizellulären Organismen.*[24]

Der Autor und Journalist Arthur Koestler war ein anderer fortschrittlicher Denker, der die grundlegende Bedeutung der globalen simultanen Umsetzung in der Biologie erkannt hatte. In *Janus: A Summing Up*, einer Studie über die Evolution, erzählt er die Geschichte der Entwicklung des Reptilieneis aus seinen amphibischen Vorfahren. Wir werden ihn wegen der Präzision seines eleganten Arguments hier ausführlich zitieren:

> *Die Eroberung des Festlandes durch die Wirbeltiere begann mit der Evolution der Reptilien aus einer primitiven amphibischen Form. Die Amphibien vermehrten sich im Wasser, und ihre Jungen lebten im Wasser. Die entscheidende Neuerung der Reptilien war, dass sie im Gegensatz zu Amphibien ihre Eier auf dem trockenen Land legten; sie hingen nicht mehr vom Wasser ab und konnten über die Kontinente ziehen. Aber das ungeborene Reptil im Inneren der Eizelle brauchte noch eine aquatische Umgebung: Es musste Wasser haben, sonst würde es früh austrocknen. Es brauchte auch viel Nahrung: Amphibien schlüpfen als Larven, die sich selbst versorgen, während Reptilien voll entwickelt schlüpfen. Daher musste das Reptilienei mit einer großen Masse Eigelb für die Nahrung und auch mit Eiweiß für das Wasser versorgt werden. Weder das Eigelb allein noch das Eiweiß selbst hätten einen selektiven Wert gehabt. Außerdem brauchte das Eiweiß ein Behältnis, sonst wäre seine Feuchtigkeit verdunstet. So musste es eine Hülle aus einem ledrigen oder kalkhaltigen Material entwickeln. Aber das ist noch nicht das Ende der Geschichte. Der Reptilienembryo konnte wegen dieser Hülle seine Abfallprodukte nicht loswerden. Der weichschalige amphibische Embryo hatte den ganzen Teich als Toilette; der Reptilienembryo musste also mit einer Art Blase versehen werden. Es wird Allantois genannt und ist in gewisser Weise der Vorläufer der Säugerplazenta. Aber nachdem dieses Problem gelöst war, blieb der Embryo immer noch in seiner zähen Hülle gefangen; er brauchte ein Werkzeug, um herauszukommen. Die Embryonen einiger Fische und Amphibien, deren Eier von einer Gelatinemembran*

> *umgeben sind, haben Drüsen an ihren Schnauzen: Wenn die Zeit reif ist, scheiden sie eine Substanz aus, die die Membran auflöst. Aber Embryonen, die von einer harten Schale umgeben sind, brauchen ein mechanisches Werkzeug: Daher haben Schlangen und Eidechsen einen Zahn in eine Art Dosenöffner verwandelt, während Vögel einen Karunkel haben – ein hartes Auswachsen in der Nähe der Spitze ihrer Schnäbel, das dem gleichen Zweck dient und später vom erwachsenen Tier abgeworfen wird.*[25]

Wie sich herausstellte, war dieser evolutionäre Schritt entscheidend für die Verbreitung des Lebens auf dem Land. Und bei diesem Schritt, so Koestler weiter, spielte die umfassende simultane Umsetzung die Schlüsselrolle:

> *Folgt man dem darwinistischen Schema müssen alle diese Veränderungen allmählich stattgefunden haben, wobei jeder kleine Schritt durch eine zufällige Mutation verursacht wurde. Aber es ist offensichtlich, dass jeder noch so kleine Schritt simultane, voneinander abhängige Veränderungen erforderte, die alle an der Geschichte beteiligten Faktoren betrafen. So konnte die im Eiweiß gespeicherte Flüssigkeit ohne die harte Schale nicht im Ei gehalten werden. Aber die Hülle wäre ohne das Allantois und ohne den Dosenöffner nutzlos.*
>
> *Jede dieser Veränderungen wäre, wenn sie allein stattgefunden hätten, schädlich gewesen, und die so betroffenen Organismen wären durch natürliche Selektion ausgemerzt worden … Sie sind alle innerhalb des Organismus voneinander abhängig – was ein funktionales Ganzes und kein Mosaik ist.*[26]

Koestler versteht natürlich die grundlegende Bedeutung der Rolle, die die globale simultane Umsetzung bei der Förderung transformativer evolutionärer Veränderungen spielt. Später kommt er zu dem eindeutigen Schluss, dass ‚evolutionärer Fortschritt … simultane, koordinierte Veränderungen aller relevanten Komponenten in Struktur und Funktion der organischen Holarchie erfordert'.[27]

Alternativ können wir, wenn wir für einen Moment aus dem Bereich der Biologie aussteigen, die gleichen Prozesse auch im Bereich der menschlichen Sprache beobachten, insbesondere in der schriftlichen Kommunikation. Betrachtet man einen aus Wörtern zusammengesetzten Satz, so trifft der Bedeutungszusammenhang, der durch die Anordnung der Wörter innerhalb des Satzes gegeben ist, global (d.h. für alle betroffenen Wörter) und simultan (d.h. für jedes Wort, zur gleichen Zeit) zu. Was müssen wir tun, um aus der folgenden Wortgruppe einen sinnvollen Satz zu machen?

BIN EIN ICH? IDIOT NICHT

Wenn eine Anordnung der Wörter – also: Governance – nicht global und simultan von der höheren Organisationsebene, die der Satz repräsentiert, erzeugt wird, ist ihre Bedeutung nicht verfügbar. Die Worte sind nur ein Haufen und bilden kein Ganzes. Im obigen Beispiel kann man fast spüren, wie die Wörter um eine Bedeutung konkurrieren, eine Art ‚Krebs des Satzes'.

Ob es nun um die globale Zusammenarbeit geht oder um den Urknall vor vierzehn Milliarden Jahren, alle diese Übergänge scheinen von einer globalen und simultanen Umsetzung geprägt zu sein. Die globale simultane Umsetzung ist, wie der zerstörerische globale Wettbewerb, nichts Neues; beide sind so alt wie die Evolution selbst.

Wir waren schon mal hier

Mit dem Vorteil einer evolutionären Perspektive können wir uns nun erlauben, uns über einige bisher ungeklärte Fragen Gedanken zu machen:

- Ist es vernünftig, sich vorzustellen, dass eine Krise, die derjenigen ähnelt, mit der die Menschheit jetzt konfrontiert ist, irgendwann in unserer fernen Vergangenheit schon einmal stattgefunden haben könnte?

- Ist es möglich, dass etwas Ähnliches wie die Globalisierung in unterschiedlichem und kleinerem Umfang schon einmal stattgefunden hat?
- Und wenn eine solche Krise schließlich überwunden wurde, wie es wohl eindeutig geschehen ist, könnte ihre Lösung dann Hinweise darauf geben, was auch jetzt eine geeignete Lösung sein könnte?

Einer unserer Anhaltspunkte hier könnten *Fraktale* sein, die Muster sind, die sich auf verschiedenen Skalen wiederholen und auf Wiederholungen in der Evolution hinweisen. Fraktale sind in der gesamten Natur zu finden und in mathematischen Prozessen erkennbar. Dr. Sally J. Goerner sagt etwa, dass Fraktale aus Prozessen entstehen, von denen wir annehmen, dass sie nur Unordnung erzeugen könnten, aber sie sind tatsächlich schön, nützlich und ordentlich.[28]

Eine bemerkenswerte Geschichte aus den Anfängen des Lebens ist die Entwicklung der kernhaltigen Zelle. Das ist für uns besonders relevant, weil es darauf hindeutet, dass schon einmal etwas Ähnliches wie die Globalisierung stattgefunden hat. Hierzu Elisabet Sahtouris:

> *Wie wir selbst gerieten die alten Bakterien immer tiefer in eine Krise, indem sie eine Gewinnen/Verlieren-Wirtschaft verfolgten, die auf der rücksichtslosen Ausbeutung der Natur und der anderen Bakterien basierte. Der erstaunliche und inspirierende Teil der Geschichte ist, dass diese fast unsichtbaren, erfinderischen kleinen Kreaturen ganz ohne den Vorteil eines Gehirns ihren destruktiven, konkurrierenden Lebensstil in kreative Zusammenarbeit umgestaltet haben.*[29]

Die Krise trat ein, als die lokalen Nahrungsmittelvorräte erschöpft waren. Zu diesem Zeitpunkt drangen das, was Sahtouris ‚relativ atmungsaktive High-Tech-Bakterien' – ‚Atmer' – nannte, in größere, passivere Bakterien ein – ‚Sprudler' genannt –, deren Funktion die Fermentation war, und verschlangen sie vollständig. Sie nennt diesen Prozess ‚Bakterienkolonialismus oder Imperialismus'. Die Invasoren vermehrten sich nun innerhalb der eroberten Kolonien, bis ihre Nahrungsversorgung erschöpft war und alle starben. Das muss unzählige Male geschehen sein, bis sie irgendwann eine neue Strategie gelernt hatten – nämlich zusammenzuarbeiten:

> *Irgendwann schlossen die aufgeblähten Bakteriensäcke auch Photosynthesizer – ‚Blaualgen' – ein, die die Nahrungsversorgung wieder sicherstellen konnten, wenn die motorischen Atmer in Richtung eines leichteren Teils des Urmeeres treiben würden. Vielleicht war es diese lebensrettende Nutzung der Solarenergie, die den Wandel zur Kooperation einleitete.*[30]

So löste eine große Krise, die das Aussterben der Bakterien in der sich entwickelnden Zelle bedrohte, schließlich den Wechsel zur Kooperation aus. Der interessante Teil der Geschichte ist, *wie* dies geschah, wie Sahtouris weiter erzählt:

> *Auf jeden Fall trugen Sprudler, Blaualgen und Atmer schließlich ihre einzigartigen Fähigkeiten zur gemeinsamen Aufgabe bei, eine funktionierende Gesellschaft aufzubauen. Im Laufe der Zeit spendete jeder von ihnen einen Teil seiner ‚persönlichen' DNA an die zentrale Ressourcenbibliothek und Informationszentrale, die zum Kern seines kollektiven Unternehmens wurde: die riesigen (für bakterielle Standards) kernhaltigen Zellen, aus denen unsere eigenen Körper und die aller anderen Erdbewohner außer den Bakterien bestehen.*[31]

Die Zusammenarbeit innerhalb der Zelle, so scheint es, wurde von einer aufstrebenden zentralen Instanz organisiert: nämlich dem, was zum *Kern* der Zelle wurde. Der entstehende Kern, so Sahtouris, lud alle konkurrierenden Einheiten innerhalb der gefährlich instabilen Zelle ein, einen Teil ihrer DNA in die so genannte ‚zentrale Ressourcenbibliothek und Informationszentrale' des Kerns einzubringen. Die konkurrierenden Unternehmen akzeptierten den Prozess, den der Kern in Gang gesetzt hatte, und brachten ihre DNA ein. Es war, als ob sie sich entschieden hätten, ihre Ideen oder Strategien darüber auszutauschen, wie die Zelle in Zukunft auf kooperativer Basis neu organisiert werden könnte.

Nach einiger Zeit und zu einem gewissen Zeitpunkt veränderte sich das Leben in der globalisierenden Zelle selbst von einem Modus des destruktiven Wettbewerbs zu einem Modus der fruchtbaren Zusammenarbeit. Da alle konkurrierenden Bakterien in der Zelle betroffen waren, können wir mit hinreichender Sicherheit sagen, dass die Transformation *global* stattgefunden hat. Aber wir müssen uns auch fragen, ob sie vielleicht auch *simultan* stattgefunden haben könnte. Wie dem auch sei, Sahtouris fährt fort:

> *Dieser Prozess der Vereinigung disparater und konkurrierender Wesen zu einem kooperativen Ganzen – sozusagen einer vielartigen Zelle – wiederholte sich, als sich die kernhaltigen Zellen zu einem multi-zellularen Geschöpf zusammenschlossen, und er geschieht jetzt zum dritten Mal, da wir multi-zellularen Menschen von der Evolution dazu angetrieben werden, eine kooperative globale Zelle in Harmonie miteinander und mit anderen Spezies zu bilden. Dieses neue Unternehmen muss eine einheitliche globale Demokratie mit vielfältigen Mitgliedern sein.*[32]

‚Eine vereinheitlichte globale Demokratie mit vielfältigen Mitgliedschaften', wie Sahtouris es beschreibt, ist dem Global-Governance-Rahmen sehr ähnlich, den Simpol vorschlägt. Nach den wiederholten Misserfolgen scheint es unseren bakteriellen Vorfahren schließlich gelungen zu sein, eine Zusammenarbeit in Form der kernhaltigen Zelle zu erreichen, aus der wir selbst bestehen. Und sie taten das, ohne über den Vorteil eines Gehirns zu verfügen.

Ist es zu viel verlangt, zu hoffen, dass wir, die wir mit den großen Gehirnen ausgestattet sind, in der Lage sein werden, eine Zusammenarbeit in Form einer nuklearen, menschenzentrierten Global Governance zu erreichen? Und könnten wir das bei unserem ersten Versuch erreichen? Sahtouris schließt ab:

Vielleicht kämpft, in einer parallel-fraktalen Weise, die Globalisierung darum, auf unzähligen Planeten in unserem Universum, die Zivilisationen entwickelt haben, zu geschehen. Aber wir Menschen können es uns nicht leisten, einer der Misserfolge zu sein, da wir nur die eine Chance haben – die gemeinsame Zellwand, die uns miteinander verbindet, ist die Grenze unseres Planeten selbst.[33]

Reife und Selbstregulierung

Anstatt darüber nachzudenken, wie konkurrierende Nationen um Zusammenarbeit kämpfen, sollten wir für einen Moment versuchen, die Menschheit als Ganzes zu betrachten, gewissermaßen innerhalb einer ‚gemeinsamen Zellwand, die uns miteinander verbindet', so als ob die Menschheit auf ihrem eigenen evolutionären Weg wäre. Aus dieser Perspektive könnten wir sehen, wie unsere Spezies in einer Reifungskrise umherirrt: Werden wir mündig und kooperativ, oder konkurrieren wir weiter und sterben?

Wenn wir die Evolution der Menschheit mit der Entwicklung eines Individuums vergleichen, könnten wir uns vorstellen, dass wir uns in einer Phase der Adoleszenz auf dem Weg zu einer echten Autonomie befinden. Aber Autonomie ist kein Selbstzweck, sondern bedeutet, verantwortlich und damit rechtschaffenspflichtig zu sein. In diesem Fall könnte man sagen, dass die Menschheit in einer Jugendkrise steckt und alles will, ohne Rechenschaft ablegen zu müssen. Reifeprozesse – mit den daraus resultierenden Krisen – scheinen für alle Arten zu gelten, und auch Sahtouris findet auch die Metapher der Adoleszenz hilfreich:

Der Jugendliche, der mit einem falschen Gefühl der Reife loszieht und glaubt, dass er oder sie alles weiß, wird in irgendwelche Schwierigkeiten geraten, bevor er zu einem Erwachsenen heranreift. Und die Adoleszenz der zivilisierten Menschheit verläuft dementsprechend … Wie jeder Jugendliche, der sich plötzlich bewusst wird, dass er eine sehr reale Krise verursacht hat, steht unsere Spezies vor der Wahl – die Wahl, ob sie unseren gefährlichen Weg in die Katastrophe fortsetzt oder aufhört und versucht, ausgereifte Lösungen für unsere Krise zu finden.[34]

Im Hinblick auf die Evolution könnten wir uns entweder am Rande des Zusammenbruchs der Arten befinden oder uns auf eine neue und höhere Ebene der Selbstwahrnehmung und auf eine tiefere Erfüllung dessen, was wir sind, entwickeln. Eine ‚mündige Lösung' scheint die einzige Wahl zu sein, die eine Zukunft hat.

Eines der Konzepte, das die die Reife von Organismen definiert und die auch regelmäßig der Knackpunkt für einen Jugendlichen ist, ist die *Fähigkeit zur Selbstregulierung*. Ein Paradebeispiel ist der menschliche Körper. Unser Körper ist ein Wunderwerk ineinander greifender Systeme mit diskreten individuellen Funktionen, die miteinander in Beziehung stehen. Die grundlegenden Antriebe des Körpers sind Selbsterhaltung und Fortpflanzung, aber die Funktionsweise des systemischen Ganzen ist die Selbstregulierung. Zu diesem Zweck arbeitet jede Zelle und jedes Organ zusammen und reguliert sich selbst. Das Herz, unterstützt von der Lunge, hat eine zentrale Selbstregulierungsfunktion, insbesondere in Bezug auf die Frage, wie es durch seine Kontrolle das Verhalten des vegetativen Nervensystems beeinflusst.

Während die allgemeine Selbstregulierung des Körpers *autonome* Funktionen hat – d.h. es erfordert keine bewusste Anstrengung – können wir absichtlich unseren Körper regulieren. Wir können unsere Herzfrequenz und damit unser zentrales Nervensystem und das allgemeine Wohlbefinden, durch das, was wir denken, wie wir uns verhalten und sogar wie wir atmen beeinflussen. Bewusste Selbstregulierung wird immer wichtiger im Gesundheitswesen, vor allem weil sie funktioniert und die Patienten wieder die Verantwortung für ihr eigenes Leben übernehmen können. Selbstregulierung spielt auch in Bezug auf psychischen Gesundheit zunehmend eine Rolle und wird durch Methoden wie Achtsamkeit, Mentalisierung und kognitive Verhaltenstherapie umgesetzt. Selbstregulierung erweist sich als der

Schlüssel zu einer selbstgesteuerten Verhaltensänderung und um angemessen Autonomie und Verantwortlichkeit zu entwickeln.

Das bringt uns zurück zur Adoleszenz. Jugendliche haben es besonders schwer mit der Selbstregulierung. Kinder brauchen zunächst eine Regulierung von außen – durch ihre Eltern –, und wenn die Pubertät beginnt, ist es ihre Aufgabe, diese elterliche Regelung zu integrieren, damit sie allmählich lernen, sich neben der externen Regelung selbst zu regulieren. Reife gilt für junge Erwachsene dann als erreicht, wenn sie in der Lage sind, sich um sich selbst zu kümmern und Verantwortung zu übernehmen; die Selbstregulierung ist ein Vorläufer, um autonom und verantwortungsbewusst zu werden. Aber in der Zwischenzeit brauchen Jugendliche ausreichende Grenzen, Regeln, Vorbilder und Anleitung, damit sie schließlich lernen, wie man sich selbst reguliert, ohne in den Feuern der sofortigen Befriedigung verbrannt zu werden. Auch wenn sie es zunächst ablehnen, brauchen Jugendliche Governance als Gegengewicht zu ihrer zunehmenden Autonomie. Erst, wenn sie das Haus verlassen und anfangen, ihre eigenen Rechnungen zu bezahlen und volle Verantwortung für ihren Lebensunterhalt übernehmen, verstehen Jugendliche, sich selbstverantwortlich zu regulieren und ihren Platz als Bürger einzunehmen. Was für die Jugendlichen gilt, gilt nun auch für die Menschheit als Ganzes: Wir müssen lernen, für unsere Wünsche, unsere Gewohnheiten, unsere Lebensgrundlagen, unsere Impulse und unsere Bedürfnisse verantwortlich zu sein. Und das bedeutet, dass wir lernen müssen, uns selbst zu regulieren. Der einzige Unterschied ist der Umfang. Wir müssen uns selbst regulieren – nicht nur auf individueller oder lokaler Ebene, sondern auf globaler Ebene.

Wir müssen den Wettbewerb auf unserem Weltmarkt dringend durch eine selbstregulierende Governance und Zusammenarbeit auf derselben Ebene ergänzen, und überraschenderweise gelten die gleichen Argumente für die Wirtschaft. Bisher haben wir gesehen, wie Ideen über Regulierung und Modell über Governance (große oder kleine Regierungen) in Mode gekommen sind oder unmodisch wurden. Beide Modelle sind gescheitert; beide basieren auf einem Konzept der Regulierung, das entweder auf *Kontrolle* oder auf *keiner*

Kontrolle basiert, was sich jeweils in den beiden Formen des Handels, nämlich Protektionismus oder Freihandel, widerspiegelt. Im Zuge der zunehmenden Globalisierung der Welt wird es immer schwieriger zu leugnen, dass eine Regulierung in vielen Bereichen unerlässlich ist. Aber das Modell muss sich ändern. Wir müssen es wählen und uns freiwillig daran binden, und genau hier kommt die Selbstregulierung ins Spiel. Die Selbstregulierung ist von einer völlig anderen Ordnung als die Kontroll-/keine Kontrollpolarität, und ist den biologischen Systemen inhärent, aus denen wir unser evolutionäres Paradigma ableiten. Dies entspricht dem, was sich in allen anderen Bereichen abzeichnet, während Wirtschaft und Politik derzeit noch weit zurückliegen.

Wir müssen lernen, uns selbst zu regulieren, indem wir unsere Aktivitäten regulieren – unsere Wirtschaften, unsere Banken, unser Militär, unsere verschwenderischen Gewohnheiten und so weiter – und das kann jetzt nur noch gemeinsam durch simultane globale Zusammenarbeit geschehen. Dann werden wir uns eventuell erwachsen genug fühlen, um das Haus zu verlassen und uns die Frage zu stellen: Zu was wollen wir werden? Als Spezies mündig zu werden heißt, das Paradox zu überwinden, dass das Verlassen des Hauses eben auch bedeutet, dass wir zu all dem zurückkehren müssen, was wir wirklich sind – nicht nur zu den größten Konkurrenten der Welt, sondern auch zu ihren höchsten Kooperateuren –, und das bedeutet, dass wir eine bewusste Selbstregulierung in dem Ausmaß erlernen müssen, das dem Ausmaß der menschlichen Aktivität entspricht.

Bewusste Evolution

Wenn wir über die Evolution nachdenken, neigen wir dazu anzunehmen, dass sie ganz von selbst geschieht, dass es ein rein zufälliger Prozess der natürlichen Selektion ist, bei dem wir keine sinnvolle Rolle spielen können. Stewart ist dagegen einer der vielen neuen wissenschaftlichen Denker, die vorschlagen, dass sich die Evolution selbst entwickelt, indem sie neue Wege findet, sich schneller und effektiver zu entwickeln. Dies liegt, wie auch D.S. Wilson vorgeschlagen hat, daran, dass die bisher von der Evolution verwendeten Methoden – blinde ‚Versuch-und-Irrtum'-Prozesse – nicht mehr ausreichen. Angesichts des heutigen globalisierten Tempos des Wandels ist es sehr unwahrscheinlich, dass die globale Zusammenarbeit durch den Prozess des blinden ‚Versuch-und-Irrtum'-Prozess erreicht werden kann: Sie wird nicht von selbst erfolgen. Stattdessen entwickelt sich, wie Stewart andeutet, der ‚evolutionäre Prozess selbst … von einem Prozess, der blindlings nach vorne stolpert, zu einem Prozess, der bewusst und absichtlich voranschreitet …'[35]

In Anbetracht des Faktors der bewussten Absicht stimmt der Zukunfts- und Systemtheoretiker Ervin Laszlo mit Stewart und D.S. Wilson überein, dass Bewusstsein – unser Denken – die einzigartige Fähigkeit hat, die Wechselfälle des Wandels zu mildern. Bewusste Mitglieder eines Sozialsystems, die die Natur der evolutionären Prozesse verstehen, die sich um sie herum entfalten, können gezielt und effektiv intervenieren.[36]

Dieser Faktor der bewussten *Intentionalität* wird manchmal als ‚bewusste Evolution' bezeichnet, und dies ist ein Punkt, an dem Wissenschaftler und Mystiker zunehmend eine gemeinsame Basis finden. In der renommierten Zeitschrift *Astronomy* schreibt der Teilchenphysiker und Kosmologe Professor Edward Kolb, dass es die wunderbarste Entwicklung der Natur ist, dass das Universum über die Fähigkeit verfügt, sich selbst zu kontemplieren und zu verstehen.[37]

Wenn eine globale Zusammenarbeit und Governance, wie wir sie beschrieben haben, höchst unwahrscheinlich durch Zufall auftaucht, muss die Menschheit die Verantwortung für ihre bewusste Etablierung übernehmen, und dazu müssen wir eine tragfähige, praktische und angemessene Strategie entwickeln und dann zusammenführen. Es ist unsere Hoffnung, dass dieses Buch eine Antwort darauf geben kann, wie eine solche Strategie aussehen und wie sie funktionieren könnte.

Wie wir in dem gesamten Buch argumentiert haben, brauchen wir, um angemessen einzugreifen und eine Form der globalen Governance zu etablieren, eine weltzentrierte Bewusstseinsebene, die sich unter einer relativ kleinen, aber kritischen Masse von Menschen entwickelt. Bewaffnet mit weltorientiertem Denken können neue Werte und neue Handlungsweisen wie Simpol entstehen. Wir können dann bewusst an unserer eigenen Evolution teilnehmen. Wir können ihr und uns selbst helfen, bewusst eine globale Zusammenarbeit und Governance aufzubauen. Zu dieser Aufgabe ruft uns die Evolution jetzt auf.

Aber ohne Sie wird nichts passieren. Sie – wir – und so viele von uns wie möglich, müssen gemeinsam, bewusst und intentional handeln, um es zu verwirklichen.

Nachwort: Nach Hause kommen

Die Zeit scheint gekommen zu sein, damit die Menschheit zusammenarbeiten und als Spezies mündig werden kann. Es ist Zeit für uns, erwachsen zu werden, Zeit für uns, nach Hause zu kommen. Wir haben nur diese eine Chance.

Im objektivsten, aber auch im tiefgründigsten Sinne sitzen wir alle im selben Boot. Spieltheoretisch spielt die Menschheit heute ein Nicht-Nullsummen-Spiel: ein Spiel, bei dem es in unser aller Interesse ist, zusammenzuarbeiten. Wie Robert Wright vorschlägt, gibt es keine bessere Metapher für eine Nicht-Nullsummen-Beziehung, als ‚im selben Boot zu sitzen'.[1]

Die globale Zusammenarbeit wird, wie wir argumentiert haben, nicht stattfinden, wenn wir uns einfach zurücklehnen und nichts unternehmen, denn wir befinden uns jetzt im Zeitalter der bewussten Evolution. Es erfordert unsere aktive, bewusste Teilnahme. Wenn wir beginnen, die Verantwortung für den aktiven Übergang vom destruktiven globalen Wettbewerb zur fruchtbaren globalen Zusammenarbeit zu übernehmen, fragen wir uns vielleicht, welches bessere Konzept uns anleiten kann als die Idee der *Simultanität* selbst.

Simultane Handlungen und der neue Kontext der Kooperation, könnten als ‚große Versöhner' bezeichnet werden, weil sie zwei zeitlose, universelle und doch scheinbar unvereinbare Gegensätze – die der Einheit und Vielfalt – erfolgreich in Einklang bringen. Auch wenn wir simultan mit anderen handeln, behalten wir unsere eigene Individualität, unsere Vielfalt oder unsere einzigartige nationale Souveränität. Wir hören nicht auf zu sein, wer wir sind; wir müssen unsere *Identität* nicht aufgeben, wir erweitern sie nur. Und doch erreichen wir durch gemeinsames Handeln auch die Einheit. Wir bewahren unsere einzigartige Individualität und stehen doch zusammen, und sind in unserer Einheit stärker. Wir machen uns selbst größer als die Summe unserer Teile. Wir behalten unsere nationale bürgerliche Identität, und fügen ihr eine globale hinzu.

In unserer zunehmend ineinandergreifenden, globalisierten Welt bringt die Simultanität also die Fähigkeit, unsere vielfältigen Eigeninteressen mit unserem gemeinsamen Interesse in Einklang zu bringen. Mit einem Prozess wie Simpol können Einheit und Vielfalt in Einklang gebracht werden, *Eigeninteresse* und *gemeinsames* Interesse können eins werden. Und genau dort, so meinen wir, liegt unser gemeinsames spirituelles Ziel, die Lektion, die die Globalisierung versucht, uns zu lehren: *dass wir nicht voneinander getrennt sind.* Wir sind nicht zwei, sondern eins. Wir sind nicht nur große Konkurrenten, sondern auch große Kooperationspartner, denn wie sonst könnten wir – wie sonst *sollten* wir – diese entscheidende und historische evolutionäre Schwelle überschreiten, wenn nicht Hand in Hand, wenn nicht als eine Menschheit, wenn nicht simultan, wenn nicht *zusammen*?

Der Idee der *Simultanität* – der globalen Versöhnung und Einheit – eigen sind der Akt der Vergebung und das Prinzip der Gegenseitigkeit, bekannt als die Goldene Regel: global so zu handeln, wie wir behandelt werden wollen. Simpol zu unterstützen bedeutet, den Teufelskreis des destruktiven globalen Wettbewerbs vollständig zu verstehen und zu erkennen, wie er nicht nur politische Führer und Geschäftsleute, sondern jeden dazu zwingt, Verhaltensweisen zu billigen, von denen wir wissen, dass sie schädlich sind. Simpol zu unterstützen bedeutet, den Verantwortlichen und uns selbst zu vergeben. Es heißt zu verstehen, dass, obwohl niemand wirklich für unsere missliche Lage verantwortlich ist, wir alle gemeinsam dafür verantwortlich sind, dies zu überwinden – und dass wir es tun können, wenn wir es wollen.

Simpol hat vielleicht nicht alle Antworten. Simpol ist nicht darauf ausgelegt, jedes Problem zu lösen. Es ist auf die Lösung *globaler* Probleme zugeschnitten. Das bedeutet, dass all die verschiedenen Lösungen, die derzeit von NGOs, Regierungen und anderen verfolgt werden, auf regionaler, nationaler und lokaler Ebene nach wie vor wichtig sind. Auf globaler Ebene scheint Simpol mehr Schlüsselfragen zu beantworten und erfüllt mehr Schlüsselkriterien als jeder andere Vorschlag, den wir bisher gesehen haben. Wenn das richtig ist und sich die Welt während des Schreibens zunehmend verschlechtert, ist vielleicht die wichtige Frage jetzt nicht so sehr, ob Simpol funktionieren kann, sondern ob eine bessere Idee jetzt verfügbar ist? Wenn nicht, laden wir Sie ein, dazu beizutragen, dass der Ball ins Rollen kommt, indem Sie Ihre Stimme auf die Weise nutzen, die Simpol bietet. Sie können sich kostenlos bei der Kampagne anmelden unter simpol.org.

Denken Sie daran, es kann nicht ohne *Sie* geschehen, ohne dass jeder von uns tatsächlich diese Maßnahme ergreift. Wir haben einzeln wenig zu verlieren, wenn wir einen solchen Schritt machen, aber möglicherweise gibt es eine ganze Welt zu gewinnen. Zumindest werden wir unsere Souveränität und Würde als einzelne Bürger sowie unser Recht, über unsere gemeinsame globale Zukunft zu entscheiden, zurückerobert haben – und möglicherweise werden wir die Chance haben, eine Form der Global Governance zu etablieren, die unsere gemeinsame Menschlichkeit zum Ausdruck bringt, die anerkennt, dass wir nicht nur große Konkurrenten, sondern auch Kooperationspartner sind, und dies befreit uns, das Schicksal unserer Spezies zu erfüllen.

FUßNOTEN

Einführung

1. http://www.telegraph.co.uk/news/politics/georgeosborne/8804027/Conservative-Party-Conference-2011-George-Osborne-speech-in-full.html.

Kapitel 1

1. Fortune Magazine: http://fortune.com/2012/10/15/theres-no-quit-in-michael-porter/; 15. Oktober 2012.
2. M.E. Porter, *On Competition*, Harvard Business School, Boston, Massachusetts, 1998, S. 16.
3. D. Harvey, *Eine kurze Geschichte des Neoliberalismus*, Oxford University Press, Oxford, 2005.
4. P. Vaillancourt Rosenau, *The Competition Paradigm*, Rowman and Littlefield, Lanham, Maryland, 2003, S. 11.
5. D. Harvey, 2005.
6. Website des Weltwirtschaftsforums: http://reports.weforum.org/global-competitivenessreport-2014-2015.
7. Artikel von Brian Francis, Dozent für Wirtschaftswissenschaften an der Universität der Westindischen Inseln, schreibt in *Nationnews*: http://www.nationnews.com/nationnews/news/68686/-tourismcaribbean-economies.
8. W. Davies, *The Limits of Neoliberalism: Authority, Sovereignty and the Logic of Competition*, Sage Publications, London, 2014, S. 190.
9. Parteipolitische Übertragung durch die UK Conservative Party, *Britain in the Global Race*, März 2013.

10. http://www.theguardian.com/commentisfree/2014/oct/19/unending-economic-crisispowerless-paranoia.
11. Ebd.
12. J. Luyendijk, *Hello Everybody! One Journalist's Search for Truth in the Middle East*, Profile Books, London, 2010.
13. J. Luyendijk, *Dit kan niet waar zijn* (That Can't Be True), Atlas Contact, Amsterdam, 2015. Veröffentlicht auf Englisch als Swimming with Sharks, Faber and Faber, London, 2015.
14. Joris' Vortrag in Holland fand am 13. Mai 2015 statt und wurde von der Zeitung *De Correspondent* am Staatstheater Amsterdam organisiert.
15. https://en.wikipedia.org/wiki/Michael_Porter, 15. Juli 2015.
16. http://www.theguardian.com/education/2015/jun/23/school-sport-crossroads-london-2012-legacy.
17. P. Vaillancourt Rosenau, 2003, S. 10.
18. Ebd.
19. Ebd.
20. '*Lose-Lose: The penalty of Acting Alone Stall Collective Effort on Climate Change*', von Fiona Harvey, Kommentar und Analyse, *Financial Times*, 6. Dezember 2006.
21. Für eine ausführlichere Erklärung der ‚regulatorischen Kälte' siehe D. Blair, ‚Race to the Bottom Denial': Neubewertung der Beziehungen zwischen Globalisierung und Umweltregulierung', die auf der 66th Annual National Conference der Midwest Political Science Association, Chicago, am 3. April 2008 von David J. Blair, Department of Political Science, Huron University College, London, Ontario, vorgestellt wurde; http://www.allacademic.com/pages/p268485-1. php.
22. *Act Two: How Google Is Muscling Its Way into the Advertising Mainstream*, von Richard Waters, Kommentar und Analyse, *Financial Times*, 19. Januar 2007.
23. Siehe http://www.channelnewsasia.com/news/asiapacific/indonesia-president-mulls/3030298.html?utm_source=newsletter&utm_medium=email&utm_campaign=the_tjn_weekly_frida y_12_august_2016.

24. Weitere Informationen finden Sie unter http://www.oecd.org/tax/beps-about.htmandhttp://ec.europa.eu/taxation_customs/taxation/company_tax/common_tax_base/index_en.htm.
25. Simon Bowers, *Guardian*, 18. Juni 2015; http://www.theguardian.com/world/2015/ jun/18/uk-reject-eu-plans-combat-multinational-tax-avoidance.
26. Siehe *Financial Times*, 3. Dezember 2012; http://www.ft.com/cms/s/0/cac9ebe8-3d5c- 11e2-b8b2-00144feabdc0.html#axzz3hGWUXve1.
27. Siehe zum Beispiel den Bericht von Oxfam, *Wealth: Having It All and Wanting More*; http://policy- practice.oxfam.org.uk/publications/wealth-having it-alland-wanting-more338125.
28. 'S. Africa Relaxes Empowerment Rules', von Caroline Southey, Internationale Wirtschaft, *Financial Times*, 15. Dezember 2006.
29. *The London Paper*, 22. Januar 2007.
30. D. Harvey, 2011, op cit.
31. http://uk.reuters.com/article/uk-financial-soros-idUKTRE51K0AV20090221, 21. November 2016.
32. *The Scotsman*, 29. November 2009.
33. M.E. Porter, *On Competition*, Harvard Business School, Boston, Massachusetts, 1998, S. 155.
34. W. Davies, 2014, S. 193.

Kapitel 2

1. Basierend auf der Erklärung des Bewusstseinstheoretikers Ken Wilber in *Auszug A: An Integral Age at the Leading Edge*, Part III: The Nature of Revolutionary Social Transformation' (S. 1); abgerufen im Oktober 2004 unter http://wilber.shambhala.com/html/books/kosmos/excerptA/part3-1.cfm.
2. Siehe G. Braden, *Deep Truth: Igniting the Memory of Our Origin, History, Destiny, and Fate*, Hay House, Carlsbad, California, 2012.
3. J. Diamond, *The World Until Yesterday*, Allen Lane, London, 2012.

4. Siehe B. Tuchman, *Distant Mirror: The Calamitous Fourteenth Century*, Ballantine, New York, 1978, S. 14.
5. http://www.ted.com/talks george_papandreou_imagine_a_european_democracy_without_orders.
6. Bericht des *Guardian* vom 5. Dezember 2012; https://www.theguardian.com/uk/2012/dec/05/corporation-tax-rate-cut-autumn-statement.
7. http://www.bbc.co.uk/news/business-36768140.
8. Was wir, die Autoren, den Mythos der souveränen Nation nennen, ähnelt dem, was der weltbekannte Soziologe Ulrich Beck als ‚methodischen Nationalismus' bezeichnete. Ein Bericht über das Treffen von John Bunzl mit Professor Beck ist zu finden unter https:// johnbunzl.wordpress.com/2015/02/24/my-first-and-last-meeting-with-ulrich-beck/.
9. WEF Global Competitiveness Report 2014-15; http://www3.weforum.org/docs/WEF_GlobalCompetitivenessReport_2014-15.pdf, S. 60.
10. *‚Mass Migration into Europe Is Unstoppable'*, von Gideon Rachman, Kommentar, 12. Januar 2016, *Financial Times*; http://www.ft.com/cms/s/0/64d058c4-b84f-11e5-b151-8e15c9a029fb.html#axzz410QeZO2F.
11. 'Comment Is Free' im *Guardian*, 29. Juni 2016; https://www.theguardian.com/commentisfree/2016/jun/29/key-lesson-of-brexit-globalisation-must-work-for-all of-britain.
12. Siehe z.B. http://www.waronwant.org/what-ttip.
13. Siehe zum Beispiel https://www.cnet.com/uk/news/robots-could-make-half-the-worldunemployed-in-30-years-says-prof/.
14. J. Lyndley-Französisch, *'Why the UN and the EU Are Stalling'*, in J. Möhring, und G. Prins (Hrsg.), *Sail On O Ship of State*, Notting Hill Editions, London, 2013, S. 195.
15. *'A Ritual to Read to Each Other'*, von William Stafford, in R. Bly, J. Hillman und M. Meade (Hrsg.), *The Rag and Bone Shop of the Heart*, Harper Perennial, New York, 1993.
16. D. Blair, 2008.

17. Die Brüder Grimm in der Originalausgabe der Kinder- und Haushaltsmärchen von 1812.

Kapitel 3

1. Über die schwierige Notwendigkeit, eine neue Politik mit einem psychologischen Verständnis zu verbinden, siehe N. Duffell, *Odd Bedfellows: Psychotherapy, History and Politics in Britain* (Self and Society Series), Taylor und Francis, London und New York, 2015.
2. J. Hillman und M. Ventura, *We've Had a Hundred Years of Psychotherapy – And the World's Getting Worse*, HarperCollins, New York, 1993.
3. Regulate Us, Please', Economist, 8. Oktober 2005, S. 38.
4. D. Korten, *When Corporations Rule the World*, Kumarian Press, West Hartford, Connecticut, and Berrett Kohler Publishers, Oakland, California, 1995, S. 212.
5. G. Soros, *The Crisis of Global Capitalism: Open Society Endangered*, Little, Brown and Co., London und New York, 1998, S. 196.
6. Siehe K. Higgs, *Collision Course: Endless Growth on a Finite Planet*, MIT Press Cambridge, Massachusetts, 2014.
7. http://www.channel4.com/news/google-boris-should-get-his-facts-right-on-tax.
8. N. Duffell, *Wounded Leaders: British Elitism and the Entitlement Illusion: A Psychohistory*, Lone Arrow Press, London, 2014.
9. S. Grosz, *The Examined Life*, Chatto and Windus, London, 2013.
10. D. Siegel, Transkript von '*The Neurobiology of Trauma Treatment: How Brain Science Can Lead to More Targeted Interventions for Patients Healing from Trauma* ', Webinar-Session, das am 14. November 2014 ausgestrahlt wurde, mit Daniel Siegel, interviewt von Ruth Buczynski, National Institute for the Clinical Application of Behavioral Medicine, S. 16.
11. E.O. Wilson, *The Social Conquest of Earth*, Norton, New York, 2012, S. 1.
12. D. Barrett, *Supernormal Stimuli: How Primal Urges Overran Their Evolutionary Purpose*, Norton, New York, 2010.

13. D. Siegel, 2014.
14. K. Marx, *A Contribution to the Critique of Political Economy*, mit einigen Anmerkungen von R. Rojas (1977), Progress Publishers, Moskau, 1859.
15. G.B. Shaw, *Man and Superman: A Comedy and a Philosophy*, 'Maxims for Revolutionists', Constable, London, 1903, S. 229.

Kapitel 4

1. S.R. Covey, *The Seven Habits of Highly Effective People*, Simon and Schuster, New York, 2013.
2. Wie er im Interview mit Jeremy Paxman erklärte; siehe http://www.bbc.co.uk/ news/uk-24648651.
3. Premierminister Winston Churchill wendet sich im November 1947 an das Unterhaus, Offizieller Bericht, Unterhaus, 11. November 1947; 5. Serie, Spalten 206-7.
4. Die Publikation *Voter Turnout Since 1945: A Global Report*, 2002, der vom Institute for Democracy and Electoral Assistance (www.idea.int) zur Verfügung gestellt wird, zeigt, dass die Wahlbeteiligung viele Jahre lang zugenommen hat, aber seit den 1980er Jahren abnahm. Es ist vielleicht kein Zufall, dass um diese Zeit herum die Deregulierung der Finanzmärkte durch Reagan-Detcher stattfand.
5. *Guardian*, https://www.theguardian.com/theguardian/1999/oct/14/features11.g23.
6. *The Times*, 15. Januar 2014.
7. Nicholas Teo von KGI Securities, wie in einem BBC-Bericht von Karishma Vaswani angegeben; http://www.bbc.co.uk/news/business-37933376.
8. Siehe *Voter Turnout Since 1945: A Global Report*, 2002.
9. J. Habermas, Legitimationsprobleme im Spätkapitalismus, Suhrkamp 1973
10. http://www.bbc.co.uk/news/uk-politics-26843996.

11. https://www.theguardian.com/commentisfree/2016/jun/28/brexit-great-news-eu-britain-sovereignty?CMP=share_btn_link.
12. Siehe Artikel von Nicholas Snow unter https://fee.org/resources/if-goods-dont-cross-borders.
13. In Bezug auf diese und andere Verweise auf den Bewussten Kapitalismus ist der Bewusste Kapitalismus eine eingetragene Marke von Conscious Capitalism, Inc.
14. http://www.independent.co.uk/news/world/asia/bangladesh-clothing-workers-stillexploited-five-months-after-factory-fire-panorama-investigation-finds-8833102.html.
15. http://www.bangladeshaccord.org.
16. M. Strong, *Be the Solution: How Entrepreneurs and Conscious Capitalists Can Solve All the World's Problems*, John Wiley and Sons, Hoboken, New Jersey, 2009.
17. M.E. Porter, 1998, S. 45.
18. M. Porter und C. Vander Linde, *'Green and Competitive: Ending the Stalemate'*, Harvard Business Review, Harvard Business Review, Boston, Massachusetts, 1995; http://www.uvm.edu/~gflomenh/ENRG-POL-PA395/readings/Porter_Linde.pdf.
19. Ebd.
20. G. Monbiot, *The Age of Consent: Manifesto for a New World Order*, Flamingo, London, 2003, S. 56-7.
21. *Global Justice Now* war früher die *World Development Movement.*
22. Von http://www.wdm.org.uk/climate-change/report-back-world-social-forum-2013-tunis (mit einigen Korrekturen und einigen entfernten Passagen).
23. Ebd.
24. *Guardian*, 9. Juni 2014.
25. Ebd.
26. M. White, *The End of Protest: A New Playbook for Revolution*, Alfred A. Knopf (Penguin Random House), Toronto, 2016.
27. *Guardian*, 3. November 2005.
28. Um zu verstehen, wie Fracking stark von Wettbewerbsbedenken beeinflusst wird, siehe *Fracking: Are Environmentalists Missing the*

Point? http://www.huffingtonpost.co.uk/ john-bunzl/fracking-are-environmenta_b_4659564.html.

Kapitel 5

1. A. Hussey, *The French Intifada: The Long War Between France and Its Arabs*, Granta, London, 2014.
2. Wichtig ist, dass beide in einen rationalistischen ‚entweder/oder'-Denkensmodus eingebettet sind, den der Schriftsteller und Philosoph Robert Pirsig als ‚Subjekt-Objekt-Metaphysik' bezeichnet; siehe R. Pirsig, *Lila: An Enquiry into Morals*, Bantam, London, 1991.
3. A.S. Gupta, Artikel mit dem Titel ‚The World Social Forum Sprouts Wings', 2005, abgerufen von http://www.forumsocialmundial.org.br.
4. Siehe 'Listening to Shahram Nazeri', in R. Bly, *Stealing Sugar from the Castle: Selected and New Poems*, 1950-2013, W.W. Norton and Co., New York, 2013.
5. Melanie Kleins Prosa ist im Original etwas herausfordernd, so dass den Lesern eine ausgezeichnete Zusammenfassung ihrer Arbeit von ihrem Namensgeber J. Klein in *Our Need for Others and Its Roots in Infancy*, Tavistock Publications, London, 1987, empfohlen wird.
6. http://www.melanie-klein-trust.org.uk/depressive-position.
7. N. Duffell und H. Løvendal, *Sex, Love and the Dangers of Intimacy: A Guide to Passionate Relationships When the 'Honeymoon' Is Over*, Thorsons, London, 2002.
8. K. Wilber, *Eros, Kosmos Logos*, Fischer 2001.
9. A. Einstein,Self-Portrait' (Essay von 1936), *Out of My Later Years*, Citadel Press, New York, 1995.
10. M.K. Gandhi, *An Autobiography*, Navajivan Publishing House, Ahmedabad, 1927.

Kapitel 6

1. Warum dies so ist, wird erklärt in J. Bunzl, *Global Domestic Politics: A Citizen's Guide to Running a Diverse Planet*, International Simultaneous Policy Organisation, London, 2013.
2. B. Adams, *The Law of Civilization and Decay: An Essay on History*, Macmillan, New York und London, 1895.
3. I. McGilchrist, *The Master and His Emissary: The Divided Brain and the Making of the Western World*, Yale University Press, New Haven und London, 2010.
4. J. Piaget, *The Equilibration of Cognitive Structures: The Central Problem of Intellectual Development*, University of Chicago Press, Chicago, 1985.
5. https://en.wikipedia.org/wiki/Clare_W._Graves, 12. Juli 2016.
6. D.E. Beck und C. Cowan, *Spiral Dynamics: Leadership, Werte und Wandel*, Kamphausen 2007, S 27.
7. Ebd.
8. Dies wird in K. Wilber, *Integrale Psychologie*, Arbor, 2012. Für die Unterschiede zwischen AQAL und Graves´, Beck´s und Cowan´s *Spiral Dynamics* siehe S. 229-32.
9. Für eine vollständige und hilfreiche Darstellung der verschiedenen Werteebenen wird der Leser auf Don Becks und Chris Cowans sehr nützliche und informative *Spiral Dynamics*, 2007, verwiesen, Informationen, die wir dankbar bestätigen.
10. Ebd., S. 66.
11. Joseph Campbells wegweisendes Werk über vergleichende Religion und Archetypen, *Der Heros in tausend Gestalten*, wurde erstmals 1949 veröffentlicht und ist in verschiedenen Ausgaben erhältlich.
12. J. Mackey und R. Sisodia, *Conscious Capitalism: Liberating the Heroic Spirit of Business*, Harvard Business Review Press, Watertown, Massachusetts, 2014.
13. P.H. Ray und S.R. Anderson, *The Cultural Creatives: How 50 Million People Are Changing the World*, Three Rivers Press, New York, 2001.
14. E. Beck und G. Linscott, *The Crucible: Forging South Africa's Future*, 2001.

15. Für eine eingehende Diskussion der Unterschiede zwischen frühem und spätem weltorientiertem politischem Denken siehe John Bunzl, ‚Discovering an Integral Civic Consciousness in a Global Age', im *Journal of Integral Theory and Practice*, 2012, Vol. 7, No. 1, S. 105-23.
16. Wie im ‚The Handout' von Ken Wilber erklärt, das enthalten ist in *Integral Politics: A Summary of Its Essential Ingredients*; abrufbar am 7. Juli 2009 unter http://www.kenwilber.com.
17. Unsere Behauptung, dass Simpol eine spätweltzentrische Form der Politik darstellt, wurde durch die Veröffentlichung von drei Artikeln im peer-reviewed *Journal of Integral Theory and Practice*, 2009, Vol. 4, No. 4, S. 121-40; 2012, Vol. 7, No. 1, S. 105-23; 2012, Vol. 7, No. 3, S. 25-42 unabhängig bestätigt.
18. K. Wilber, 1995, S. 59-61.
19. R.M. Pirsig, 1991.
20. J. Diamond, *Guns Germs, and Steel*, Vintage, New York, 1998.
21. Indra Adnan, Zukunftsforscher und Gründer des Soft Power Network, schlug diese Ansicht auf der Alter Ego-Konferenz im Juni 2016 vor, http://www.alterego.site, einem Treffen von achtzig Führungskräften auf dem Gebiet der Integration spiritueller und psychologischer Werkzeuge in die Politikgestaltung, an dem Nick Duffell teilnahm.
22. R. Rohr, *Falling Upward: A Spirituality for the Two Halves of Life*, SPCK, London, 2012, S. 9.

Kapitel 7

1. Pippa Norris, 'Global Governance and Cosmopolitan Citizens', Kapitel 8 in J. Donahue und J. Nye, *Globalization and Governance*, Brookings Institution Press, Washington, DC, 2000; http://unpan1.un.org/intradoc/groups/public/documents/APCITY/UNPAN 002060.pdf.
2. Ein Vorschlag zur grundlegenden Reform des Währungssystems findet sich in J. Bunzl und J. Robertson, *Monetary Reform: Making It*

Happen!, International Simultaneous Policy Organisation, London, 2003.

3. Solche Umverteilungen müssten von unabhängigen Stellen sorgfältig verwaltet und kontrolliert werden, um Korruption zu vermeiden. Diese Schutzmaßnahmen könnten integraler Bestandteil des globalen Abkommens sein, das später im Buch diskutiert wird.
4. Commission on Global Governance, *Our Global Neighbourhood*, Oxford University Press, New York, 1995, S. 236.
5. Einzelheiten zur Stimmberechtigung nach Ländern für den Internationalen Währungsfonds finden Sie unter http:// www.imf.org/ external/ np/ sec/ memdir/ eds.aspx www.imf.org/ external/ np/ sec/ memdir/ eds.aspx. Für die Weltbank siehe http:/ /web. worldbank.org/WBSITE/EXTERNAL/EXTABOUTUS/ORGANIZATION/
6. Weitere Informationen finden Sie unter https:/ /en.wikipedia.org/ wiki/ Currency_transaction_tax.
7. Für weitere Details siehe http:/ /en.wikipedia.org/wiki/ New_World_Order_%28 conspiracy_theory%29.
8. Obwohl wir uns auf Politiken bezogen haben, die sich nachteilig auf die *wirtschaftliche* Wettbewerbsfähigkeit einer Nation auswirken, könnten auch Politiken, die die Wettbewerbsfähigkeit einer Nation im militärischen oder anderen Bereich beeinträchtigen, einbezogen werden.
9. Zu dieser Kategorie gehören natürlich nicht nur Strategien, die sich nicht nachteilig auf die Wettbewerbsfähigkeit auswirken, sondern auch solche, die sich *positiv* auswirken können, d.h. die den einzelnen Nationen einen Wettbewerbsvorteil verschaffen.
10. Siehe zum Beispiel K. Sehm-Patomäki und M. Ulvila (Hrsg.), *Global Political Parties*, Zed Books, London, 2007.
11. Das mussten die deutschen Grünen in den 90er Jahren in einer Koalitionsregierung auf ihre Kosten herausfinden.
12. P. Mason, *PostCapitalism: A Guide to Our Future*, Allen Lane, London, 2015, S. 277- 84.

13. T. Piketty, *Capital in the Twenty-First Century*, Belknap Press of Harvard University Press, Cambridge, Massachusetts, und London, 2014, S. 515-39.
14. P. Turchin, *Ultrasociety: How 10,000 Years of War Made Humans the Greatest Cooperators on Earth*, Beresta Books, Chaplin, Connecticut, 2016, S. 223.
15. https://en.wikiquote.org/wiki/Margaret_Mead schlägt vor, dass es sich um ein ‚umstrittenes' Zitat handelt.
16. K. Wilber, *Excerpt A: An Integral Age at the Leading Edge. Part III: The Nature of Revolutionary Social Transformation* (S. 2). Zurückgeholt am 11. Oktober 2004 von http:// wilber.shambhala.com/html/books/kosmos/excerptA/part3-2.cfm.
17. Wilber macht diesen Vorschlag in einem Audio-Interview unter http://worldwidetippingpoint. com/2011/11/ken-wilber-on-humanitys sixth-known-shift.

Kapitel 8

1. Die Liste der aktuellen britischen Abgeordneten, die das Simpol-Versprechen unterzeichnet haben, finden Sie unter http:// uk.simpol.org/index.php?id=508 .
2. Das Simpol-Versprechen, zu dessen Unterzeichnung Politiker eingeladen sind, kann unter http://www. simpol.org/fileadmin/user_upload/Articles/ISPO_Forms/MP_PPC_Pledge_Form_-_New.pdf eingesehen werden.
3. Canada Elections Act (SC 2000, ca. 9); http://laws-lois.justice.gc.ca/eng/acts/e-2.01/ Seite 89.html#h-228.
4. Die Gründungserklärung von Simpol kann unter http://www.simpol.org/fileadmin/ user_upload/Articles/Founding_Docs/ISPO_Draft_Founding_Declaration_-_ Simpol_version.pdf eingesehen werden.
5. *Financial Times*, 10. Oktober 2008.
6. Gemäß BrainyQuote: http://www.brainyquote.com/quotes/quotes/m/michaelenz 501997.html.

7. Strenge Maßnahmen und Kontrollen, um sicherzustellen, dass die Mittel nicht der Korruption oder Ablenkung zum Opfer fallen, könnten natürlich integraler Bestandteil jeder Vereinbarung sein.
8. I. Goldin, *Divided Nations: Why Global Governance Is Failing, and What We Can Do About It*, Oxford University Press, Oxford, 2013.
9. Eine Liste der potenziellen Politikbereiche, die einbezogen werden könnten, finden Sie unter http://www.simpol.org/index.php?id=14.
10. A. Watkins und I. Stratenus, *Crowdocracy: The End of Politics*, Urbane Publikationen, Chatham, 2016.
11. Mit besonderem Dank an Dirk Weller, Nationaler Koordinator von Simpol-Deutschland, der das Originaldiagramm entwickelt hat, aus dem dieses gezeichnet wurde.
12. Arnold J. Toynbee Zitate (n.d.); Quotes.net, abgerufen am 22. Februar 2016 von http:// www.quotes.net/quote/4644. www.quotes.net/quote/4644.

Kapitel 9

1. J. Stewart, *Evolution's Arrow: The Direction of Evolution and the Future of Humanity*, Chapman Press, Canberra, 2000, S. 57.
2. Ebd.
3. Brief von Robert M. Pirsig an Anthony McWatt von der Liverpool University, 2. Januar 1998.
4. Siehe https://en.wikipedia.org/wiki/Prisoner%27s_dilemma für eine ausführlichere Erklärung.
5. J. Stewart, 2000, S. 57.
6. Dieses Problem beginnt von den Neurowissenschaften als ein wichtiger Faktor erkannt zu werden, der auftritt, wenn Menschen Wahrnehmungen aufgrund der unterschiedlichen Perspektiven der Hirnhemisphäre in Konzepte umsetzen. Die konzeptuelle Realität, die von der Perspektive der linken Gehirnhälfte begünstigt wird, ist eine Verengung auf das Detail. So entstehen Mikrokontexte auf Kosten der größeren Perspektive der rechten

Hemisphäre, die das Gesamtbild und das Beziehungsgeflecht aufgreift. Dies wurde von Iain McGilchrist klar beschrieben in seiner bahnbrechenden Analyse in *The Master and His Emissary: The Divided Brain and the Making of the Western World*, Yale University Press, New Haven, Connecticut und London, 2010. Durch eine neuropsychologische Linse (wie in Duffell, 2014, erklärt) kann der Konservatismus paradoxerweise als riskant angesehen werden, da er aufgrund der Blindheit des linken Gehirns gegenüber größeren Zusammenhängen, wie beispielsweise globalen Zugehörigkeitsproblemen, auf die primitivsten Abwehrmechanismen der Spaltung und Projektion angewiesen ist. Die rechte Hemisphäre hingegen begünstigt tendenziell das, was Neurowissenschaftler eine ‚globale' Perspektive nennen.

7. R.H. Frank, *The Darwin Economy: Liberty, Competition, and the Common Good*, Princeton University Press, Princeton, New Jersey, 2011.
8. E.O. Wilson und D.S. Wilson, *Rethinking the Theoretical Foundation of Sociobiology*, Abteilungen für Biologie und Anthropologie, Binghamton University, Binghamton, New York, und das Museum of Comparative Zoology, Harvard University, Cambridge, Massachusetts, 2007, S. 348.
9. D.S. Wilson, *Does Altruism Exist? Culture, Genes, and the Welfare of Others*, Yale University Press, New Haven, Connecticut, 2015.
10. R. Dawkins, *Das egoistische Gen*, Springer Spektrum, Oxford, 2014.
11. M. Heffernan, *Bigger Prize: Why Competition Isn't Everything and How We Do Better*, Simon und Schuster, London, 2014, S. 366.
12. D.S. Wilson, 2015, S. 12-13.
13. E.F. Schumacher, *Small Is Beautiful: A Study of Economics As If People Mattered*, Abacus, London, 1974, S. 53-4.
14. Aus einer persönlichen E-Mail an John Bunzl vom 11. Juni 2002.
15. D.S. Wilson, 2015, S. 147.
16. J. Diamond, *Collapse: How Societies Choose to Fail or Survive*, Penguin Books, New York, 2006.
17. R. Wright, Nonzero: *History, Evolution and Human Cooperation*, Abacus, London, 2001, S. 63.

18. G.J. Vermeij; aus einer persönlichen E-Mail an John Bunzl, 18. Januar 2006, für die wir sehr dankbar sind.
19. E. Sahtouris, *EarthDance: Living Systems in Evolution*, iUniverse, Lincoln, Nebraska, 2000, S. 107.
20. http://www.thisdayinquotes.com/2011/04/we-have-met-enemy-and-he-is-us.html.
21. E. Sahtouris, E., 2000, S. 24.
22. S.J. Goerner, *After the Clockwork Universe*, Floris Books, Edinburgh, 1999, S. 143.
23. Für eine Erklärung des interpunktierten Gleichgewichts siehe https://en.wikipedia.org/wiki/Punctuated_equilibrium.
24. John Stewart; aus einer persönlichen E-Mail an John Bunzl vom 11. Juni 2002, für die wir sehr dankbar sind.
25. Auszüge aus A. Koestler, *Janus: A Summing Up*, Random House, New York, 1978, S. 175-6.
26. Ebd.
27. Ebd., S. 184.
28. S.J. Goerner, 1999, S. 122-3.
29. *The Biology of Globalization*; Artikel von Elisabet Sahtouris, www.ratical.org/LifeWeb/ Artikel/globalize.html.
30. Ebd.
31. Ebd.
32. Ebd.
33. E. Sahtouris, 2000, S. 272. 34. Ebd., S. 287.
35. *The Evolutionary Manifesto*, John Stewart, http://www.evolutionary-manifesto.com/man.html
36. E. Laszlo, *Chaos Point: The World at the Crossroads*, Hampton Roads Publishing Company, Newburyport, Massachusetts, 2006, S. 108.
37. Astronomy, Februar 1998, S. 37. Edward Kolb hat an vielen Aspekten der Urknallkosmologie gearbeitet, darunter Baryogenese, Nukleosynthese und Dunkle Materie. Er ist zusammen mit Michael Turner Autor des beliebten Lehrbuchs *The Early Universe*, Westview Press, Boulder, Colorado, 1990, und wurde mit dem Dannie Heineman Preis für Astrophysik 2010 ausgezeichnet.

Nachwort

1. R. Wright, 2001, S. 30.

Weiterführende Literatur

Adams, B. (1895), *The Law of Civilization and Decay: An Essay on History*, Macmillan and Co., New York and London

Beck, D.E. and C. Cowan (2007), *Spiral Dynamics: Leadership, Werte und Wandel*, Kamphausen,

Bunzl, J. (2013), *Global Domestic Politics: A Citizen's Guide to Running a Diverse Planet*, London: International Simultaneous Policy Organisation, London

Bunzl, J. (2012), *'Discovering an Integral Civic Consciousness in a Global Age'*, in Journal of Integral Theory and Practice, 2012; Vol. 7, No. 1, pp. 105–23, Integral Institute, Boulder, Colorado

Bunzl, J. (2006), *People-Centred Global Governance: Making It Happen!*, International Simultaneous Policy Organisation, London

Davies, W. (2014), *The Limits of Neoliberalism: Authority, Sovereignty and the Logic of Competition*, Sage Publications, London

Diamond, J. (2006), *Collapse: How Societies Choose to Fail or Survive*, Penguin Books, New York

Diamond, J. (2012), *The World Until Yesterday*, Allen Lane, London

Diamond, J. (1998), *Guns, Germs, and Steel*, Vintage, New York

Duffell, N. (2015), *Odd Bedfellows: Psychotherapy, History and Politics in Britain* (Self and Society Series), Taylor and Francis, London and New York

Duffell, N. (2014), *Wounded Leaders: British Elitism and the Entitlement Illusion – A Psychohistory*, Lone Arrow Press, London

Duffell, N. and H. Lovendal (2007), ***Das Buch für Paare, die es bleiben wollen***, Innenwelt Verlag

Frank, R.H. (2011), The *Darwin Economy: Liberty, Competition and the Common Good*, Princeton University Press, Princeton, New Jersey

Gandhi, M.K. (2013), *Eine Autobiografie*, Hinder + Deelman

Goldin, I. (2013), *Divided Nations: Why Global Governance Is Failing, and What We Can Do About It*, Oxford University Press, Oxford

Goerner, S.J. (1999), *After the Clockwork Universe*, Floris Books, Edinburgh
Grosz, S. (2013), *The Examined Life*, Chatto and Windus, London
Habermas, J. (1973), *Legitimationsprobleme im Spätkapitalismus*, Suhrkamp
Harrington, B. (2016), *Capital Without Borders: Wealth Managers and the One Percent,* Harvard University Press, Cambridge, Massachusetts
Harvey, D. (2005), *A Brief History of Neoliberalism*, Oxford University Press, Oxford
Higgs, K. (2014), *Collision Course: Endless Growth on a Finite Planet*, MIT Press, Cambridge, Massachusetts
Klein, J. (1987), *Our Need for Others and Its Roots in Infancy*, Tavistock Publications, London
Koestler, A. (1978), *Janus: A Summing Up*, Random House, New York
Korten, D. (1995), *When Corporations Rule the World*, Kumarian Press, West Hartford, Connecticut, and Berrett-Koehler Publishers, San Francisco, California
Laszlo, E. (2006), *Chaos Point: The World at the Crossroads*, Hampton Roads Publishing Company, Newburyport, Massachusetts
Luyendijk, J. (2010), *Hello Everybody! One Journalist's Search for Truth in the Middle East*, Profile Books, London
Mason, P. (2015), *PostCapitalism: A Guide to Our Future*, Allen Lane, London
McGilchrist, I. (2010), *The Master and His Emissary: The Divided Brain and the Making of the Western World*, Yale University Press, New Haven, Connecticut, and London
Milanovic, B. (2016), *Global Inequality: A New Approach for the Age of Globalization*, Belknap Press of Harvard University Press, Cambridge, Massachusetts
Monbiot, G. (2003), *The Age of Consent: A Manifesto for a New World Order*, Flamingo, London
Novak, M. and R. Highfield (2012), *Super Cooperators: Beyond Survival of the Fittest. Why Cooperation, Not Competition, Is the Key to Life*, Canongate Books, Edinburgh

Piaget, J. (1985), *The Equilibration of Cognitive Structures: The Central Problem of Intellectual Development*, University of Chicago Press, Chicago

Piketty, T. (2014), *Das Kapital im 21. Jahrhundert*, C.H. Beck

Pirsig, R. (2007), *Lila,* Alma-Books

Robertson, J. and J. Bunzl (2003), *Monetary Reform: Making It Happen!,* International Simultaneous Policy Organisation, London

Sehm-Patomaki, K. and M. Ulvila (eds) (2007), *Global Political Parties,* Zed Books, London

Sahtouris, E. (2000), *EarthDance: Living Systems in Evolution*, iUniverse, Lincoln, Nebraska

Samuels, A. (2015), *A New Therapy for Politics?*, Karnac, London

Samuels, A. (2001), *Politics on the Couch: Citizenship and the Internal Life*, Other Press, New York

Schumacher, E.F. (1974), *Small Is Beautiful,* Oekom

Soros, G. (1998), *The Crisis of Global Capitalism: Open Society Endangered,* Little, Brown and Co., London

Turchin, P. (2016), *Ultrasociety: How 10,000 Years of War Made Humans the Greatest Cooperators on Earth*, Beresta Books, Chaplin, Connecticut

Vaillancourt Rosenau, P. (2003), *The Competition Paradigm*, Rowman and Littlefield, Lanham, Maryland

Watkins, A. and I. Stratenus (2016), *Crowdocracy: The End of Politics,* Urbane Publications, Chatham, Kent

White, M. (2016), *The End of Protest: A New Playbook for Revolution,* Alfred A. Knopf (Penguin Random House), Toronto

Wilber, K. (1995), *Eros, Kosmos, Logos,* Fischer

Wilber, K. (2007), *Integrale Spiritualität*, Kösel

Wilson, D. S. (2015), *Does Altruism Exist? Culture, Genes, and the Welfare of Others,* Yale University Press, New Haven, Connecticut

Wilson, E.O. (2012), The Social Conquest of Earth, Norton, New York

Wright, R. (2001), Nonzero: History, Evolution and Human Cooperation, Abacus Random House, New York

David C. Korten

CHANGE THE STORY - CHANGE THE FUTURE

Wir Menschen, so Kortens These, leben mit und durch Geschichten, und die Geschichten, die wir uns derzeit erzählen, führen uns in eine desaströse Zukunft, geprägt durch Klimawandel, Armut, ungleiche Einkommensverteilung, soziale Ungerechtigkeiten und kollektive Selbstzerstörung.

In seinen neuen Buch – einem Bericht an den Club of Rome – untersucht Korten diese Geschichten, nach denen wir leben, unterscheidet vier grundlegende Kosmologien, auf denen diese Geschichten basieren, und zeigt auf, was wir tun müssen, um zu einer tragfähigen und wahrhaft demokratischen menschlichen Zukunft zu kommen.

200 Seiten; ISBN 9788494314742, € 19,90